통찰

최재천 지음

자연, 인간, 사회를 관통하는 최재천의 생각

통찰

이음

여는 글

스키너의 쥐와 쾰러의 침팬지

스키너(Burrhus F. Skinner)의 실험상자 안에 갇힌 쥐는 그저 행동한다. 아무런 기획도 정보도 없다. 배고픔이라는 현실만 존재할 뿐이다. 그래서 그는 무엇이든 해본다. 주어진 공간 안에서 할 수 있는 모든 걸 해본다. 그러다가 우연히 어떤 단추를 눌렀더니 홀연 먹을 게 굴러떨어진다. 아닌 밤중에 웬 횡재? 단추를 누르는 자신의 행동과 횡재의 관계를 대번에 알아채는 쥐는 그리 많지 않다. 하지만 이런 시행착오를 몇 차례 겪고 나면 드디어 스키너가 발견한 이른바 '연관 학습(associative learning)'이란 걸 해낸다.

볼프강 쾰러(Wolfgang Köhler)의 실험실에 있던 침팬지에게도 배고픔은 피할 수 없는 현실이었다. 덩그마니 넓은 방에 먹을 것이라곤 천장 높이 매달려 있는 바나나뿐. 긴 막대기를 들고 아무리 뛰어올라본들 여전히 닿을 수 없는 바나나를 물끄러미 올려다보던 침팬지가 갑자기 벌떡 일어나더니 방 안 여기저기 흩어져 있는 상자들을 들고 와 차곡차곡 포개기 시작한다. 그러더니 그 위로 기어올라가 막대기를 휘둘러 바나나를 따먹는 데 성공한다. 동물행동학에서는 이를 두고 '통찰 학습(insight learning)'이라고 한다.

그렇다면 통찰력은 타고난 능력인 모양이다. 쾰러가 만일 쥐를 가지고 실험을 했다면 상자를 포개어 높은 곳에 오르려는 따위의 통찰 행동은 관찰할 수 없었을 게 아닌가 말이다. 모든 침팬지가 이런 상황에서 죄다 동일한 수준의 통찰력을 보이는 것은 아니다. 하지만 만일 통찰력이 진정 타고나는 속성이라면 그런 이들은 일찌감치 돗자리를 깔 수밖에 없을 것이다. 우리 같은 범인들도 폭넓은 독서, 깊은 사고, 오랜 연구, 활발한 토론 등을 통해 통찰력을 기를 수 있다. 나는 통찰력이란 스키너의 쥐와 쾰러의 침팬지 사이 어딘가에 존재하리라 생각한다.

1970년대 말 유학을 준비하며 미국 대학에 보낸 내 자기소개서에는 다음과 같은 문단이 들어 있었다.

> 나는 일찍이 생명을 글로 표현하고 싶었다. 어려서 나는 이담에 크면 시인이 될 줄 알았다. 그러다 어느 날부턴가 나는 생명의 모습을 깎아보고 싶어졌다. 조각가가 되고 싶어한 시절이 있었다. 하지만 나는 이제 과학자가 되어 생명의 속살을 파헤쳐보고 싶다. 생명

의 본질을 연구하는 생물학자가 되고 싶다.

몇 년 전 내가 우리 사회에 화두로 던진 통섭(統攝, consilience)은 내겐 어쩌면 운명처럼 다가갈 수밖에 없는 삶의 과녁이었는지도 모른다. 생물학자가 되어 산 지 어언 30년이 넘었지만, 예기치 않은 곳에서 낯선 익숙함을 만나는 희열은 여전히 내 삶을 흥분시킨다. 지난 몇 년간 『조선일보』의 내 개인칼럼 '최재천의 자연과 문화'에 쓴 짧은 글들을 한데 모았다. 함께 뒤돌아보고, 건너다보고, 뒤집어보았으면 좋겠다. 그러다 보면 어느 날 "아하" 하며 우리 모두 벌거벗은 채 목욕탕을 뛰쳐나가게 될지도 모른다. 그 통찰의 순간에는 모두 함께였으면 좋겠다.

2012년 9월 가을빛이 깃드는 통섭원에서

최재천

차례

2부

인간

3부

관계

4부

통찰

1부 '생명'에서 최재천의 눈은 인간과 함께 사는 지구의 생명들로 향한다. 지구상에는 단백질과 유전 정보만을 가지고 다른 생명의 재생산 기구를 사용해서 증식하는, 생명이라고 부르기는 부족한 바이러스부터 세균, 곰팡이처럼 눈으로 분간이 어려운 미생물들, 그리고 훨씬 복잡한 동식물들이 한데 어울려 살아간다.

물론, 단순한 형태의 생명이 복잡한 생명으로 진화하는 행군에서 낙오한 것은 아니다. 지금까지 우리가 알고 있는 지식에 기대어 추론컨대 지구상에서 생명은 한 번 발생했다. 그때부터 이어진 모든 생명들은 오랜 세월 동안 자신이 가장 잘 살아남을 수 있는 전략을 자기 몸으로 실현한 진화의 산물이다. 뿐만 아니라 모든 생명들은 자신의 독특한 위치에서 다른 생명들과 관계를 맺으면서 살아가고 있다. 모든 생명체들은 진화의 최전선에서 새로운 진화를 준비하고 있다.

최재천은 우리가 잘 알지 못했던 주변 생명들의 놀라운 모습들을 알려준다. 생태학과 동물행동학 연구에 바탕을 둔 해박한 자연에 관한 지식과 넓은 독서에 뿌리를 둔 인문적 감성이 어우러져 새로운 통찰을 이끌어낸다. 바이러스에서 애기똥풀을 거쳐 오랑우탄까지 그의 안내를 따라가다 보면 무심코 지나쳤던 생명들의 진지한 존재 이유를 깨닫는 놀라운 경험을 할 수 있다. 그 경험은 우리 자신에 대한 생각을 송두리째 바꾸어버리기도 한다.

1부

생명

인플루엔자

생물 간의 관계에는 크게 보아 네 가지 형태가 있다. 경쟁(競爭), 공생(共生), 포식(捕食), 기생(寄生)이 그들이다. 한정된 자원을 놓고 벌이는 경쟁은 기본적으로 관계하는 모두에게 해(害)가 된다. 경쟁의 반대편에는 서로에게 이득이 되는 공생이 있다. 포식과 기생은 상대에게 해를 끼치며 자기만 이득을 취하는 일방적인 관계이다. 우리는 오랫동안 포식동물은 상대를 곧바로 죽이지만 기생생물은 다르다고 생각했다. 섭사리 자기가 몸담고 있는 숙주를 죽이는 것은 스스로 삶의 터전을 파괴하는 어리석은 짓이기 때문이다. 그래서 매년 세계적으로 거의 300만 명의 목숨을 앗아가는 말라리아를 어떻게 이해해야 하나 고민해야 했다.

그러다가 최근 의학과 진화생물학의 융합으로 새롭게 태어난 학문인 '다윈 의학' 덕택에 병원균의 독성은 그 전염 메커니즘에 따라 달리 진화한다는 사실을 알게 되었다. 감기 바이러스는 감염된 사람이 너무 심하게 아파 전혀 외부 출입을 하지 못하는 것보다는 불편한 몸을 이끌고라도 자꾸 돌아다니며 다른 사람들의 얼굴에 재채기도 해대고 콧물 훔친 손으로 악수도 해야 다른 숙주들로 옮아갈 수 있다. 반면 말라리아 병원균은 감염된 사람을 중간숙주인 모기를 쫓을 기력조차 없을 정도로 아프게 만드는 게 더 유리하다. 감기에 걸려 죽는 사람은 많지 않아도 말라리아는 여전히 우리 인류에게 가장 무서운 질병으로 남아 있는 까닭이 바로 여기 있다.

이런 점에서 나는 인플루엔자 바이러스가 창궐할 때마다 과거 스페인 독감의 경우를 들먹이며 지나친 공포 분위기를 조성하는 세계보건기구(WHO)의 행동을 이해하기 어렵다. 안심보다는 경고가 훨씬 안전한 전략이겠지만, 방역 체계가 확립되지 않은 상태에서 속수무책으로 당했던 스페인 독감 시절과 지금은 상황이 전혀 다르다. 2009년 유행했던 H1N1 신종 인플루엔자의 경우 국내 첫 감염자였던 어느 수녀님은 당신의 증상에 의구심이 생기자마자 스스로를 철저하게 격리시키고 자발적으로 보건당국에 신고했다. 이처럼 인플루엔자 바이러스의 전염 경로를 근본적으로 차단하면 독성이 강한 병원균은 이미 감염시킨 숙주와 운명을 같이할 뿐이고 독성이 약한 것들만 돌아다니게 된다. 독성과 전염성은 서로 연관되어 있는 속성들이다. 남에게 폐를 끼치지 않으려는 민주시민의 덕목만 잘 지켜도 악성 병원균의 횡포를 상당 부분 막을 수 있다.

바이러스의 전파 메커니즘

병원균의 숙주 간 이동이 어려워지면 지나치게 독성이 강한 균들은 이미 감염시킨 숙주와 함께 사멸하고 다음 숙주로 옮겨가지 못하기 때문에 자연스레 약한 균들만 남아 그 질병에 대해서는 더 이상 사회 전체가 함께 걱정할 필요가 없게 된다. 그런데 2009년에는 우리가 초기 차단에 실패했기 때문에 신종 인플루엔자가 창궐했다.

해마다 추석이면 민족 대이동이 일어난다. 추석에 대목을 기대하고 있는 이들이 경기침체로 고생하는 우리 상인들만은 아니다. 신종 인플루엔자 바이러스들도 두 손 모아 추석 대목을 기다리고 있다. 민족 대이동은 직접감염에 의해서만 다른 숙주로 옮겨갈 수 있는 인플루엔자 바이러스에게는 그야말로 하늘이 내린 절호의 기회가 아닐 수 없다.

그까짓 바이러스 때문에 수천 년을 이어온 전통을 훼손할 수는 없다고 생각하는 이들도 있을 것이다. 그러나 나는 이 문제만큼은 냉철하게 이성적으로 판단해야 한다고 생각한다. 자식들이야 물론 효성으로 어르신들을 찾아뵙지만 신종 인플루엔자에 가장 취약한 분들이 바로 그분들인 걸 어찌하랴? 우리가 오늘날 외지인들을 꺼리고 심지어는 차별하게 된 연유가 바로 전염성 질환에 대한 우려 때문이라는 진화심리학자들의 연구 결과를 곱씹어볼 필요가 있다. 때로는 도시에서 몰려오는 이들을 마냥 반갑게만 맞을 수 없는 시골 어른들의 마음도 헤아려야 하지 않을까 싶다.

신종 인플루엔자가 극성을 부리는 바람에 조류 인플루엔자 소식은 잘 들리지도 않는다. 그들이 제법 신종 인플루엔자로 고생하는 우리 사정을 헤아려 자제하고 있을 리 만무할 걸 생각하면 신종 인플루엔자 바이러스를 가져다주는 대신 조류 인플루엔자 바이러스를 묻혀 돌아올 가능성도 완전히 배제할 수 없다. 추석이면 고속도로를 통해서 서울에서 부산을 오가는 데 10시간을 육박한다. 거의 자학 수준의 귀성, 귀경 전쟁에 일시적이나마 휴전 협정을 논의하는 건 정말 불손한 일일까?

곰팡이

건강을 생각하여 집에서 학교까지 걸어 다닌 지 벌써 5년이 넘었다. 나는 워낙 걸음이 빠른 편인데 속보로 35분쯤 걸리는 거리를 하루 두 차례 반복하면 아주 훌륭한 운동이 된다. 덕분에 차를 쓸 일이 거의 없어져 저절로 환경 보호에도 나름 기여하고 있다. 다만 요즘 같은 장마철에 모처럼 차를 쓰려고 차 문을 열 때 코를 간질이는 퀴퀴한 곰팡이 냄새는 적이 역겹다. 오래된 책을 펼쳤을 때 풍겨 나오는 고양이 오줌 냄새 같은 그 은근한 곰팡이 냄새를 나는 사실 별로 싫어하지 않는다. 내가 그렇게도 좋아하는 열대 정글의 냄새이기 때문이다. 다만 같은 냄새라도 그게 차 안에서 나면 왠지 싫을 뿐이다.

우리 인간도 무더운 여름이면 곰팡이 때문에 골머리를 썩이는데 땅속이나 나무 속에 굴을 파고 사는 벌이나 개미는 오죽하랴. 그런 환경에 적응하는 과정에서 꿀벌이 개발해낸 화합물이 바로 프로폴리스(propolis)이다. 프로폴리스는 꿀벌이 식물에서 채취한 수지(樹脂, resin)를 밀랍과 혼합하여 만든 것으로 대개 벌통의 빈틈을 메우는 데 쓰인다. 한편 분봉을 할 때 새롭게 둥지를 틀 나무 구멍을 찾으면 한 무리의 일벌들이 먼저 들어가 그 내벽을 얇은 프로폴리스 막으로 도배를 한다.

최근 미국 미네소타주립대학의 연구진이 프로폴리스로 도배를 한 둥지와 그러지 않은 둥지에서 태어나 일주일 동안 성장한 벌들을 비교해보았더니, 프로폴리스의 영향하에 자란 벌들이 상대적으로 면역물질을 적게 갖고 있는 것으로 밝혀졌다. 프로폴리스의 항균력 덕택에 그들은 일찍부터 면역물질을 만드는 데 영양분을 허비할 필요가 없는 것이다. 바로 이런 속성 때문에 상당수의 암환자들이 프로폴리스를 항암제로 복용하고 있다.

곰팡이는 효모·버섯과 함께 균류에 속하는 생물로서 온갖 생물의 몸에 기생하며 건강을 해치는 골치 아픈 존재이다. 하지만 개미 중에는 이런 균류의 탁월한 생명력을 역이용해서 아예 그들을 경작하여 먹는 종들이 있다. 중남미 열대우림에 사는 잎꾼개미(Leaf Cutter Ant)들은 나뭇잎을 수확하여 그걸 거름 삼아 버섯을 길러 먹는다. 그런가 하면 이런 곤충의 몸에서 자라 나오는 동충하초(冬蟲夏草)는 우리 인간이 귀한 약재로 사용한다. 실로 서로 먹고 먹히는 곳이 자연이다.

구제역과 토끼

2010년에는 전국이 구제역으로 몸살을 앓았다. 경북 안동에서 처음 발생한 구제역이 불과 한 달 만에 경기도를 거쳐 강원도로 번졌다. 구제역은 소, 돼지, 염소 등 발굽이 둘로 갈라진 우제류 포유동물에서 나타나는 전염성 질환으로 아주 작은 외가닥 RNA로 구성되어 있는 피코르나바이러스(picornavirus)에 의해 발생한다.

생명의 번식력은 놀랍다. 우리에게 친숙한 토끼는 특별히 번식력이 강한 포유동물이다. 짝짓기 기간이 길게는 9개월간이나 이어지며 태어난 지 한 달이면 젖을 뗄 수 있기 때문에 암컷 한 마리가 1년에 최대 800마리의 자손을 볼 수 있다는 계산이 가능하다. 호주에는 원래 토끼가 없었다. 하지만 다윈(Charles Darwin)의 『종의 기원』이 출간되던 1859년 유럽으로부터 겨우 12마리를 들여와 풀어놓은 것이 불과 10년 만에 해마다 200만 마리를 사살하거나 포획해야 할 정도로 늘어났다. 견디다 못한 호주 정부는 결국 1950년 믹소바이러스(myxovirus)를 풀어 토끼의 수를 줄이기로 했다. 초기 결과는 참혹하리만치 성공적이었다. 2년 만에 토끼의 수가 6억에서 1억으로 줄었다.

바이러스는 사실 단백질로 둘러싸인 핵산 조각에 불과하여 숙주세포의 DNA에 올라타야만 비로소 생명 활동을 영위할 수 있다. 숙주의 DNA는 자신을 복제할 때 무임승차한 바이러스의 유전물질과 단백질도 함께 만들어준다. 이렇게 수가 늘어난 바이러스는 어느 순간 자신을 키워준 숙주세포를 찢고 나와 순식간에 다른 많은 세포들 속으로 파고든다. 엄밀한 의미에서 생명체도 아닌 것이 염치도 없이 세상을 휘젓고 다닌다.

구제역은 흔히 입 주변과 발에 물집이 생기는 증상 때문에 영어로는 '발과 입 병(foot-and-mouth disease)'이라고 부른다. 말 그대로 번역하면 '족구병'쯤 되겠지만, 여름철 유치원 아이들에게 유행하는 수족구병(手足口病)과는 엄연히 다른 질병이다. 대개 일주일 정도면 증상이 사라지는 수족구병과 달리 일단 구제역 양성으로 판명된 소나 돼지는 조류 인플루엔자에 감염된 닭과 오리 신세와 마찬가지로 무지몽매한 '집단 살처분'을 면치 못한다. 명색이 첨단 생명과학 시대인데 한낱 바이러스한테 속수무책 당하기만 하는 생명의 모습이 그저 가여울 따름이다.

능소화

우리 동네 연희동은 요즘 골목마다 능소화(凌霄花)가 만발했다. '하늘을 업신여기는 꽃'이라 했던가? 거의 한 집 건너 담벼락마다 능소화가 하늘을 우러러 너울거린다. 일명 '양반꽃'을 심었다가 관아에 끌려가 볼기라도 맞을까 두려워 나는 언감생심 꿈도 꾸지 않건만 옆집 능소화가 담을 넘어와 우리 집 외벽에 흐드러졌다.

몇 년 전 온 가족이 함께 강릉으로 여행을 갔다가 경포호 남쪽 초당동 솔숲에 있는 난설헌 허초희와 교산 허균 남매의 생가를 찾은 적이 있다. 고즈넉한 고택에 능소화가 눈이 부시도록 아름다웠다. 자원봉사 할머니의 설명에 따르면, 옛날 '소화'라는 이름을 가진 궁녀가 단 한 번의 승은을 입고 빈이 되었으나 그 후 다시는 찾아오지 않는 임금을 기다리다 요절한 넋이 꽃으로 피어났다고 한다. 그 하염없는 기다림이 아직도 여전한지 능소화는 지금도 연방 담 너머를 기웃거린다.

능소화는 암술 하나에 수술 넷을 지니고 있다. 능소화의 속명(屬名, genus) '*Campsis*'는 '굽은 수술'이라는 뜻인데, 꽃을 들여다보면 정말 두 쌍의 수술이 서로 머리를 조아리며 암술을 위아래로 감싸고 있다. 한 쌍의 수술은 암술보다 위에, 그리고 다른 한 쌍은 더 아래쪽에 위치하고 있다. 능소화를 보며 늘 왜 키가 다른 두 쌍의 수술이 암술을 포위하고 있을까 궁금했는데, 최근 중국 생물학자들의 관찰에 의하면 서로 다른 종류의 곤충이 각각의 수술을 담당한단다. 긴 수술은 꼬마꽃벌이, 그리고 짧은 수술은 말벌이 주로 찾는단다. 소화는 일편단심 임금님만 바라보고 있는데 허구한 날 하나도 아니고 두 종류의 '벌레'가 늘 집적거렸을지도 모를 일이다.

능소화의 꽃말은 '명예'이다. 고 박경리 선생님은 『토지』에서 "미색인가 하면 연분홍 빛깔로도 보이는" 능소화를 최참판 가문의 명예를 상징하는 꽃으로 묘사했다. 능소화 때문은 아니겠지만 SBS 드라마 「토지」의 제작자가 스스로 목숨을 끊는 일도 있었다. 무슨 명예를 지키려 목숨까지 바쳐야 했는지 안타깝기 그지없다. 능소화의 화려함 뒤에는 울컥거리는 애절함이 숨어 있다. 이런 사연들을 아는지 모르는지 서양 사람들은 능소화를 '아침 고요(Morning Calm)의 꽃'이라 부른다. '아침 고요의 나라'의 아침을 여는 꽃 능소화, 너 참 아름답구나!

애기똥풀

요즘 숲 가장자리나 길섶에는 그저 한 자 남짓한 줄기 끝에 노란 꽃들이 흐드러져 있다. 꽃이 예뻐 따보면 잘린 줄기 끝으로 샛노란 즙이 우러나는데, 그게 꼭 갓난아기 똥처럼 보인다 하여 애기똥풀이라 부른다. 그 즙이 젖처럼 배어난다 하여 '젖풀'이라 부르기도 한다. 애기똥풀의 즙은 예로부터 한방 약효가 있는 것으로 알려져 있는데, 어려서 동네 형들이 별나게 사마귀가 많이 난 아이에게 이 즙을 발라주던 기억이 난다.

식물학자도 아닌 내가 애기똥풀에 각별한 관심을 갖는 까닭은 그들의 씨를 개미가 날라주기 때문이다. 애기똥풀의 씨에는 일레이오좀(elaiosome)이라 부르는 부분이 있는데 개미들은 그 부분만 떼어 먹고 씨방은 건드리지 않은 채 자기들 텃밭에 뿌린다. 내가 우리말로 '개미씨밥'이라고 번역한 일레이오좀에는 흔히 구할 수 없는 지방 성분이 풍부하게 들어 있어 개미에게는 여간 좋은 먹이가 아니다.

최근 연구 논문에 따르면 약 1만1000종의 식물 씨앗에서 개미씨밥이 발견되었다. 이는 전체 속씨식물의 4.5퍼센트에 해당한다. 또한 흥미롭게도 개미씨밥은 지금으로부터 8000만 년 이전에 진화한 식물에서는 잘 발견되지 않는 것으로 보아 진화의 역사에서 비교적 최근에 등장한 식물과 개미 사이의 공생 현상으로 보인다. 애기똥풀 외에도 우리 주변에서 흔히 볼 수 있는 식물 가운데 씨앗에 개미씨밥을 갖고 있는 대표적인 식물로 제비꽃과 금낭화가 있다. 다음에 이들을 보면 꼭 씨앗을 찾아 거기에 개미씨밥이 달려 있는지 눈여겨보시기 바란다.

애기똥풀은 뜻밖에 이른바 언어순화 운동의 표적이 되기도 한다. 우리나라 산하에는 애기똥풀 외에도 개불알꽃, 쥐똥나무, 노루오줌, 며느리밑씻개, 며느리배꼽, 꽃며느리밥풀 등 언뜻 들어 고상하지 못한 이름을 달고 사는 식물들이 제법 있다. 고부갈등 때문에 특별히 며느리를 비하하는 이름들이 많은 건 안타깝지만 조금은 상스러운 우리말 이름에는 그 나름의 정겨움이 묻어난다. 애기똥풀을 '유아변초(幼兒便草)'쯤으로 부르면 갑자기 뭐가 좀 있어 보일까? 나는 오늘도 등굣길에 애기똥풀 꽃 한 송이를 꺾어 줄기 끝으로 흘러나오는 샛노란 액체를 바라보며 어느덧 나보다 훨씬 커버린 아들 녀석의 그 옛날 기저귀를 떠올리며 미소를 머금는다.

국화

15세기 중국에서 재배하기 시작한 국화는 이제 세계 전역에서 가장 사랑받는 화초 중의 하나가 되었다. 가을이 되면 전국 여러 곳에서 국화 축제와 전시회가 열리고 있고, 가로수 옆 화분마다 노란 국화꽃들이 가득하다. 해마다 화분을 사서 즐기다가 꽃이 지면 버리곤 해서 잘 모르는 이들이 있을지 모르지만, 국화는 사실 여러해살이풀이다. 여러 해 두고 기르면 줄기 아랫도리가 제법 나무처럼 변한다.

중국에서는 예로부터 국화를 사군자(四君子)의 하나로 사랑했다. 그러나 막상 문인화의 소재로 국화는 매화, 난초, 대나무에 비해 푸대접을 받은 것 같다. 내가 미술에 조예가 깊지 못해 그런지 동양화에서 국화를 접한 기억이 그리 많지 않다. 사군자를 칠 때 어쩌면 우리 붓의 획으로는 다른 '군자'만큼 멋을 내기 힘들어 그랬는지도 모른다. 획수가 늘면 글씨고 그림이고 조잡해지기 마련이다.

한편 국화는 동양 문학, 그중에서도 시조나 시의 소재로는 각별한 사랑을 받았다. 국화를 주제로 한 중국 한시가 수백 편에 이른다. 그런데 그 유명한 「국화 옆에서」에서의 시인 서정주는 국화를 "내 누님같이 생긴 꽃"이라 표현했다. 문학평론가들은 이를 두고 시련을 겪으며 더욱 성숙해진 아름다움을 상징한다고 말하지만 생물학자인 나는 좀 불편하다. 꽃이란 본래 식물의 성기이기 때문이다. 동물처럼 연모하는 암컷에게 접근하여 직접 짝짓기를 시도할 수 없는 식물은 벌건 대낮에 자신의 성기를 펼쳐 보이며 벌이나 나비를 유혹하여 그들에게 대리 섹스를 부탁한다. 바비 인형의 속눈썹처럼 꽃술들을 치켜뜨고 있는 나리꽃만큼 저속하진 않지만, 다소곳이 고개를 숙이고 있는 초롱꽃에 비하면 내겐 국화의 자태도 너무 되바라져 보인다.

우리가 흔히 '가깝고도 먼 나라'라고 부르는 일본의 이중성을 예리하게 분석한 『국화와 칼』의 저자 루스 베네딕트에 따르면 일본인들은 정작 그들의 국화(國花)인 벚꽃의 깔끔함보다도 국화의 온화함을 더 사랑한단다. 호주 사람들은 어머니날에 카네이션 대신 국화꽃을 선물한다. 하지만 "시들고 해를 넘긴 국화에서도 향기는 난다/사랑이었다 미움이 되는 쓰라린 향기여/잊혀진 설움의 몹쓸 향기여"라고 읊은 도종환 시인의 「시든 국화」처럼 국화란 꽃은 어딘지 모르게 질척거린다.

목련

이른 봄 이른 새벽
창밖에 나지막이 소곤닥이는 인기척

북으로 난 내 작은 창문 틈
속살이 유난히 흰 북구의 여인이 옷을 벗는다
허리춤에 걸린 잿빛 털외투 위로
봉곳한 등에 뽀얀 젖살이 흐른다

훔쳐보는 여인의 몸은 왜 이리도 눈이 부실까?

내가 오래전에 써놓고도 스스러워 숨겨두었던 「목련」이란 시다. 이 글을 쓰고 있는 지금도 나는 창문 한가득 저마다 수줍게 옷을 벗는 우윳빛 목련꽃들을 바라보고 있다. 그런데 그들은 한

결같이 북쪽을 바라본다. 옛사람들은 이를 두고 임금을 향한 충절을 떠올렸다고 한다. 생물학적으로는 남쪽의 꽃덮개 세포들이 북쪽 세포들보다 햇빛을 많이 받아 더 빨리 자라기 때문에 자연히 꽃봉오리가 북쪽으로 기우는 것이다.

2008년부터 교육과학기술부가 노벨상 수상자 등 연구 역량이 탁월한 해외 연구자들을 초빙하여 우리 대학의 연구 수준을 향상시킬 목적으로 시작한 '세계수준의 연구중심대학(WCU: World Class University) 육성사업' 덕택에 나는 미국 예일대 산림환경대학 학장인 피터 크레인 경(Sir Peter Crane)과 공동연구를 수행한 바 있다. 크레인 경은 일찍이 미국 시카고자연사박물관 관장과 영국 큐왕립식물원 원장을 역임하고 2004년 영국 왕실로부터 작위를 받은 식물학자로서 특히 꽃의 진화 분야의 세계적인 권위자이다. 그는 최근 취리히와 시카고의 고에너지가속기를 이용한 컴퓨터 단층촬영(CT) 기법으로 꽃의 기원을 연구하고 있다. 그에 따르면 목련꽃은 고대 식물의 꽃들과 구조적으로 매우 흡사하단다.

1998년 디즈니 영화사가 제작한 애니메이션 「뮬란」(목련의 중국어)의 주인공은 중국 여인이었지만, 나는 목련꽃을 보면 1930년대 얼음같이 차가운 아름다움으로 뭇 남성들의 마음을 사로잡았던 스웨덴 출신의 여배우 그레타 가르보가 떠오른다. 목련에서는 왠지 얼음 냄새가 난다. 실제로 목련은 약 1억 년 전에는 북극 지방을 중심으로 북반구 전역에 걸쳐 널리 분포했다.

그 당시 북극 지방의 기후는 지금의 유럽 수준이었다가 급격한 기후 변화로 인해 빙하로부터 안전한 남쪽에 분포하던 목련들만 살아남아 오늘에 이른다. 목련은 어쩌면 오늘도 고향이 그리워 북쪽을 바라보는지도 모르겠다.

꽃밖꿀샘

온 나라에 벚꽃이 흐드러졌다. 여의도 윤중로와 석촌호수길을 비롯하여 서울의 크고 작은 벚꽃길들이 모두 절정을 맞았다. 1960~70년대를 청장년으로 지낸 이들에게는 창경궁(당시 창경원)이 벚꽃놀이의 명소였다. 1970년대 초반에 대학을 다닌 이들은 그곳에서 '나체팅'을 벌이기도 했다. 그렇다고 해서 남녀가 홀딱 벗고 미팅을 했던 것은 아니다. '밤(나이트)', '벚꽃(체리블라섬)', '미팅'에서 세 글자를 뽑아 만든 말이었을 뿐, 그저 밤중에 만나 벚나무 아래를 거닐고 연못에서 보트놀이를 즐기는 게 고작이었다.

벚나무는 목련, 개나리, 진달래 등과 함께 잎보다 꽃을 먼저 피우는, 우리나라의 대표적인 '성질 급한' 꽃나무이다. 이들은 모두 지난해에 축적해둔 에너지를 사용하여 꽃부터 먼저 '출시'하고 꽃이 질 무렵에야 비로소 광합성을 하기 위해 잎을 만든다.

우리도 그들의 홍보 전략에 따라 꽃이 필 때만 그들을 탐미하고 그 후로는 일 년 내내 눈길조차 주지 않는다. 그러나 이제는 벚나무의 이파리에도 관심을 가져주기 바란다.

벚나무 이파리에 잎꼭지가 달려 있는 부분을 살펴보면 한 쌍의 작은 구멍이 뚫려 있다. 그곳에 혀를 대어보라. 희미하게나마 단맛을 느낄 수 있을 것이다. 생물학을 전공하지 않았더라도 누구나 꽃에는 꽃가루를 옮겨주는 벌, 나비, 박쥐 등에게 단물을 제공하는 꿀샘이 있다는 사실은 상식으로 알고 있다.

그러나 꽃 안뿐 아니라 꽃 밖에도 꿀샘을 갖고 있는 식물이 있다는 것을 아는 사람은 그리 많지 않다. '꽃안꿀샘'이 꽃가루받이를 위해 진화한 데 비해 '꽃밖꿀샘'은 식물이 보디가드를 고용하고 그 대가를 지불하기 위해 만든 기관이다. 식물이 고용한 보디가드에는 압도적으로 개미가 많다. 개미는 식물로부터 단물을 얻는 대신 그 식물을 공격하는 모든 초식동물을 구제한다. 식물은 꽃밖꿀샘의 단물에 기본적으로 탄수화물만 잔뜩 넣어주고 단백질은 개미더러 스스로 찾아 먹으라는 계약을 맺은 것이다.

금년에는 벚꽃이 지고 난 벚나무에서 열심히 보디가드로 일하는 개미를 관찰해보기 바란다. 어디선가 영화 「보디가드」에서 들었던 「당신을 영원히 사랑하리라(I will always love you)」가 흐르며 늠름한 케빈 코스트너가 달려올지도 모른다.

단풍

"숲의 나뭇가지 끝에도/가을은 젖어/금빛으로 타오른다." 부끄러운 마음으로 고백하건대, 중학교 2학년 시절 교내 백일장에서 장원을 했던 내 시 「낙엽」의 첫 구절이다. 금년 단풍도 어제오늘 갑자기 쌀쌀해진 날씨에 사뭇 삭연해 보인다. 해마다 어김없이 드는 단풍이지만 한 번이라도 도대체 왜 나무들은 이토록 아름다운 색의 향연을 펼치는지 생각해본 적이 있는가?

단풍은 나무가 겨울을 나기 위해 잎을 떨어뜨리는 과정에서 잎자루 끝에 떨켜가 생겨 그동안 초록빛을 내는 색소인 엽록소에 눌려 기를 펴지 못하던 카로틴이나 크산토필과 같은 색소들이 드디어 빛을 발산하며 나타나는 자연현상이다. 하지만 나는 지금 단풍의 색이 '어떻게(How)' 만들어지는가를 묻는 게 아니다. 생물학에서 '어떻게'에 못지않게 중요한 '왜(Why)'를 묻고 있다.

피는 왜 물보다 진할까? 피는 왜 그저 물과 같은 색을 띠지 않고 새빨간 빛을 띠게 되었을까? 우리 몸의 내부를 들여다보면 유독 피만 거의 원색에 가까울 정도로 강렬한 색을 띠고 있다. 왜? 살을 베였거나 각혈을 할 때 피가 만일 그저 물과 같은 색을 띤다면 과연 지금처럼 다급한 심정을 느낄 수 있을까? 강렬한 색의 진화에는 다 그럴 만한 이유가 있다.

리처드 도킨스(Richard Dawkins)의 『이기적 유전자』를 통해 알려진 '유전자의 관점'은 사실 다윈 이래 가장 위대한 생물학자라는 칭송을 받았던 윌리엄 해밀턴(William Hamilton)의 이론에서 나온 것이다. 해밀턴에 따르면 단풍의 화려한 색깔은 나무가 해충들에게 보내는 일종의 경계신호이다. 단풍 색소를 만들려면 상당한 비용이 들기 때문에 건강한 나무라야 보다 화려한 색을 띨 수 있고, 그 화려한 색은 해충들에게 이렇게 말하고 있는 것이다. '너희들이 내 몸에 알을 낳으려면 내년 봄에 내가 만들 독한 대사물질에 고생할 네 자식들을 걱정해야 할 것이다.'

해밀턴은 이 연구의 결과를 미처 발표하기도 전인 2000년 1월 에이즈 바이러스의 기원을 연구하러 아프리카에 갔다가 급성 말라리아에 걸려 그만 세상을 떠나고 말았다. 이듬해 영국왕립학회는 고인을 제1저자로 하여 논문을 발표했고, 그로 인해 우리는 단풍을 바라보는 새로운 눈을 얻었다. 건강한 나무들이 고운 가을을 만든다.

식물의 행성

우리는 이 세상 모든 걸 동물의 관점에서 바라본다. 그래서 이 지구를 우리가 지배하고 있는 줄 안다. 하지만 지구는 엄연히 식물의 행성이다. 우리는 종종 밭을 갈아엎고 나무를 베어내며 우리가 이 지구를 호령하며 사는 줄로 착각하지만 식물은 우리를 가소롭다 한다. 지구에 살고 있는 모든 동물의 무게를 다 합한다 해도 식물의 무게에 비하면 그야말로 '새 발의 피'다. 지구는 단연 식물이 꽉 잡고 있는 행성이다.

우리는 우리가 사과나무를 심고 길러 사과를 따 먹는다고 생각한다. 하지만 이를 사과나무의 관점에서 다시 생각해보자. 사과나무가 우리로 하여금 탐스러운 사과를 먹고 싶게 만들어 사과나무를 심고 기르게 하는 것이다. 과일이란 식물이 자기의 씨앗을 먼 곳으로 이동시키기 위해 채택한 전략이다. 부모 식물의 입장에서 보면 자기 씨앗이 그야말로 발밑에 떨어지면 스스로

드리운 그늘에 자식이 제대로 자라지 못한다. 씨앗을 맛있는 과일 속에 넣어 동물로 하여금 그걸 먹고 먼 곳에 가서 배설하게 하면 그곳에서 배설물을 양분 삼아 자랄 수 있다. 물론 과일을 만드는 데 드는 투자가 아까워 씨앗을 그냥 바람에 날려 보내는 민들레 같은 식물도 있다.

동물처럼 직접 사랑하는 이를 찾아다니며 짝짓기를 하지 못하는 식물이 안쓰러울 수도 있다. 그러나 식물은 자기는 꼼짝도 하지 않으면서 벌과 나비로 하여금 꽃가루를 이 꽃 저 꽃 배달하도록 만든다. 기껏해야 단물 조금 주면서. 우리 인간은 꽃을 아름답다 하지만, 꽃은 사실 식물이 꽃가루를 날라줄 동물들을 유혹하기 위해 세상천지에 펼쳐 보이는 그들의 성기이다. 벌과 나비는 식물이 고용한 '날아다니는 음경(陰莖)'이고.

몇 평 되지도 않는 정원이지만 잡초와의 전쟁이 장난이 아니다. 일주일만 돌보지 않으면 잔디밭이 온통 잡초투성이다. 잡초들은 어디서 그렇게 끊임없이 날아드는 것일까? 오늘도 나는 벌써 몇 시간째 마당에 쪼그리고 앉아 잔디 사이로 숨어 있는 잡초를 뽑고 있다. 잔디는 우리 인간 대표와 도대체 무슨 계약을 맺었기에 주말마다 나를 이처럼 철저하게 부려 먹는 것일까? 잡초를 뽑고 있는 내 머리 위로 벌들도 분주하게 매실나무의 꽃 사이를 날고 있다. "너희나 나나 이 무슨 자진한 노예살이란 말이냐?"

개미

1990년대 중반 오랜 미국 생활을 접고 서울대 교수로 부임하자 여기저기에서 강연 요청이 들어왔다. 동물행동학이라는 남다른 분야를 공부했으니 어디 한번 이야기보따리를 풀어보라는 것이었다. 그래서 나는 동물들의 성생활, 의사소통, 인지능력 등에 대해 멋진 사진 자료들을 동원하여 열심히 강의를 준비했다. 그런데 강의를 듣는 사람들이 그런대로 재미는 있어 하는 것 같은데 질문을 하는 사람은 거의 없었다.

그러던 어느 날 나는 오로지 개미에 대해서만 한 시간 동안 강의를 했다. 참으로 뜻밖에도 강의가 채 끝나기도 전에 여기저기에서 마구 손이 올라오는 것이었다. "개미와 인간이 서로 얘기할 수 있나요?" "개미도 지능을 갖고 있나요?" "개미 사회에도 반체제 개미들이 있나요?" 다른 강의에서는 질문을 구걸하다시피 했는데 어떻게 개미에 대해서는 이처럼 상상력 풍부한 질문들이 쏟아져 나오는지 신기할 따름이었다. 그러나 그리 머지않아 나는 이 모든 질문들이 죄다 베르나르 베르베르의 소설 『개미』에서 비롯된 것임을 알게 되었다.

개미는 페로몬이라는 화학물질을 사용하여 서로 다양한 의사를 주고받는다. 개미학자들은 이제 개미의 페로몬과 유사한 화학물질을 합성하여 그들에게 말을 걸 수 있게 되었다. 개미들이 우리에게 대꾸만 하면 드디어 쌍방의 의사소통이 가능해질 단계까지 온 것이다. 개미 사회가 여왕개미의 무소불위(無所不爲) 권력에 의해 완벽하게 통치되는 줄 알겠지만 실제로는 그 사회에도 우리 사회와 마찬가지로 반체제 세력들이 있다. 개미는 또한 우리 인간처럼 분업도 하고, 농사도 짓고, 대규모 전쟁을 일으켜 상대 종족을 말살하기도 하며, 정쟁의 승자가 되기 위해 심지어는 전혀 다른 종의 여왕들과 합종연횡(合從連衡)을 꾀하기도 한다. 자연계에서 우리 인간 사회와 가장 흡사한 사회는 단연 개미들의 사회이다.

개미의 공동 감시제

남미 대륙의 핀치새가 갈라파고스 제도로 날아와 여러 섬들의 서로 다른 환경에 적응하며 다양한 종들로 분화된 현상을 진화생물학에서는 적응방산(adaptive radiation)이라고 한다. 유명인들을 따라다니며 그들의 사생활 장면을 찍어 언론매체에 팔아먹는 사진사들을 가리키는 이탈리아어 '파파라치'가 우리나라에 들어와 화려한 적응방산을 하고 있다. 교통법규 위반 차량을 신고하는 '카파라치'를 시작으로 불량식품의 제조 및 판매를 신고하는 '식파라치', 교습 시간 또는 수강료 기준 위반 학원을 고발하는 '학파라치', 영화파일의 불법 업로드를 적발하는 '영파라치' 등 실로 다양하다.

공기업에서는 부정부패 근절을 위해 조직 내부의 비리나 불법, 부당행위 등을 신고하도록 유도하는 내부고발제를 실시하고 있다. 2009년 한국전력공사는 전례 없이 강력한 내부고발제도를 가동하여, 동료 직원의 뇌물 수수 사실을 신고하면 지급하던 종전의 포상금 상한선을 5000만 원에서 20억 원으로 올렸다. 잇단 경기조작 사건에 시달리던 스포츠계에서도 내부 고발을 유도하기 위해 고발자에 대한 포상금을 최고 1억 원으로 인상하기로 했다. 자, 이건 또 뭐라 불러야 하나? 뇌파라치? 비파라치?

함께 협동해야 할 동료들로 하여금 서로 감시하게 만드는 이 같은 제도는 자칫 공동체 정신을 해칠 수 있지만, 진화의 역사를 통하여 가장 효율적인 질서 유지 체제 중의 하나로 확립되었다. 인간 못지않게 복잡한 사회를 구성하고 사는 개미의 세계에서는 번식은 철저하게 여왕의 몫이고 일개미는 그런 여왕을 도울 뿐 스스로 자식을 낳지 않는다. 그러나 이건 어디까지나 원칙일 뿐 실제로는 일개미들도 심심찮게 알을 낳는다. 여왕개미는 이른바 '여왕물질'이라는 페로몬을 분비하여 이 같은 역모를 통제하려 하지만 그 사회에도 어김없이 틈새를 비집는 이들이 있다.

그래서 일개미들은 자체 감찰제(worker policing)를 마련했다. 어머니 여왕이 낳는 알은 부화하여 동생이 되지만 동료 일개미가 낳은 알은 조카로 태어난다. 조카는 동생보다 유전적으로 덜 가깝기 때문에 일개미는 자기들 중의 누군가가 알을 낳는 걸 원하지 않는다. 그래서 그들은 항상 서로를 감시하며 누군가 그 감시를 피해 알을 낳더라도 곧바로 먹어 치운다. 금전적인 보상을 전제로 한 인간의 공동 감시제가 개미의 유전적 자율 시스템만큼 효율적일지 두고 볼 일이다.

개미제국의 선거

언제부터인가 부쩍 선거가 잦아진 것 같다. 대통령 선거부터 국회의원 선거, 시장 선거, 교육감 선거까지 선택의 범위는 넓어진 듯하지만, 정작 투표를 하려고 보면 후보자는 많고 정보는 거의 없는 상황에서 도대체 무얼 근거로 선택을 해야 할지 난감하다. 서울 시민인 나의 경우에는 서울 시장 후보들이라면 어느 정도 알겠는데, 구청장이나 교육감만 해도 그들에 대해 아는 게 너무 없다. 옛날 학창 시절 시험처럼 모르면 무조건 한 번호로 통일하여 찍을 수도 없고, 정보화 시대에 걸맞지 않게 거의 '떨이 선거' 수준이다.

우리는 흔히 민주주의를 인간이 고안해낸 이상적인 사회제도라고 생각하지만 민주주의를 채택하는 동물은 인간만이 아니다. "언론의 자유, 투표의 자유, 다수결에 대한 복종, 이 세 가지가 곧 민주주의이다"라는 김구 선생님의 정의에 따르면 거의 완벽한 의미의 민주주의가 개미제국에서 시행되고 있다. 해마다 엄청난 숫자의 차세대 여왕개미들이 혼인비행을 마치고 제가끔 자신의 제국을 건설하기 위해 첨예한 경쟁을 벌인다. 이웃 나라들보다 하루라도 빨리 막강한 일개미 군대를 길러내야 주변의 신흥국가들을 평정하고 천하를 통일할 수 있다.

이 같은 경쟁에서 승리하기 위해 여왕개미들은 종종 동맹을 맺는다. 여러 마리의 여왕개미가 함께 알을 낳아 기르면 홀로 나라를 세우려는 여왕개미보다 훨씬 빨리 그리고 훨씬 더 막강한 병력을 구축할 수 있기 때문이다. 문제는 일단 천하를 평정하고 난 다음이다. 성숙한 개미제국은 거의 예외 없이 단 한 마리의 여왕이 다스린다. 따라서 건국의 동고동락을 함께한 여왕들 중 한 마리만 남고 나머지는 모두 제거될 수밖에 없다.

이 과정에서 여왕들이 직접 혈투를 벌여 끝까지 살아남은 한 마리가 권좌를 차지하기도 하지만, 대부분의 경우에는 일개미들이 합의하여 그들 중 한 마리를 여왕으로 옹립한다. 일개미들은 여왕 후보자들과 함께 생활하며 누가 과연 가장 훌륭한 지도자의 역량을 갖췄는지에 대해 끊임없이 서로 조율하며 결정하고 그에 승복한다. 일개미들 중 일부는 남의 어머니를 추대하고 자신의 어머니를 물어 죽이는 패륜까지 저지르며 참으로 냉정하게 민주주의를 실천한다. 우리도 함께 살아보진 못하더라도 적어도 누가 누군지는 알아야 뽑든 말든 할 게 아닌가?

개미 사회의 화학적 거세

한 입 베어 먹은 사과 모양의 애플 컴퓨터 로고에 관해서는 여러 가지 설이 존재한다. 그중 가장 유력한 것은 아마 흔히 컴퓨터 과학과 인공지능 연구의 아버지로 불리는 영국의 수학자 앨런 튜링(Alan Turing)의 사망에서 유래되었다는 설일 것이다. 제2차 세계대전 중 독일 해군의 암호를 해독하는 일에 탁월한 공을 세운 튜링은 전후 영국국립물리연구소를 거쳐 맨체스터대학의 연구원으로 일하던 1952년 1월 어느 날 극장 앞에서 우연히 만난 19세 소년과 '부적절한 관계'를 가진 사실이 드러나 영국 정부로부터 화학적 거세를 당한다. 당시 영국에서는 동성애 행위를 법으로 엄금하고 있었기 때문에 그는 감옥에 가는 대신 1년 동안 정기적으로 여성호르몬 주사를 맞는 형벌을 택했다. 그 결과 그는 유방이 부풀어 오르고 극심한 발기부전을 경험했다. 튜링은 그로부터 2년 뒤 마흔두 번째 생일을 맞기 보름 전쯤 청산가리 중독으로 사망했는데, 그의 주검 옆에 반쯤 먹은 사과가 놓여 있었다고 한다.

2009년 9월 고든 브라운 영국 총리는 정부를 대신하여 튜링과 그의 가족에게 정식으로 사과했다. 이유야 어찌 됐건 생물에게 거세란 대단히 참혹한 형벌이다. 하지만 개미에게는 사회를 안정적으로 유지하는 데 없어서는 안 될 중요한 수단이다. 오로지 여왕만 알을 낳고 일개미들은 평생 여왕이 낳은 알을 기르며 일만 하는 이른바 진사회성(eusocial) 사회가 유지되는 것은 여왕개미가 분비하는 강력한 여왕물질의 화학적 거세 효과 덕택이다. 일개미들도 유전적으로는 여왕개미와 마찬가지로 엄연한 암컷으로 태어나지만 그들의 생식기관은 여왕물질의 억제 작용 때문에 제 기능을 발휘하지 못한다. 여왕이 사망하여 더 이상 여왕물질을 만들어내지 못하게 되거나 군락이 지나치게 커져 여왕물질의 영향이 미치지 못하는 변방에서는 일개미들이 슬금슬금 알을 낳기 시작한다. 여왕물질의 효력이 떨어지면 억제되어 있던 생식기관의 기능이 회복되며 점차 여성성을 회복하는 것이다.

최근 우리 사회에는 성범죄자의 화학적 거세를 둘러싼 인권 논란이 뜨겁다. 그 옛날 개미의 초기 진화 시절에도 여왕개미의 왕권 강화와 일개미들의 '의권(蟻權)' 사수의 투쟁이 만만치 않았을 듯싶다.

흰개미

인도의 한 은행에서 궤짝에 넣어놓은 우리 돈 2억5000만 원어치의 루피 지폐를 흰개미가 먹어 치웠다는 뉴스가 인터넷을 달군 적이 있다. 흰개미는 워낙 식물성 섬유의 주성분인 셀룰로오스를 먹고 사는 곤충인 만큼, 나무로 만든 지폐는 그들에게 그저 맛있는 음식일 뿐 돈을 탐한 것은 아닐 것이다. 결과는 같을지 모르지만 전산망을 해킹하여 농협의 금고를 턴 인간들과는 근본적으로 죄질이 다르다.

흰개미는 흰색 개미가 아니라 오히려 메뚜기와 바퀴벌레에 훨씬 가까운 곤충이다. 나는 「민벌레(Zoraptera)의 진화생물학」이라는 제목의 논문으로 박사학위를 받았다. 내가 박사과정을 시작하던 1980년대 초반에는 흰개미의 가장 가까운 사촌이 민벌레일 것이라는 주장이 설득력을 얻고 있었기 때문에 나는 흰개미가 어떻게 사회적 동물이 되었는지를 밝히기 위해 민벌레를 연구 주제로 삼았다. 하지만 내가 학위를 마치기도 전에 흰개미는 다름 아닌 '사회성 바퀴벌레'라는 주장이 제기되더니 이제는 아예 흰개미를 바퀴벌레의 일종으로 분류하려는 움직임마저 일고 있다. 강원대의 박영철 교수가 연구하는 갑옷바퀴가 바퀴벌레 중에서도 유전적으로 흰개미와 가장 가까운 걸로 나타나고 있다.

작가 김재일은 『산사의 숲, 초록에 젖다』에서 부산 금정산에 있는 범어사 일주문의 기둥은 원래 나무였는데 조선 숙종 때 명흡대사(明洽大師)가 돌기둥으로 바꾼 것이라며 아마 흰개미의 피해를 막기 위해 그리했으리라 적었다. 박영철 교수의 연구에 의하면 우리나라 흰개미의 미토콘드리아 DNA는 일본 혼슈와 규슈 흰개미와 단 1개의 염기만 다르다. 이는 흰개미가 한반도에 유입된 시기가 매우 최근이라는 증거인데 과연 그 시기가 조선 시대까지 거슬러 올라가는지는 확실하지 않다.

곤충학자들은 대체로 우리나라의 흰개미는 철도의 침목을 해외에서 들여오는 과정에서 유입된 것으로 보고 있다. 그렇다면 흰개미가 한반도에서 산 역사는 기껏해야 100년 정도인데, 그 짧은 기간 동안 그들은 실로 놀랍게 성장하여 어느덧 심각한 해충이 되고 말았다. 우리나라 문화재의 21.8퍼센트에 달하는 목조 문화재가 현재 흰개미의 공격에 무방비 상태로 노출되어 있단다. "무량수전 배흘림기둥에 기대서서" 노을을 바라보시던 고 최순우 선생님이 애처롭다.

총알개미와 독침고통지수

2011년 우리말로 번역되어 나온 『꿀벌을 지키는 사람』이라는 책에는 1984년 미국 애리조나 벌 연구소의 저스틴 슈미트(Justin O. Schmidt) 박사가 고안한 독침고통지수(The Schmidt Sting Pain Index)에 관한 내용이 소개되어 있다. 독침이나 독샘은 거미, 전갈, 해파리, 노랑가오리, 뱀 등 다양한 동물들에서 발견되지만, 슈미트 박사가 작성한 지수는 곤충에 한정된 것이었다. 지구상에는 현재 100만 종의 곤충이 알려져 있지만 슈미트 박사가 만든 목록의 상위 10위는 모두 벌, 말벌, 개미 등 벌목(Order Hymenoptera) 곤충들이다. 이들의 엄청난 생태적 성공과 무관하지 않은 관찰이라고 생각한다.

독침을 지닌 곤충이라면 사람들은 우선 벌을 떠올리지만 슈미트 목록의 1등은 뜻밖에도 개미가 차지했다. 파라포네라(Paraponera) 속(屬)의 총알개미(bullet ant)의 독침에 쏘였을 때

느끼는 고통을 그는 발뒤꿈치에 긴 녹슨 못이 박힌 채 타오르는 숯불 위를 걷는 것과 같다고 표현했다. 뭐 그리 길게 주절거릴 것도 없다. 나는 기절했다. 1980년대 파나마 열대우림에서 연구하던 어느 날 산등성이에서 계곡으로 내려가던 중 나는 홀연 왼쪽 팔뚝에 화끈거리는 따끔함을 느꼈다. 미끄러지지 않으려고 거머쥔 나뭇가지에 총알개미들이 오르내리는 걸 미처 몰랐다. '녹슨 못이 박히는' 것 같은 고통이 밀려왔지만 팔뚝을 문지르며 계속 산을 내려가는데 눈앞의 풍광이 심하게 출렁이기 시작했다. 신속하고 현명한 결정이 필요한 순간이었다. 그곳에서 쓰러지면 자칫 계곡으로 굴러 떨어져 아무도 나를 발견하지 못할 수 있겠다는 생각에 나는 되돌아 산을 기어올랐다. 얼마나 시간이 흘렀을까? 때마침 연구를 마치고 하산하던 미국 친구가 흔들어 깨우는 바람에 정신을 차렸다. 왜 숲 속에 누워 있느냐고 묻기에 개미에게 쏘였다고 했더니 그는 피식 웃으며 사라졌다.

슈미트의 목록은 10위를 차지한 꼬마꽃벌(sweat bee)을 제외하곤 모두 개미와 말벌로 채워져 있다. 우리 주변에는 가끔 꿀벌에 쏘여 목숨을 잃는 사람들이 있다. 꿀벌은 말벌에 비해 한 마리가 지닌 독성은 그리 강하지 않지만 쏘인 곳에서 어영부영하다 보면 졸지에 수백, 수천 마리가 몰려올 수 있다. 한낱 벌레라고 우습게보지 말고 체면 불고 줄행랑이 최상책이다.

매미

여름이면 후텁지근한 열대야 때문에 잠을 못 이루는 사람이 많을 것이다. 거기에 한몫을 더하는 것이 한밤중까지 울어대는 매미 소리다. 서울에서 오랫동안 살아온 사람들은 말한다. 예전에는 매미 소리가 이렇게 시끄럽지 않았다고. 적어도 매미 소리 때문에 밤잠을 설치지는 않았다고. 서울 매미들의 환경에 두 가지 뚜렷한 변화가 있다. 예전 자료가 없어 단정하기는 어렵지만 본래 낮에 활동하는 곤충인 매미가 밤에도 대낮처럼 밝은 조명 때문에 훨씬 더 늦도록 울어대는 것은 확실해 보인다. 그러니 매미 소리에 밤잠을 설친 기억이 별로 없다는 말은 어느 정도 타당한 듯하다.

유럽을 여행하며 까치를 본 적이 있는가? 까치는 영국에서 유라시아 대륙을 거쳐 미국 서부에 이르기까지 북반구 거의 전역에 분포하는 아주 세계적인 새이다. 하지만 평소 자연을 예의 관찰하는 분이 아니라면 실제로 본 기억이 거의 없을 것이고, 혹여 보았더라도 그 소리를 들어본 기억은 더더욱 없을 것이다. 왜냐하면 유럽 까치들은 우리 까치들보다 훨씬 부드러운 소리를 내기 때문에 실제로 들었어도 그것이 까치 소리인 줄 몰랐을 것이기 때문이다. 서울대 생명과학부 행동생태연구실의 이상임 박사와 내가 함께 이끌고 있는 까치장기생태연구사업단은 15년이 넘게 까치를 연구하며 세계 방방곡곡의 까치 소리를 녹음하여 분석해왔다. 그 결과 우리는 전 세계에서 우리나라 까치가 가장 시끄러운 까치라는 사실을 알아내고 말았다.

하지만 우리나라 매미 소리가 유난히 크다거나 점점 더 시끄러워지고 있다는 과학적 증거는 없다. 다만 우리 귀에 훨씬 더 시끄럽게 들릴 가능성은 충분히 있어 보인다. 시골 매미들의 소리는 주변 식물들에 상당 부분 흡수되는 데 비해 도심의 매미 소리는 고층건물과 아스팔트에 의한 공명 때문에 훨씬 더 시끄럽게 들릴 수 있다. 소음측정기로 재보면 공사장 소음 수준인 60~70데시벨을 훨씬 웃돈다고 한다.

서울대 공대 전기공학과에서 음향공학을 전공하는 성굉모 교수님은 17년 전 미국에서 갓 돌아온 내게 함께 매미를 연구하자고 제안하셨다. 기껏해야 수액이나 빨아먹는 작은 곤충이 어떻게 그처럼 엄청난 굉음(轟音)을 뿜어내는지를 밝혀 '매미 스피커'를 만들면 대박을 칠 것이라 하셨다. 나는 지금도 매미 소리를 들으면 선생님이 약속하신 전용비행기 생각이 난다.

도토리거위벌레

요즘 등산을 하거나 대학 교정을 거닐다 도토리가 달려 있는 나뭇가지들이 여기저기 떨어져 있는 것을 보게 된다. 관찰력이 예민한 사람이라면 그 가지의 절단면이 마치 누가 일부러 톱으로 자른 듯 아주 매끈한 걸 발견하고 적이 의아해했을 것이다. 도대체 누가 이런 짓을 한 것일까?

범인은 뜻밖에도 몸길이가 1센티미터도 안 되는 도토리거위벌레라는 작은 딱정벌레이다. 별나게 긴 주둥이가 거위의 목처럼 생겼다 하여 도토리거위벌레라고 불리는 이 딱정벌레 암컷은 상수리나무·신갈나무·갈참나무 등 참나무류의 도토리에 구멍을 뚫고 그 안에 알을 낳은 다음 그 도토리가 달려 있는 가지를 잘라 땅에 떨어뜨린다. 때로 지름이 5밀리미터도 넘는 제법 굵은 가지를 그야말로 '땀을 뻘뻘 흘리며' 자르는 모습을 지켜보노라면, 이 행동은 필경 어떤 뚜렷한 목적을 지닌 진화적 적응임이 분명해 보인다.

도토리거위벌레는 우리나라 전역과 일본 및 중국의 일부 지방에만 분포하기 때문에 이 행동은 아직 세계 학계에 별로 알려지지 않았다. 그래서 우리 연구실에서는 벌써 여러 해 동안 도토리거위벌레의 가지 절단 행동을 연구해왔다. 우리는 도토리거위벌레 어미가 자기 애벌레로 하여금 타닌(tannin)이 적은 먹이를 먹을 수 있도록 일찌감치 나무로부터 격리한다는 가설을 세우고 연구를 시작했다. 타닌은 익지 않은 도토리나 밤을 씹었을 때 느끼는 떫은 맛이나 적포도주의 텁텁한 맛의 주성분으로서 특정한 단백질과 결합하면 소화불량을 일으킬 수 있다.

그러나 우리의 연구 결과는 예측과 정반대로 나타났다. 도토리거위벌레의 알이 부화하여 애벌레가 도토리를 파먹기 시작할 무렵 땅에 떨어진 도토리와 아직 나무에 달려 있는 도토리의 타닌 농도를 비교해보았더니 전자의 농도가 오히려 더 높은 것으로 드러났다. 그 후 우리는 타닌의 효과가 곤충보다는 포유동물에게 더 크게 나타난다는 걸 알게 되었고, 어쩌면 타닌을 고농도로 유지하는 것이 다람쥐나 곰 같은 동물에게 먹힐 확률을 낮추는 게 아닐까 하고 후속 연구를 기획하고 있다. 여러분도 지금부터 도토리거위벌레가 떨어낸 도토리를 발견하면 도대체 왜 그 작은 곤충이 그처럼 힘든 톱질을 하고 사는지 생각해보시라. 좋은 아이디어가 떠오르면 우리에게도 꼭 알려주시고.

얌체 귀뚜라미

날이 선선해지니 귀뚜라미 소리가 한결 청명하다. 초저녁부터 울기 시작한 귀뚜라미 수컷이 밤을 지새운다. 윗날개를 하늘 높이 치켜들고 좌우로 비벼 소리를 내는 작업은 결코 쉽지 않은 육체노동이다. 그런데 실제로 야외에 나가 조사해보면 이처럼 10시간 넘게 소리를 내며 열심히 암컷을 부르는 수컷들이 있는가 하면 하룻밤에 30분도 채 울지 않는 수컷들도 있다. 도대체 이들은 무슨 배짱이란 말인가? 귀뚜라미 수컷으로 태어나 대통령이나 기업 회장을 할 것도 아닌 주제에 그 짧은 시간을 투자하여 어떻게 암컷을 유혹하고 자신의 유전자를 후세에 남기겠다는 말인가?

우리 인간의 콧구멍은 서로 너무 가까이 들러붙어 있어 냄새를 한 번만 맡아서는 그 냄새가 어느 쪽에서 오는지 알아내지 못한다. 그래서 우리는 코를 이쪽저쪽 들이밀며 킁킁대야 비로소 냄새의 진원지를 찾아낼 수 있다. 하지만 귓구멍은 얼굴 양옆에 멀찌감치 떨어져 위치해 소리가 어느 방향에서 오는지 대번에 알아낸다. 그러나 방향만 알 뿐 정확한 지점을 찾아내기는 쉽지 않다. 선생님이 칠판에 무언가를 쓰고 계실 때 뒤에서 떠들며 장난친 학생을 적발하려 해도 방향은 알겠는데 정확히 누가 그랬는지 짚어내기 어렵다.

채 30분도 울지 않는 귀뚜라미 수컷들은 청각 소통의 바로 이 약점을 이용한다. 10시간씩 열심히 소리를 내는 수컷 근처 풀숲에 숨어 있다가 그 성실하고 매력적인 수컷을 찾아오는 암컷 앞에 홀연히 나타나 마치 자기가 그 수컷인 양 행세하며 짝짓기에 성공하는 얌체들이 있다. 둘러보면 우리 인간 사회에도 이런 얌체 수컷들이 심심찮다. 평생 남이 차려주는 밥상 주변을 맴돌며 달랑 숟가락만 올려놓고 사는 그런 사내들 말이다.

암컷에 비해 수컷들이 대체로 훨씬 치사한 삶을 사는 데에는 그럴 만한 생물학적 이유가 있다. 자기 스스로 자식을 낳을 수 있는 암컷 주변에는 언제든 정자를 제공하려는 수컷들이 즐비하다. 하지만 수컷은 아무리 잘났어도 암컷의 몸을 거치지 않고는 자신의 유전자를 후세에 남길 방법이 없다. 그래서 이 세상 모든 수컷들은 암컷의 간택을 받기 위해 때론 치사한 삶도 불사할 수밖에 없는 것이다. 수컷으로 태어나 앞뒤 계산하지 않고 뚜벅뚜벅 자신만의 길을 걷기란 그만큼 더 어려운 법이다.

괴물 꼽등이

2011년 말 뉴질랜드에서 발견된 '괴물 꼽등이' 얘기로 인터넷이 시끌벅적해진 일이 있었다. 외신 보도를 그냥 퍼나른 우리 언론은 물론, 처음 보도한 외신에도 검증되지 않은 정보가 그득했다. 세계에서 가장 무거운 곤충이 발견되었다고 호들갑이었는데, 그건 사실과 다르다. 당시 발견된 대형 꼽등이는 무게가 무려 80그램이어서 이전 꼽등이 최고기록인 71그램을 앞지른 건 사실이지만, 이 세상에서 가장 무거운 곤충은 여전히 골리앗풍뎅이의 애벌레인데 그 무게가 자그마치 115그램에 달한다. 화석 곤충까지 포함하면 왕관은 고생대의 석탄기와 이첩기에 살았던 잠자리들에게 돌아간다. 몸무게가 족히 450그램은 되었을 것이란다.

꼽등이는 특별히 자주 괴담에 시달린다. 최근 우리 사회에는 지구온난화로 인해 개체 수가 급증한 꼽등이가 인간에게 치명적인 질병을 옮기고 있다는 근거 없는 괴담이 돌고 있다. 꼽등이 몸에서 종종 상당히 긴 연가시가 기어나오는 바람에 그런 소문이 도는 모양인데, 연가시는 회충과 같은 선형동물의 일종으로서 그리 별다를 것 없는 평범한 기생충이다. 몸이 별나게 가늘고 길어 좀 징그럽긴 하지만 특별한 질병을 옮긴다는 연구 보고는 없다.

그리고 또 한 가지. 이번에 대형 꼽등이를 발견한 사람인 마크 머핏(Mark Moffett)을 미국의 산림경비원 또는 관광객이라고 소개했는데, 이 역시 사실과 다르다. 그는 나보다 1년 먼저 하버드대학의 윌슨(Edward Wilson) 교수로부터 박사학위를 받은 걸출한 개미박사이다. 내 책 『개미제국의 발견』에도 소개되었듯이 그는 매크로렌즈를 뒤집고 그 끝에 플래시 라이트를 다는 등 자기만의 독특한 접사 기술을 개발하며 『내셔널지오그래픽』에 단골로 사진과 글을 실어 사진상과 탐사상을 여럿 받은 세계적인 사진작가이자 자연학자이다.

나는 1975년 서울대 사진 동아리 '영상'을 만들고 초대 회장까지 지내며 일찌감치 사진에 눈을 떴다. 하지만 그는 나를 사진의 새로운 경지로 이끌어주었다. 온갖 희귀 동물을 찾아 세상의 거의 모든 오지에 다녀온 그를 우리는 '곤충학의 인디애나 존스'라고 부른다. 이번에도 뉴질랜드의 리틀배리어 섬에서 탐사 활동을 벌이다가 세계 최대 꼽등이를 발견한 것이다. 최근 중국으로 탐사를 가는 길에 한국에 들러 우리 고등학교 학생들과 자연

사진 찍기 출사를 나가기도 했다. 그의 사진 제자였던 내가 동행했던 것은 물론이다.

연어

가수 강산에는 "흐르는 강물을 거꾸로 거슬러 오르는 연어들의/ 도무지 알 수 없는 그들만의 신비한 이유처럼"이라고 노래하지만, 동물행동학자들은 이제 연어가 어떻게 자기가 태어난 강물로 돌아오는지에 대해 퍽 많은 걸 알고 있다. 한 고장의 강물들이 다 고만고만하겠지 싶지만, 연어는 서로 다른 지류 간의 미묘한 화학적 성분의 차이를 파악하여 정확히 자기 고향을 찾는다.

이 같은 회귀 행동을 이용하여 요즘 우리 지자체들이 연어 치어 방류 경쟁을 벌이고 있다. 원래 양양 남대천을 비롯하여 동해로 흐르는 강원도 하천에서만 하던 치어 방류가 어느덧 섬진강, 밀양강 등 남해안 하천으로 번지고 있다. 공업도시 울산은 태화강 정화사업을 하며 방류한 연어가 2003년부터 회귀하기 시작하여 2009년에는 자연 상태에서 부화한 치어가 바다로 돌아가는 단계에 이르렀다.

워낙 고급 어종인 연어는 산업적 부가가치도 높고 그들의 회귀는 강의 생태계가 그만큼 건강하다는 뜻이므로 환경 이미지에도 도움이 되기 때문에 지자체마다 대규모의 인공부화장 또는 연구센터를 건립할 계획을 세우고 있다. 하지만 이쯤에서 우리보다 먼저 방류를 시작했고 그에 따른 추적 연구도 수행한 선진국의 시행착오에 주목할 필요가 있다. 일단 연어가 회귀한다는 사실 자체는 분명히 반가운 일이지만, 그건 아주 작은 시작일 뿐이다. 자연 생태계의 섭리는 우리 인간이 손쉽게 주무를 수 있을 만큼 호락호락하지 않다.

우선 인공부화장에서는 자연 생태계에서 벌어지는 치열한 짝짓기 과정이 아예 생략되거나 상당히 약화되어 있기 때문에 자손세대 유전자의 질적 저하가 일어난다. 게다가 자연에서 연어의 부화율은 10퍼센트가 채 되지 않는 데 비해 생산량을 높이기 위하여 최적의 조건을 갖춘 부화장에서는 적합하지 않은 유전자형도 모두 치어로 자란다. 또한 아무리 훌륭한 부화장이라도 공간적 제약에 의한 운동량 부족 때문에 양식 치어는 대체로 머리와 지느러미의 크기가 현저하게 작으며 장거리 여행에 필요한 지구력도 부족한 것으로 드러났다. 따라서 우리의 인공부화와 방류의 노력이 커지면 커질수록 자연 생태계의 연어 개체군은 점점 더 허약해질 게 뻔하다. 인간의 탐욕이 강산에가 절규하듯 “지친 어깨 떨구고 한숨짓는” 연어를 양산하고 있다.

해파리의 공격

생물의 번식력은 우리의 상상을 초월한다. 수학을 그리 즐기지 않았던 다윈도 그의 『종의 기원』에서 "상당한 고통을 감수하며" 계산 문제를 하나 풀었다. 생물개체군이 얼마나 빠른 속도로 불어날 수 있는지를 보여주기 위해 다윈은 아주 느리게 번식하는 대표적인 동물인 코끼리를 가지고 다음과 같은 계산을 했다. "코끼리가 30세에서 90세까지 번식을 하며 모두 6마리의 새끼를 낳는다면, 500년 후에는 불과 한 쌍의 부모로부터 무려 1500만 마리의 코끼리가 태어나 살게 될 것이다."

비록 40대 초반에 요절했지만 생태학을 정량적인 과학의 반열에 올려놓은 불세출의 생태학자 로버트 맥아더(Robert MacArthur)는 더 어마어마한 계산을 선보였다. 2분마다 세포분열을 하는 박테리아에 먹이를 무한정으로 공급한다고 가정하면, 36시간 후면 지구의 표면 전체를 한 자 깊이로 덮을 것이고,

그로부터 1시간만 더 지나면 우리 키를 훌쩍 넘을 것이란다. 또한 현미경의 도움을 받아야만 볼 수 있을 만큼 작은 박테리아도 일단 태어나면 죽지 않는다고 가정할 때, 그저 수천 년만 기다리면 불어나는 박테리아의 살코기 때문에 이 지구의 부피가 저 끝없는 우주를 향해 빛의 속도로 팽창해 나갈 것이란다.

우리 어부들이 요즘 때아닌 해파리의 무차별 공격에 속수무책으로 당하고 있다. 그물 가득 멸치를 끌어올려도 물컹물컹한 해파리의 살과 뒤엉켜 일일이 손으로 골라내야 할 판이란다. 그런가 하면 해수욕을 즐기던 아이들도 해파리에 쏘여 고통을 호소하고 있다. 몸의 90퍼센트 이상이 물로 이뤄져 있건만, 이제 더 이상 해파리를 물로 보기 어려워졌다.

세계 곳곳에서 해파리의 공격에 대한 보도들이 속출하고 있지만 전 지구적으로 볼 때 실제로 그 수가 늘어난 것인지는 확실하지 않다. 이런 일이 벌어지기 전에 아무도 그들의 개체군 크기를 조사해두지 않았기 때문에 비교할 수 있는 데이터가 없다. 우리 환경부가 2004년부터 시작하여 한때 내가 '총괄' 역할을 맡기도 했던 '국가장기생태연구사업(KNLTER)'이 좀 더 일찍, 그리고 해양 연구까지 포함할 수 있도록 좀 더 큰 예산으로 진행되었더라면 하는 아쉬움이 크다. 지금은 해파리지만 다음엔 또 누가 우리를 공격해올지 아무도 모르기 때문이다.

바로 콜로라도 섬

나는 파나마 운하 한복판에 있는 바로 콜로라도 섬(Barro Colorado Island, BCI)의 미국 스미스소니언 열대연구소에서 이 글을 쓰고 있다. 1914년 운하가 만들어지면서 원래 산봉우리였다가 섬이 된 이곳을 1923년 미국 정부가 자연보호 구역으로 지정한 후 지금까지 온갖 다양한 열대생물학 연구가 진행되어왔다. 2013년이면 어언 90년간의 연구 결과가 축적된다. 나 역시 1980년대 중반 이곳에서 박사학위 현장 연구를 수행한 터라 다시 찾은 감회가 남다르다.

스미스소니언은 1982년 이 섬에 50헥타르에 이르는 숲을 장기생태연구지역으로 설정하고 지난 30년간 5년마다 가슴 높이에서 지름이 1센티미터 이상인 모든 나무를 모니터링하고 있다. 무려 303종이나 되는 나무 24만 그루에 대한 온갖 다양한 생물학적 속성을 측정하고 있는 것이다. 1987년에는 말레이시아에도 면적이 같은 숲을 장기 모니터링 지역으로 설정하여 비교연구를 하고 있다. 이 연구는 이제 세계 21개국의 46개 연구 지역으로 확대되어 나무 8500종 450만 그루를 정기적으로 측정하며 기후변화 연구의 핵심이 되고 있다.

우리나라도 2004년부터 환경부의 주도로 '국가장기생태연구사업'을 하고 있다. 점봉산·지리산·한라산·월악산·서울 남산과 더불어 강원도 산불 지역에서 지난 9년간 활발한 연구를 수행해왔다. 우리는 이 외에도 한강·낙동강·우포·새만금·대청호 등 담수 지역과 함평만, 동해안 '고래불' 사구 등 연안 지역에서도 장기 생태 연구를 수행하고 있다. 장기적인 동물 생태 연구로는 까치·노린재·고라니·박쥐 등을 모니터링하고 있다.

1980년대 중반 이 섬에서 연구하던 4년 동안 나는 파나마 운하를 통과하는 우리나라 배를 딱 두 번 보았다. 그런데 이번 방문 나흘 동안에 나는 벌써 한국 배를 두 척이나 보았다. 우리의 국력이 그만큼 향상되었다는 증거이리라. 이제 내년이면 우리의 장기 생태 연구도 첫 10년을 마무리하고 다음 10년을 기획해야 한다. 기후변화와 생태계 변동이 인류의 삶에 엄청난 영향을 미치는 변수로 떠오른 이때 우리의 장기 생태 연구도 그에 걸맞은 성숙 단계를 맞이해야 한다. 유년기를 벗어나 청소년기로 접어드는 우리 장기 생태 연구가 사춘기를 잘 넘길 수 있도록 각별한 배려가 필요해 보인다.

복어

뉴스를 보다 보면 복어 요리를 먹고 중태 상태에 빠진 사람들의 이야기를 종종 듣게 된다. 복어의 난소와 간에 들어 있는 테트로도톡신(tetrodotoxin)은 청산가리, 즉 시안화칼륨보다 100배나 강한 독소로서 소량만 섭취해도 신경과 근육을 마비시켜 호흡 곤란을 일으키며 심하면 죽음을 부를 수도 있다. 1774년 9월 7일 당시 남태평양을 탐험하던 쿡(James Cook) 선장은 선원들이 복어를 먹고 근육 마비와 호흡 곤란 증상을 보였으며 그 음식 찌꺼기를 먹은 돼지들은 모두 죽었다고 기록했다. 1975년에는 일본의 가부키 배우 반도 미쓰고로가 복어 간 요리 네 접시를 먹어 치우는 객기를 부리다 숨지기도 했다. 최근에는 우리나라의 한 중견 탤런트가 복어 요리를 먹고 중태에 빠졌다 살아났다고 한다.

테트로도톡신은 흔히 '복어 독'으로 불리지만 영원(newt), 개구리, 문어, 불가사리 등에서도 발견된다. 동물들의 독소는 대개 동물의 종류에 따라 독특한 법이다. 뱀의 독과 거미의 독은 화학적으로 전혀 다른 물질이다. 그런데 어떻게 이처럼 다양한 동물들이 정확하게 동일한 화학식을 가진 물질을 지니도록 진화했을까?

동물의 세포막에는 나트륨 이온이 드나드는 채널이 있는데 테트로도톡신은 바로 이 채널을 막아버리는 작용을 한다. 체내에 이 독소를 다량 함유하고도 멀쩡히 잘 사는 동물들은 모두 이 독소에 면역력을 갖도록 나트륨 채널에 돌연변이가 일어난 것이다. 그런데 다른 동물들은 소량만 섭취해도 생명이 위독한데 왜 이들은 그 엄청난 양에도 끄떡도 없는 것일까? 독을 지닌 복어는 독이 없는 복어에 비해 무려 500~1000배의 테트로도톡신을 지니고 있다.

이들이 독소를 지니도록 진화하는 데에는 포식동물로부터의 보호가 결정적인 역할을 했다. 하지만 복어는 물론 푸른점문어나 검은과부거미가 실제로 그들을 잡아먹는 동물의 몸집에 비해 지나치게 많은 양의 독소를 장전한 까닭은 또 무엇인가? 이들은 스스로 테트로도톡신을 생성하는 게 아니라 그 독소를 분비하는 박테리아를 잡아먹고 살기 때문에 이른바 먹이연쇄에 따른 생물농축 현상이 일어난 것이다. 그러다 보니 미국 서부에서 그런 박테리아를 섭취한 영원만 집중적으로 잡아먹는 뱀의 몸에는 무려 1.8그램의 테트로도톡신이 들어 있다. 불과 2밀리그램이면 목숨을 잃는 우리 인간 900명을 죽일 수 있는 양이다. 자고로 음식은 잘 가려 먹어야 한다.

상어 죽이기

미국 애리조나 주 그랜드캐니언 주변의 고원지대는 카이밥(Kaibab) 국유림으로 둘러싸여 있다. 1906년 사냥동물 보호구역으로 지정되던 당시 그곳에는 약 4000마리의 사슴들이 살고 있었다. 그 후 25년 동안 사슴을 보호한다는 명목으로 늑대·코요테·퓨마·스라소니 등의 포식동물이 무려 6000마리나 제거되었다. 포식동물 제거작업 초창기에는 예상대로 사슴 개체군의 크기가 빠르게 증가하여 1923년에는 그 수가 6만~7만 마리에 이르렀다.

하지만 갑자기 수가 늘며 점점 더 치열한 먹이 경쟁을 하게 된 사슴들은 1918년부터 식물의 어린 싹까지 먹어 치우더니 1931년에는 그 수가 2만 마리, 그리고 1939년에는 겨우 1만 마리로 줄어들었다. 33년간의 잔인한 살생 끝에 사슴의 수는 1906년 원래 숫자에 그 당시 포식동물의 수를 합한 수준으로 되돌아간 셈이다. 포식동물들은 사슴 개체군으로 하여금 환경의 수용 한계 이상으로 증가할 수 없도록 조절하고 있었던 것이다. 이 뼈아픈 경험을 통해 우리는 크고 포악한 포식동물들도 자연 생태계에 없어서는 안 될 중요한 요소임을 인식하게 되었다.

그러나 인식이 곧바로 행동의 변화로 이어지는 것은 아닌 듯 싶다. 1999년에도 미국 야생동물관리국은 코요테 8만5000마리, 여우 6200마리, 퓨마 359마리, 늑대 173마리를 관리와 조절이라는 이름하에 무자비하게 학살했다. 그러나 미국에서 가축의 사인 중 포식이 차지하는 비율은 겨우 1퍼센트에 불과하다. 나머지 99퍼센트는 질병, 악천후, 굶주림, 탈수, 사산 등에 의한 것이다. 지금도 미국의 많은 주에서는 야생동물관리국에 의한 포식동물 제거작업이 계속되고 있다.

육지에서 늑대와 호랑이 등이 이른바 '신의 괴물'로 낙인 찍혀 사라지고 있다면 바다에서는 상어가 같은 꼴을 당하고 있다. 세계자연보전연맹(IUCN)은 최근 무분별한 어획으로 인해 전 세계 상어의 3분의 1이 멸종 위기에 놓였다고 경고했다. 지구온난화의 영향 때문인지 우리 근해에 백상아리, 청상아리, 귀상어 등 대형 상어들이 심심찮게 나타나기 시작했다. 해녀와 피서객의 안전도 물론 중요하지만 그렇다고 해서 출몰하는 족족 잡아 죽이는 것은 자연의 섭리를 모르는 어리석은 짓이다. 공생의 길을 찾아야 한다.

까치와 칠석

견우와 직녀가 은하수 위의 오작교에서 만나 애틋한 사랑을 나눈다는 칠석. 견우성과 직녀성이 늘 들러붙어 사랑을 속삭이다가 옥황상제의 노여움을 사는 바람에 그 후부터는 1년에 단 한 번밖에 만나지 못하게 되었다는 얘기, 그리고 이들이 만나는 장소인 오작교는 까마귀(烏)와 까치(鵲)가 날개를 펴 만들어준 것이라는 얘기는 우리 모두 익히 잘 알고 있다.

칠석 설화는 중국에서 유래하여 우리나라와 일본 모두에서 예로부터 지금까지 전해 내려오고 있다. 그런데 일본 전설에는 오작교에 대한 언급이 없다. 지금 일본 규슈와 홋카이도 일부 지역에 살고 있는 까치는 임진왜란 때 일본 장수가 일부러 옮겨준 몇 마리의 후손들이다. 일본에도 까마귀는 오래전부터 있었으니 '오교(烏橋)'의 설화라도 있을 법한데 일본의 칠석 전설에는 새들에 대한 얘기가 아예 없다. 전설도 어느 정도 사실적 근거가 필요한 것이리라.

나는 서울대학교의 이상임 박사와 더불어 1997년부터 지금까지 벌써 15년 넘게 까치에 관한 장기적인 생태·행동 연구를 수행하고 있다. 까치는 영국에서 유라시아 대륙에 걸쳐 미국에 이르기까지 북반구 전역에 분포하고 있다. 그런데 까치의 날개는 짧고 둥근 모양을 지니고 있어 사실 장거리 이동에는 적합하지 않다. 웬만한 산맥이나 해협도 넘지 못한다. 제주도에 지금은 까치들이 번성하고 있지만, 그것도 1989년 한 스포츠 신문사가 창간 20주년 기념행사의 일환으로 아시아나 항공사의 후원을 얻어 방사한 것이다. 미국의 까치들도 거의 틀림없이 한때 베링 해협이 육로로 연결되어 있을 당시 건너가 정착한 것으로 보인다.

이처럼 애당초 장거리 여행에 적합하지 않도록 진화한 까치가 어떻게 '세계적인' 새가 되었는지는 까치 연구의 핵심 주제 중 하나이다. 우리 연구진은 몇 년 전 북반구 여러 지역에서 채집된 까치의 표본에서 DNA를 추출하여, 까치가 원래 영국에서 유래하여 동진에 동진을 거듭하여 미국으로 건너갔다는 주장과 달리, 우리나라를 비롯한 동아시아에서 시작하여 일부는 동진하여 미국에 이르고 일부는 서진하여 영국에 안주하게 된 것이라는 결과를 얻어 국제학술지에 발표했다. 하지만 생물학 연구가 아니라 설화의 다양함만 보더라도 우리나라가 까치의 종주국임은 분명해 보인다.

뻐꾸기

영화를 좋아하는 사람이라면 우리 시대의 대표적인 성격 배우로 1975년 「뻐꾸기 둥지 위로 날아간 새」에서 정신병자도 아닌데 정신병원에 갇혀 온갖 수난을 겪는 남자를 열연하여 아카데미 남우주연상을 받은 명배우 잭 니컬슨을 떠올릴 것이다. 영어로 '뻐꾸기(cuckoo)'는 물론 새의 이름이지만 속된 표현으로는 미친 사람이나 정신병자를 뜻하기도 한다. 그런데 뻐꾸기는 아예 둥지를 만들지도 않기 때문에 이 영화는 내용은 물론 제목부터 이중적 상징성의 묘한 매력을 지닌다.

얼마 전 대구의 어느 결혼도 하지 않은 젊은 부부가 병원비를 마련할 수 없어 낳은 지 사흘밖에 안 되는 핏덩이를 단돈 200만 원에 팔았다가 경찰에 붙잡힌 사건이 있었다. 언론은 앞다퉈 이들의 행위를 인면수심(人面獸心)의 야만으로 비난했다. 하지만 그 옛날 못살던 시절에 부잣집 대문 앞에 업둥이를 두고 가던 것과 무엇이 그리 다를까 생각해본다. 그들로부터 아기를 사서 이윤을 남기고 되판 아기 매매업자는 결코 용서할 수 없지만 그 젊은 부부는 그야말로 병원비를 마련할 수 없어 죄를 저지른 것이다. 눈에 넣어도 아프지 않을 자식의 값이 겨우 200만 원이라니. 그저 가난이 죄일 뿐이다.

뻐꾸기는 왜 스스로 둥지를 틀지 않고 남의 둥지에 몰래 알을 낳도록 진화한 것일까? 우리나라에서는 오목눈이·할미새·개개비 등이 하릴없이 뻐꾸기의 새끼들을 길러주는 의붓어미들이다. 자연계 전체를 놓고 볼 때 뻐꾸기와 쇠새처럼 남에게 자기 자식을 떠맡기는 얌체 새들이 거의 1퍼센트에 이른다. 그렇다고 해서 남의 자식을 대신 길러주는 의붓새들이 모두 절멸하는 것도 아니다. 어느 사회나 이런 정도는 알면서도 눈감아주는 수준으로 존재한다.

우리나라는 지금 세계에서 가장 낮은 출산율을 기록하고 있다. 한때 저출산으로 고민하던 프랑스는 '아이는 나라가 키운다'는 정책을 줄기차게 밀어붙여 합계출산율이 이제 2.0을 넘어 대체출산율(replacement rate, 현재의 인구를 유지하기 위한 출산율)에 육박하고 있다. 나는 결코 불륜이나 미혼 출산을 장려하자는 게 아니다. 하지만 우리도 프랑스처럼 고령화의 위기를 극복하려면 국가가 나서서 마음 넉넉한 오목눈이와 개개비가 되어야 한다. 뻐꾸기의 탁란(托卵)마저도 너그럽게 받아줄 수 있는 그런 정책이 아니면 이 심각한 저출산의 늪을 헤어나기 어려울 것이다.

새들도 이혼한다

통계청의 발표에 따르면 2011년 한 해 동안 우리나라에서는 32만9100쌍이 결혼하고 11만4300쌍이 이혼했다. 한 해 동안 일어난 이혼 건수를 인구 1000명으로 나눈 '조(粗)이혼율'로 비교하면 우리나라가 4.7로 경제협력개발기구(OECD) 회원국 중 1위란다. 그나마 2010년 6.5에 비하면 많이 내린 셈이다. 다행히 2008년부터 시행된 이혼숙려제도 때문에 이른바 '홧김 이혼'이 줄어든 덕택인지 30~40대의 이혼은 감소했으나 50대 이후의 이혼은 계속 늘고 있단다.

새들도 이혼한다. 1980년대 미국 캘리포니아대학 연구진의 관찰에 의하면 당시 그 지역의 갈매기 네 쌍 중 한 쌍이 일 년을 넘기기 무섭게 갈라섰다. 갈매기들의 이혼은 간단하다. 우리처럼 재판도 하고 온갖 서류에 도장도 찍고 할 필요 없이 다음 번식기에 서로 찾지 않으면 그만이다. 갈매기 부부가 임무 교대를 하는 장면은 덕수궁 수문장 교대를 빰친다. 갈매기 부부는 집안일과 바깥일을 거의 정확하게 반반씩 나눠 하지만 은근히 더 안전한 집안일을 선호한다. 지난해 교대식이 유난히 길고 시끄러웠던 부부가 이혼하는 비율이 더 높았다. 육아는 서로에게 떠맡기고 그저 밖으로만 나가려는 요즘 맞벌이 부부와는 사뭇 다르다.

인간의 경우 남편과 이혼하거나 사별한 여성의 평균수명은 그러지 않은 사람들과 비교할 때 별 차이를 보이지 않지만 남성의 평균수명은 대체로 줄어든다는 통계자료가 있다. 그런데 우리나라의 경우는 조금 다르다. 남성의 수명은 다른 나라와 마찬가지로 줄어들지만 혼자 된 여성의 수명은 오히려 느는 것으로 드러났다. 남편의 존재가 수명 단축의 원인일 수 있다는 것이다.

최근 북유럽 바닷가에 사는 도요새들도 이혼한다는 연구 결과가 나왔다. 스웨덴 동물행동학자들의 관찰에 따르면 전체 126쌍 중 28쌍(23퍼센트)이 갈라섰단다. 갈매기와 달리 도요새의 경우에는 그들의 결혼생활 면면을 아무리 뜯어보아도 특별한 이혼 사유가 밝혀지지 않았다. 다만 흥미롭게도 이혼이 수컷들에게는 별다른 변화를 일으키지 않았지만 재혼한 암컷들의 번식 성공률은 거의 두 배가량 증가하더라는 것이다. 평균수명이 날로 늘고 있는 고령화 시대에 우리 사회의 결혼·이혼·재혼의 행태가 어떻게 변해갈지 자못 궁금하다.

기린

기린은 설명이 필요한 동물이다. 세상에 기린만큼 기이한 동물도 그리 많지 않다. 그 길고 굵은 목 위에 어쩌자고 그리도 조막만 한 얼굴을 올려놓았을까? 그 높은 곳에 위치한 뇌에 피를 공급하기 위해 기린은 길이 60센티미터에 무게 10킬로그램의 거대한 심장을 갖고 있다. 기린이 물을 마시는 모습을 본 적이 있는가? 앞다리를 있는 대로 쩍 벌린 채 목을 한껏 낮춰 겨우 물을 마시는 걸 보고 있노라면, 합의를 보지 못한 디자이너들이 제가끔 자기주장만 하며 만든 몽타주 같다는 생각이 든다.

2009년 '다윈의 해'를 맞아 기린만큼 자주 화제에 오른 동물도 없을 것이다. 원시 기린이 점점 더 높은 곳의 이파리를 뜯어먹으려고 노력하는 과정에서 '신경액(nervous fluid)'이 기린의 목을 점점 길게 만들어주었다는 프랑스의 진화학자 라마르크의 주장을 다윈의 자연선택 이론이 바로잡았다는 그 유명한 얘기가 세계 곳곳에서 수도 없이 반복되었다. 그런데 기린의 목이 길어진 이유는 먹이 때문이 아닌 듯싶다. 관찰해보니 기린들은 먹이가 귀한 건기에도 나무 꼭대기가 아니라 어깨 높이에 있는 잎들을 주로 따먹는단다. 기린의 목이 길어진 진짜 이유는 먹이가 아니라 짝짓기에 있었다. 길고 굵은 목을 가진 수컷들이 싸움도 더 잘하고 암컷들에게도 더 매력적이란다.

현대생물학의 원리에 따르면 라마르크의 이른바 '획득 형질의 유전'은 일어날 수 없다. 제아무리 운동을 열심히 하여 왕(王)자 복근을 얻는다 해도 내 아기가 그런 복근을 갖고 태어나는 것은 아니다. 유전자에 새겨진 복근이 아니면 다음 세대로 전달되지 않기 때문이다. 사실 다윈의 『종의 기원』에는 기린의 목에 대한 언급이 없다. 마치 총채처럼 생긴 기린의 꼬리가 날파리들을 쫓기 위한 진화적 적응이란 설명은 있어도 정작 기린의 목에 대한 설명은 없다. 후세의 생물학자들이 라마르크와 다윈 사이에 기린 싸움을 붙인 것이다.

경주 천마총 벽화의 천마가 말이 아니라 기린이라는 새로운 주장이 제기되어 역사학계에도 때아닌 기린 싸움이 붙은 모양이다. 적외선 촬영을 해보니 머리 위에 두 뿔이 선명하단다. 옛사람들은 성군이 태어나 어진 정치를 펼치면 기린이 나타난다고 믿었다. 예나 지금이나 국민은 늘 목이 빠져라 기다린다.

반달가슴곰의 삶과 죽음

환경부가 멸종위기종 관리 사업의 일환으로 지리산 반달가슴곰 복원 프로젝트를 실시한 지 12년이 지났다. 몇 차례 시행착오를 겪긴 했지만 지리산에 풀어놓은 곰들이 야생에서 번식에 성공했으니 일단 첫 고비는 넘은 셈이다. 이제 반달가슴곰의 '최소생존 개체군'을 지탱할 수 있도록 지리산 생태계를 보다 풍요롭게 보전하는 일이 우리에게 주어진 더 큰 숙제일 텐데, 자꾸 반달가슴곰의 서식지 보호를 위해 지정한 지리산 특별보호구역에 케이블카를 설치한다는 말이 들려오니 씁쓸할 뿐이다.

2010년에는 반달가슴곰 복원센터에서 새끼 두 마리가 태어나는 과정이 동영상으로 만들어져 일반에게 공개되었다. 그런데 이 동영상에서 우리는 사산(死産)한 한 마리의 새끼를 어미가 먹어치우는 충격적인 장면을 목격했다. 언뜻 이해하기 힘든 이 기이한 행동을 두고 그대로 두면 죽은 새끼의 썩는 냄새로 인해 천적에게 노출될 위험이 있어 스스로 먹어 치운다는 설명이 주어졌지만, 이를 검증하려면 좀 더 체계적인 연구가 필요해 보인다.

영장류의 조상쯤으로 여겨지는 나무타기쥐(*Tupaia*) 사회에는 암컷들 간의 서열이 뚜렷하여 만일 운 나쁘게 으뜸암컷과 같은 시기에 임신을 한 버금암컷들은 대부분 아예 유산을 하고 태아의 영양분을 재흡수한다. 혹여 유산을 하지 못하고 출산을 하게 된 어미는 갓 태어난 새끼를 곧바로 먹어 치운다. 인간의 윤리 기준으로 보면 상상도 못할 일이지만 영양 섭취의 관점에서 보면 엄연히 내가 투자한 영양분을 남에게 빼앗길 수는 없는 노릇이다. 나무타기쥐 암컷들은 이런 비정한 과정을 숱하게 겪으며 높은 서열에 오를 날만 손꼽아 기다린다.

반달가슴곰은 산림생태계의 먹이사슬에서 거의 최상위권의 동물이다. 천적이 두려워 자기 자식의 사체를 황급히 먹어 치울 필요는 그리 커 보이지 않는다. 우리 인간은 죽음을 정신문화와 의례 행위 수준으로 승화시킨 유일한 동물이다. 화석 자료에 따르면 네안데르탈인도 장례 의식을 치른 것으로 보인다. 최근 교토대학 영장류연구소는 국제학술지 『커런트 바이올로지(*Current Biology*)』에 서아프리카에 서식하는 침팬지들이 죽은 새끼의 시체를 바싹 마른 미라가 될 때까지 길면 두 달씩이나 들고 다니며 파리를 쫓기도 하고 쓰다듬기도 한다는 연구 결과를 발표했다. 죽음을 대하는 동물들의 다양한 태도에도 흥미로운 진화의 역사가 엿보인다.

오랑우탄

공상과학 영화 「혹성탈출: 진화의 시작」에서 오랑우탄은 주인공 '시저'가 유일하게 대화를 나누는 친구 '모리스'로 나온다. 1963년에 출간된 원작소설에서는 성직자로 등장한다. 이처럼 영화와 소설 속의 오랑우탄은 상당히 지적인 존재인 데 비해 정작 과학계에서는 그간 침팬지의 명성에 가려 두각을 나타내지 못했다.

1960년대 초반 제인 구달(Jane Goodall) 박사는 아프리카 탄자니아에서 나뭇가지를 흰개미굴에 집어넣은 다음 그걸 물어뜯는 흰개미를 꺼내 먹는 침팬지들의 행동을 관찰하여 발표했다. 그리 오래지 않아 일본 영장류학자들은 서아프리카의 침팬지들이 평평한 돌을 모루로 사용하고 다른 돌을 망치처럼 들고 내리쳐 단단한 견과를 깨 먹는 걸 관찰했다. 이로써 침팬지는 도구를 사용할 줄 아는 유일한 동물로서의 인간의 아성을 무너뜨렸다.

그 후 침팬지는 단순히 도구가 될 만한 물건을 주워 사용하는 정도가 아니라 도구를 다듬거나 제작하기도 한다는 사실이 밝혀졌고, 급기야 일본 교토대학 영장류연구소의 침팬지들은 컴퓨터에서 문제를 풀기도 한다.

무슨 까닭인지 오랑우탄의 도구 사용에 관한 연구는 1980년대에 접어들어서야 시작되었다. 나는 최근 PRINCE(Primate Research INstitute for Cognition and Ecology)라는 이름의 영장류연구센터를 설립하고 에버랜드와 서울동물원에 실험실을 마련하여 본격적인 영장류 인지실험에 착수했다. 후발주자로서 나는 침팬지보다 상대적으로 연구가 덜 되어 있는 오랑우탄을 공략하기로 했다. 다행히 서울동물원에는 나이가 얼추 비슷한 세 명의 오랑우탄 청소년들이 있어서 우리는 지금 그들을 훈련하여 실험을 진행하고 있다.

우리가 처음 실험을 기획하던 무렵 서울동물원에서 작은 화재 사고가 일어났다. 실내 사육 공간 천장에 설치한 난방용 열선에 오랑우탄이 손을 데지 않도록 철망으로 덮어두었는데 한 녀석이 나뭇가지를 철망 틈새로 집어넣어 불을 지핀 것이다. 동물원 사육사들은 화들짝 놀랐지만 나는 내심 쾌재를 불렀다. 그만큼 그들의 지능이 탁월하다는 방증이었기 때문이다. 실험을 시작한 지 얼마 되지도 않았는데 벌써부터 흥미로운 결과들이 나오기 시작했다. 지금 나는 장차 대한민국의 제인 구달을 꿈꾸는 우수한 학생들의 도전을 기다리고 있다.

희망을 말하는 동물

몇 년 전 세계적인 침팬지 연구가 제인 구달 선생님이 이메일 연하장에 '네 개의 촛불'이라는 파워포인트 자료를 첨부하여 보내주셨다. 제일 먼저 평화(peace)의 촛불이 이제 아무도 자기를 지켜주지 않는다며 힘없이 스러지고, 믿음(faith)의 촛불도 더 이상 사람들이 믿음을 중요하게 여기지 않는다며 쓸쓸히 사라지더니, 드디어 사랑(love)의 촛불마저 꺼져버린 방에 어린아이가 들어온다. 언제까지나 함께 타기로 했던 네 개의 촛불 중 이미 세 개가 꺼져버린 걸 보고 눈물을 흘리는 아이에게 마지막 촛불이 이렇게 말한다. "걱정하지 마라. 내가 타고 있는 한 우리는 언제든 다른 촛불에 새롭게 불을 밝힐 수 있단다. 나는 희망(hope)의 촛불이니까."

동물행동학을 전공하는 나에게는 치기 어린, 그러나 나름 퍽 진지한 꿈이 있다. 언젠가는 동물들의 마음속을 들여다보리라 꿈꾸며 산다. 인간이 아닌 다른 동물들의 세계에도 분명 평화와 사랑이 존재하며 때론 믿음에 기반을 두지 않고는 도저히 일어날 수 없을 행동도 관찰된다.

그러나 그들은 우리처럼 희망을 말하지 못한다. 2010년 지하 600여 미터의 갱도에 매몰되었다가 69일 만에 구출된 칠레 광부들 이야기에서도 보듯이, 칠흑 같은 절망 속에서도 인간이라는 동물은 희망을 이야기한다. 그리고 희망은 무모할수록 더욱 고도의 인지능력을 필요로 한다.

나는 대학을 졸업한 후 1년간, 지금은 고층 아파트들이 들어선 경기도 평촌 지역 어느 야학에서 정규교육을 받지 못한 채 방직공장에서 일하는 여성들을 가르쳤다. 어느 날 교장 선생님께서 내게 내가 담임을 맡은 학급의 급훈을 만들어보라고 하셨다. 나는 생각 끝에 다음 세 마디를 학생들에게 쥐여주었다. “보다 긍정적으로, 보다 적극적으로, 보다 낙천적으로.” 당시 그들이 처한 상황에 비춰보면 사실 말도 안 되는 주문이었다. 하지만 나는 매년 이맘때면 그때 내게 배운, 그러나 어느덧 같이 늙어가는 옛 제자들로부터 연하장을 받는다. 온갖 어려움을 헤치고 제법 버젓한 가정을 꾸리고 사는 아줌마들이 들려주는 희망의 이야기를 읽는다. 희망은 우리 인간만의 특권이다.

제인 구달과 침팬지

1960년 7월 14일은 우리 생물학자들에게 아주 특별한 날이다. 바로 제인 구달 박사가 탄자니아의 곰비국립공원에서 처음으로 야생 침팬지를 관찰하기 시작한 날이다. 영국 사람들은 2009년 '다윈의 해'에 이어 2010년을 '구달의 해'로 정했다.

50여 년 전 26세의 젊은 나이에 그가 아프리카 오지에서 시작한 침팬지 연구는 우리 인간에 대한 인식을 뿌리째 흔들어놓았다. 처음 연구를 시작한 몇 달 동안에는 사소한 인기척에도 침팬지들이 모두 도망을 치는 바람에 관찰은커녕 접근조차 하기 힘들었다. 하지만 그해가 저물어가던 어느 날 수컷 침팬지 한 마리가 나뭇가지를 주워 이파리들을 죄다 떼어낸 다음 그걸 흰개미 굴속으로 집어넣고 잠시 기다렸다가 살며시 꺼내어 가지에 들러붙은 흰개미들을 입으로 훑어 먹는 장면을 목격하게 되었다.

그때까지 학계는 우리 인간만이 유일하게 도구를 제작하여 사용할 줄 아는 것으로 믿고 있었다. 실제로 도구의 제작과 사용은 인간을 규정하는 가장 중요한 속성이었다. 구달 박사의 이 관찰은 인간이 아닌 다른 동물도 도구를 만들어 쓸 줄 안다는 최초의 발견이었다. 그 후 침팬지의 도구 사용에 관한 다양한 발견들이 이어졌다. 이파리들을 한 움큼 씹어 스펀지처럼 만들어 물을 적셔 마시기도 하고, 나뭇가지를 마치 숟가락처럼 사용하여 먹을 걸 긁어내기도 한다. 일본 영장류학자들이 연구하고 있는 서아프리카의 침팬지들은 돌로 단단한 견과를 깨먹는다. 신기하게도 구달 박사 연구진이 관찰하는 동아프리카의 침팬지들은 전혀 돌 도구를 사용하지 않는다.

구달 박사가 2010년 9월 27일 3일간의 일정으로 방한했다. 그가 이끄는 세계적인 환경운동단체 '뿌리와 새싹'의 현황을 둘러보고 '생물다양성의 해'를 기념하는 행사에도 참여했다. 이와 함께 대학생들과 고등학생들을 중심으로 하는 뿌리와 새싹 공모전도 열렸다. 여름 동안 자발적으로 모임을 만들어 자연환경이나 지역공동체의 보전을 위해 노력한 결과를 모았다. 그중에서 가장 탁월한 팀들을 선발하여 구달 박사로부터 상장과 상품을 받는 것은 물론 방한 기간 중 그의 조수로 일할 수 있는 영광이 주어졌다. 구달 박사님의 조수, 아무나 할 수 있는 게 아니다.

도구를 사용하는 동물

1960년 제인 구달 박사는 침팬지가 가늘고 긴 나뭇가지를 개미굴에 넣었다 뺐다 하며 '개미 낚시'를 하는 광경을 목격했다. 도구를 사용하는 유일한 동물, 인간의 아성이 무참히 무너지는 순간이었다. 그 후 일본 영장류학자들은 침팬지들이 평평한 돌을 모루로 깔고 다른 돌을 망치처럼 사용하여 견과류를 깨 먹는 행동을 관찰했다. 바다에 사는 해달은 물 위에 벌렁 누운 자세에서 평평한 돌을 가슴팍에 올려놓고 거기에다 조개를 부딪쳐 깨 먹는다.

늪지대에 사는 고릴라는 물에 들어가기 전에 긴 막대기로 물의 깊이를 잰다. 오랑우탄은 풀피리를 만들어 위험신호를 보낸다. 태국의 사찰에서는 마카크원숭이들이 관광객의 머리카락을 낚아채 치실로 사용한다. 동물계에서 가장 큰 두뇌를 지닌 코끼리는 큰 나무나 돌로 전기 울타리를 무너뜨리기도 하고, 나뭇가지를 다듬어 파리채를 만들기도 한다. 호주 서해안에 서식하는 병코돌고래는 청소용 스폰지처럼 생긴 해면동물을 코끝에 끼고 모래를 뒤집으며 먹이를 찾아 먹는다.

새 중에는 까마귀류가 단연 으뜸이다. 그들은 나무 구멍 안에 숨어 있는 벌레를 잡아먹기 위해 알맞은 굵기의 나뭇가지를 고르거나 용도에 맞게 다듬기도 한다. 영국의 인지과학자들은 뉴칼레도니아 까마귀들이 입구가 좁은 물병에 돌을 집어넣어 수위를 높여 물을 마시는 행동을 관찰했다. 이솝 우화를 실제로 '입증'한 셈이다.

지금 유튜브에는 산호초 지역에 서식하는 놀래기과 물고기의 도구 사용 행동을 촬영한 비디오가 올라 있다. 작은 물고기가 모래를 헤치며 잡은 조개를 입에 물고 꽤 먼 거리를 헤엄쳐 간 다음, 커다란 바위에 매질하는 모습이 또렷하다. 침팬지들은 한참 신나게 뛰놀다가도 특별하게 생긴 나뭇가지를 발견하면 그걸 주워 들고 평소 즐겨 찾던 개미굴로 달려간다. 삐뚤빼뚤 개미굴에 딱 맞는 나뭇가지를 발견한 것이다. 놀래기와 침팬지의 이런 행동은 '미래를 염두에 둔 사고(forward thinking)'로서 상당한 기억력과 판단력을 요구한다.

우리는 오랫동안 인간만이 사고할 줄 아는 동물이라고 생각했다. 천만의 말씀이다. 그들에 대한 우리의 생각을 바꿀 때가 되었다.

영장류학

2009년 이화여대에서 뜻깊은 학술회의가 열렸다. 이화여대가 일본 교토대학 영장류연구소와 공동주최하여 우리나라 최초로 긴팔원숭이에 관한 영장류학회를 연 것이다. 우리 연구진이 몇 년 전부터 인도네시아의 구눙할리문-살락 국립공원에서 수행해온 자바긴팔원숭이(Javan gibbon) 연구의 첫 결실이었다.

최근 영장류학이 다시금 각광을 받고 있다. 21세기에 가장 중요해질 연구 분야는 단연 인간의 뇌를 탐구하는 분야이다. 뇌과학과 인지과학이 바로 그들인데, 인간의 뇌를 직접 연구하는 데에는 숱한 윤리적 또는 기술적 제약이 따른다. 직접적으로 인간을 대상으로 하기 어려운 연구들이 영장류 연구에서는 상당 부분 가능하다. 또한 영장류의 뇌를 들여다보면 인간 두뇌의 진화 과정을 엿볼 수 있다.

이웃나라 일본은 영장류학계에서 독보적인 나라이다. 영장류학의 선두국가인 미국·영국·독일·일본 중에서 실제로 자기 땅에 영장류가 살고 있는 유일한 나라가 일본이다. 일본원숭이는 온천욕을 즐기고 모래가 묻은 고구마를 물에 씻어 먹을 줄 아는 대단히 흥미로운 영장류이다. 그런데 이들과 매우 흡사한 원숭이가 우리나라에도 있었다는 사실을 아는 사람은 그리 많지 않다. 안타깝게도 이제는 사라지고 없지만 충북대학교 박물관에는 그들의 화석이 전시되어 있다.

나는 요즘 종종 잠을 설친다. 자바긴팔원숭이 연구는 시작한 지 몇 해도 되지 않았건만 논문거리가 숱하다. 멸종위기종인 데다 과학계가 그들에 대해 아는 바가 거의 없었기 때문이다. 우리 연구실에서 드디어 국제학술지에 논문을 실었다. 그 논문으로 우리가 노벨상 후보에 오르는 것은 물론 아니다. 그동안 영장류 DNA 연구에 참여한 우리 학자들의 논문은 있었으나 그들의 행동과 생태에 관해서는 그야말로 단군 이래 처음이다. 서울동물원과 에버랜드동물원도 이제 영장류 인지실험을 위한 시설을 갖췄다. 드디어 우리도 세계 영장류학계에 명함을 내밀 수 있게 되었다.

영장류 연구는 자칫하면 그들과 친해지는 데에도 몇 년씩 걸린다. 그래서인지 정부의 연구재단들은 이런 연구를 지원해주지 않는다. 우리 연구는 지금 아무런 대가를 원하지 않는 어느 뜻있는 기업인의 도움으로 진행되고 있다. 이 자리를 빌려 그의 혜안에 머리를 숙인다.

부모가 여럿인 생물

몇 년 전 과학저널 『네이처』에 부모가 둘이 아니라 셋인 아기의 탄생 가능성을 보여주는 논문이 실렸다. 우리 세포는 핵 안에만 DNA가 있는 게 아니라 세포의 에너지 공급소인 미토콘드리아에도 별도의 DNA가 들어 있다. 그 옛날 자유 생활을 하던 에너지 충만의 박테리아가 다른 세포의 세포질 안으로 들어가 공생을 하게 되면서 이 같은 한집안 두 살림 체제가 만들어진 것이다. 수정 과정에서 남성의 역할은 자신의 DNA의 절반을 정자에 실어 난자에 전달하는 게 전부이기 때문에 미토콘드리아의 DNA는 온전히 여성에서 여성으로 전달된다.

그래서 만일 산모의 미토콘드리아 DNA에 악성 돌연변이가 발생하면 그대로 아기에게 전달된다. 실제로 이 같은 미토콘드리아 관련 유전질환은 250명에 1명꼴로 매우 빈번하게 나타나며 신경, 근육, 심장 이상에서부터 청각장애와 당뇨에 이르기까지 다양한 질병을 야기한다. 인공수정을 통해 얻은 부부의 핵을 정상적인 미토콘드리아를 가진 다른 여성의 난자로 이식하는 데 성공한 영국 뉴캐슬대학의 이번 연구는 미토콘드리아에 유전적 결함을 가진 많은 여성들에게 큰 희망을 안겨주었다.

그러나 한편으로는 장차 이런 방식에 의해 태어날 아기를 둘러싼 생명윤리 논쟁이 만만치 않다. 어머니 아버지가 각각 한 분씩인 우리들에게는 이처럼 부모가 셋인 상황이 비정상적으로 보인다. 하지만 몇 년 전 스위스 로잔대학교 켈러(Laurent Keller) 교수의 연구진은 미국 남서부에 사는 '수확개미'에서 양성(兩性)이 아니라 삼성(三性) 또는 사성(四性) 체계를 발견했다. 수확개미의 여왕은 두 종류의 수개미와 짝짓기를 한다. 차세대 여왕개미를 생산하기 위해 짝짓기해야 하는 수개미와 일개미를 낳기 위해 짝짓기해야 하는 수개미가 다르기 때문에 결국 세 종류의 부모들이 필요한 것이다. 잡종 수확개미 사회에는 네 종류의 부모가 존재한다.

그런가 하면 진딧물이나 물벼룩처럼 처녀생식을 하는 생물의 경우에는 부모가 하나뿐이다. 이처럼 자연 생태계에서 부모의 수는 하나에서 넷까지 다양하다. 생물계 전체로 볼 때 부모가 둘인 상태는 보편적인 현상일 뿐 반드시 가장 바르고 떳떳한 상태, 즉 정상(正常)이라고 말할 수는 없을 것 같다.

동물의 소리

동물 세계의 의사소통 수단은 크게 세 가지로 나뉜다. 시각·청각·후각에 의존하는 방법이다. 동물계 전반을 훑어보면 이 셋 중에서 후각에 의한 의사소통이 단연 으뜸이다. 하지만 인간은 다른 동물들에 비해 비교적 후각에 의존하는 비율이 낮고 주로 시각과 청각을 사용한다. 정교한 언어와 부호 체계를 개발하여 끊임없이 말하고 쓰고 듣고 읽으며 산다. 전기 덕택에 한밤중에도 불야성을 이룩한 인간은 예전에는 듣던 걸 요즘엔 주로 읽으면서 시각에 대한 의존도를 높이고 있다. 휴대폰을 가지고도 전화보다 오히려 문자를 더 많이 사용한다. 하지만 청각은 시각에 비해 빛이 없는 상황에서도 소통이 가능하다는 장점 때문에 여전히 많은 동물에게 중요한 소통 수단이다. 실제로 자연에는 해가 진 후에야 훨씬 다양한 소리가 돌아다닌다.

귀뚜라미는 한쪽 윗날개 뒷면에 일렬로 가지런히 돋아 있는 미세돌기들을 반대쪽 날개의 가장자리에 있는 마찰편으로 긁어 소리를 낸다. 여치와 베짱이는 뒷다리 안쪽에 있는 돌기들을 날개 표면에 비벼 소리를 만든다. 이들은 모두 이를테면 첼로나 기타 같은 현악기를 연주하는 셈이다. 호흡을 하기 위해 들이마신 공기를 후두(larynx)로 내밀며 성대를 울려 소리를 내는 포유동물이나 울대(syrinx)를 울려 노래를 하는 새들은 모두 관악기를 불며 자신의 의사를 전달한다. 개구리나 맹꽁이 같은 양서류도 폐로 들이마신 공기를 울음주머니로 밀어내며 후두의 막을 흔들어 소리를 내니 역시 관악기 연주자들이다. 매미는 고막처럼 생긴 막의 끝을 근육이 붙들고 흔들어 소리를 만든다. 막의 흔들림으로 소리를 낸다는 점은 마찬가지이지만 북처럼 큰 막의 진동으로 소리가 난다는 점에서 관악기보다는 오히려 타악기를 연주한다고 보는 게 좋을 듯싶다.

자, 이쯤 되면 현악기·관악기·타악기가 다 모였으니 일단 오케스트라의 기본 구성은 갖춘 셈이다. 그런데 생각해보니 피아노가 빠졌다. 혹시 딱따구리를 부르면 와주려나? 또 하나 스치는 생각, 인간은 이 오케스트라에서 어디쯤 자리하려나?

성대모사

언제부턴가 TV 오락 프로그램에 나와 성대모사 하나쯤 못하면 연예인으로서 자질을 의심받는 분위기가 되어버렸다. 그래서인지 가수건 배우건 할 것 없이 다른 사람의 말투나 노래를 흉내내기 위해 필사적인 연습을 하는 것 같다. 나는 원래 성대모사에는 조금 재주가 있는 편이다. 학창 시절 나는 쉬는 시간마다 교탁 앞에서 선생님들 흉내를 내던 '달인' 중의 하나였다. 거의 10초 간격으로 "어때?"라는 말을 끼워 넣던 윤리 선생님과 다분히 일본식 발음을 구사하던 영어 선생님 흉내가 내 주종목이었다.

동물행동학자가 된 이후로는 종목을 동물 소리로 바꿨다. 나는 강의 도중 서로 다른 종의 귀뚜라미 소리를 비교하거나 온갖 종류의 새 소리 또는 맹수들의 포효 소리 등을 흉내 내어 조는 학생들을 깨우곤 한다. 아마 내가 이 세상에서 가장 잘 내는 소리는 물개 소리일 것이다. 나는 여태까지 나보다 물개 소리를 더 그럴듯하게 내는 사람을 본 적이 없다. 나의 물개 소리 모사에는 나름대로 필살의 비법이 있다.

새들의 세계에서 성대모사는 종종 출세의 지름길을 열어준다. 자기가 태어난 고향을 떠나 다른 지역에 정착하려는 수컷들은 우선 그 지역에서 가장 성공적인 수컷이 누구인가를 살핀다. 가장 비옥한 터에서 가장 훌륭한 암컷과 함께 살며 자식들을 여럿 길러낸 수컷을 찾아 그 근처를 맴돌며 그의 노래를 배워 흉내 낸다. 암컷들의 귀에 생경한 신곡으로 승부를 보기보다 나훈아나 빅뱅(Big-Bang)의 후광을 얻으려는 '너훈아' 또는 '오케이뱅(OK-Bang)' 전략을 쓰는 것이다.

성대모사의 달인으로 추앙받는 몇몇 우리 연예인들을 보며 나는 다시 한 번 인간이라는 동물의 탁월함에 감탄한다. 미국 동부에는 하룻밤에 무려 세 종의 다른 반딧불이 암컷의 발광 패턴을 흉내 내며 짝짓기의 달콤한 꿈을 안고 접근하는 수컷들을 차례로 잡아먹는 '팜므파탈(femme fatale)' 반딧불이가 있지만, 동물들의 모사는 대개 한 가지에 국한되어 있다. 하지만 우리 중에는 전현직 대통령에다 축구해설가, 토론 진행자 등 수없이 많은 사람들의 목소리는 물론 자동차, 기차, 비행기 등 온갖 기계음까지 두루두루 흉내 내는 이들이 수두룩하다. 인간의 성대는 참으로 기막힌 진화의 산물이다.

개성

바야흐로 개성이 중요한 시대이다. 아류로는 살아남기 어렵다. 연예계와 광고업계는 말할 나위도 없고 심지어는 면접과 수업 시간에도 튀어야 한단다. 그래서인지 심리학은 오래전부터 개성을 매우 중요한 주제로 삼아 많은 연구를 해왔다. 그런데 여기에 최근 동물행동학자들이 덤벼들었다. 동물들의 개성을 과학적으로 탐구하기 시작한 것이다.

국제학술지 『발생심리생물학』에 상당히 눈에 띄는 논문이 있어 그 내용을 간략히 소개하련다. 몸길이가 5밀리미터 남짓의 작은 곤충인 진딧물에도 개성이 있다는 연구 결과가 발표되었다. 독일 생물학자들의 관찰에 따르면 포식자가 나타났을 때 땅으로 뛰어내리는 진딧물과 그러지 않는 진딧물이 있단다. 게다가 이러한 성향이 반복된 실험에서 일관되게 나타나더라는 것이다. 흥미롭게도 이 진딧물들은 모두 한 암컷의 처녀생식에 의

해 태어나 유전적으로 완벽하게 동일한 개체들이다. 그럼에도 불구하고 또렷한 개성 차이를 보인다는 것은 놀라운 일이다.

"도대체 넌 누굴 닮아서 이 모양이냐?" 누구나 한 번쯤 들어본 얘기이리라. 우리는 은연중에 개성도 부모로부터 물려받는다고 믿고 있다. 최근 연구 결과들을 종합해보면 동물 개성의 변이 중 20~50퍼센트만이 유전자에 의해 결정된다고 한다. 나머지는 발생 과정의 환경과 학습의 영향을 받는다는 것이다. 같은 부모 아래에서 태어나 같은 집에서 함께 큰 형제자매인데 하는 짓이 때로 남보다 더 다른 걸 보며 의아하게 생각했다면 이번 진딧물 연구에 주목할 필요가 있다.

한배에서 태어난 강아지나 고양이들을 여럿 길러본 사람이라면 동물들도 제가끔 개성을 지니고 있다는 사실을 경험으로 알고 있다. 동물행동학자들은 이를 과학적으로 증명해야 하는 부담을 지닌다. 그동안 주로 척추동물 위주로 진행돼온 동물 개성의 과학적 연구가 이제 무척추동물로 그 영역을 넓히고 있다. 다만 영어권 학자들은 용어 때문에 적이 불편해한다. 동양권 학자들이 개성(個性)이라고 부르는 것을 그들은 'personality'라고 부르는데, 이는 특별히 사람을 지칭하는 'person'에서 파생된 단어이기 때문이다. 용어부터 대놓고 의인화(擬人化)의 위험부담을 안고 있는 상황에서 과학적 객관성을 확보하기가 만만치 않아 보인다.

배움과 가르침

평생 가르치는 일을 해왔지만 새 학기를 맞을 때면 언제나 설레고 두렵다. 또 어떤 학생들을 만나게 될까 설레고 그들에게 내가 정말 얼마나 도움이 될 수 있을까 두렵다. 어느 가족이든 그 해에 입시생이 한 명이라도 있느냐 없느냐에 따라 삶의 질 자체가 달라진다. 어쩌다 우리는 이처럼 교육에 목을 매고 사는 걸까?

불과 20~30년 전만 하더라도 국제동물행동학회에서 동물의 학습능력을 운운하면 그야말로 웃음거리가 되기 십상이었다. 그러나 이제 우리는 정말 다양한 동물에서 학습이 이뤄지고 있다는 수많은 증거를 가지고 있다. 우리 인간을 포함한 포유류는 말할 나위도 없거니와 새와 곤충은 물론, 물속에 사는 편형동물인 플라나리아도 배울 줄 안다. 플라나리아로 하여금 T형 미로 위를 기어가게 하고 갈림길에 도달할 때마다 한쪽에서 가벼운 전기자극을 주는 실험을 몇 차례 반복하다 보면, 더 이상 전기자극을 주지 않아도 그 지점에 가까워지면 알아서 반대쪽으로 방향을 튼다. 좁쌀보다도 훨씬 작은 두뇌를 지닌 그들이지만 자극에 관한 정보를 입력해두었다가 그걸 검색해내 적용하는 것이다.

이처럼 다른 동물들도 배우는 건 분명해 보이는데 과연 그들도 가르치는지는 확실하지 않다. 우리와 가장 가까운 동물인 침팬지의 경우를 보더라도 견과의 단단한 껍데기를 돌로 내리쳐 깨 먹거나 흰개미굴에 나뭇가지를 집어넣어 일개미들이 그걸 물어뜯으면 살며시 빼내어 훑어 먹는 테크닉 자체는 분명히 전수되지만 애써 다른 침팬지를 붙들고 앉아 가르쳐주는 모습은 관찰된 바 없다. 엄마 침팬지는 자식이 지켜보는 가운데 그런 행동을 끊임없이 반복할 따름이다. 이제 곧 둥지를 떠나야 할 새끼에게 어미 새도 그저 끊임없이 나는 모습을 보여줄 뿐 결코 다그치지 않는다. 동물 세계에는 배움은 있되 가르침은 없어 보인다.

짧은 시간에 많은 걸 학습해야 하기 때문에 가르침이란 과정이 생겨났겠지만 스스로 배우려 할 때 훨씬 학습 효과가 높음은 너무나 당연하다. 왜 배워야 하는지도 모르는 아이들을 데리고 다짜고짜 가르치려 드는 우리의 교육법이 과연 최선일까? 최근 들어서야 우리는 드디어 '스스로학습' 또는 '자기주도학습'을 부르짖고 있지만 다른 동물들은 이미 수천만 년 전부터 하고 있던 일이다.

인간을 동물과 가르는 기준은 무엇인가? 인간의 몸이 다른 동물들과 마찬가지로 오랜 진화의 과정을 통해 만들어졌다는 데에는 의심의 여지가 없다. 하지만 늘 동물과 다른 위치에 서고 싶었던 인간의 욕망은 동물과 다른 특징들을 정의하고 차이를 만들려고 애를 썼다. 그중에서 마음을 몸과 분리해서 생각하려는 경향이 대표적이다.

하지만 현대 과학의 성과들은 점점 마음도 물질의 기반 위에 있다는 것을 밝혀가고 있다. 더 나아가 감정이나 성향과 같은 것들도 진화의 산물이라는 것이 분명해지고 있다. 이제는 몸과 마음을 따로 생각하는 것이 오히려 어색할 지경이다. 2부 '인간'에서 엄지, 발, 얼굴 등 차근차근 인간의 몸에 대해서 설명하는 최재천을 따라가다 보면, 우리 몸이 어떤 자연적인 원인과 법칙에 따라서 이렇게 만들어졌는지를 깨닫게 된다.

더 나아가 최재천은 몸짓, 마음, 사회 현상, 그리고 다양한 문화들의 진화적 연원에 대해서 설명한다. 진화가 자연적 원인에 기댄 합리적인 추론에 바탕을 둔 과학이라고 했을 때, 이제 처음으로 우리는 우리의 몸과 마음을, 그리고 우리가 이룬 문화적 현상들을 아우르는 설명을 할 수 있게 된다. 이 지점에서 통섭이 시작된다.

2부

인간

엄지

인간을 만물의 영장으로 만들어준 신체기관으로 대부분의 사람들은 아마 뇌를 꼽을 것이다. 나도 동의한다. 그러면서도 슬쩍 손도 함께 끼워 넣고 싶다. 손 중에서도 특히 엄지야말로 우리로 하여금 진정 인간으로 거듭나게 해준 일등공신이었다. 물리학자 뉴턴이 인간의 엄지가 신의 존재를 입증한다고 했을 정도로 엄지는 앞발을 손으로 바꿔준 엄청난 진화적 도약이었다. 동물원에서 코로 과자를 받아먹는 코끼리를 보며 감탄의 박수를 치고 있는 자신의 손을 들여다보라. 엄지 덕택에 코끼리의 코와는 비교도 할 수 없게 정교해진 우리의 손은 실로 위대한 진화의 산물이다.

인간의 손은 모두 27개의 뼈로 이루어져 있다. 그중 세 개가 나머지 손가락들과 마주 보는 엄지를 만들어낸다. 마주 보는 엄지는 거의 모든 영장류에 보편적으로 나타나는 특징이다. 코알라와 주머니쥐, 그리고 판다도 다른 발가락들과 마주 보는 엄지를 갖고 있어 나무를 타거나 이파리를 뜯어먹을 수 있다. 하지만 엄밀히 말해 판다의 '엄지'는 첫째 발가락이 아니라 별나게 툭 불거진 발목뼈이다. 그런가 하면 코알라는 앞발에 두 개의 엄지를 갖고 있다.

이처럼 적지 않은 숫자의 동물들이 마주 보는 엄지를 갖고 있지만 우리 인간에 이르러서야 그 기능이 경지에 이른 것이다. 침팬지도 엄지를 갖고 있지만 너무 작아 제 기능을 발휘하지 못한다. 예를 들어 연필을 쥐고 글씨를 쓰는 행동은 아무리 가르쳐도 버거워한다. 젓가락 사용은 애당초 꿈도 꾸지 못한다. 포크를 사용하는 서양인들에 비해 오랜 세월 젓가락을 써온 우리가 훨씬 섬세한 손놀림을 자랑하게 된 것도 결국 우리 엄지의 예민함 덕분일 것이다.

몇 년 전 뉴욕에서 세계 13개국 대표들이 참가하여 겨룬 'LG 모바일 월드컵'에서 우리나라 젊은이들이 미국과 아르헨티나를 누르고 휴대전화 문자 빨리 보내기 세계 최고의 자리에 올랐다고 한다. 컴퓨터와 서구 음식의 보편화로 인해 언제부터인가 우리 아이들도 점점 엄지를 덜 사용하는 것 같아 걱정이었는데 다시 한 번 세계 제일의 '엄지족'임을 확인한 셈이다. 하지만 지나침과 모자람 모두가 문제라 했던가? 과도한 문자 보내기 때문에 엄지 부상이 속출한다니 이를 또 어쩌나. 엄지는 휴대전화를 위해 진화한 게 아닌데 말이다.

발

강수진의 발을 보며 울컥 치밀어 올랐던 눈물이 채 마르기도 전에 박지성의 발을 보았고 이번에는 또 김연아의 발을 보고 말았다. 발바닥의 감각을 놓치지 않으려고 양말을 신지 않는다는 이상화·모태범·이승훈 선수 등 우리 스피드스케이팅 선수들의 온통 굳은살투성이의 발도 보았다. 우리 속담에 '며느리가 미우면 발뒤꿈치가 달걀 같다며 나무란다'지만 이들은 모두 발이 미워 아름다운 사람들이다.

인간의 발은 모두 26개의 뼈와 33개의 관절로 이루어져 있다. 우리 몸의 부분들 중 가장 많은 숫자의 뼈로 구성된 매우 정교한 기관이다. 인간은 발바닥 전체를 땅에 붙이고 걷는 이른바 척행성(蹠行性) 보행을 하는데, 이는 포유동물에서는 매우 드물며 파충류에서 흔히 발견되는 원시 형태이다. 많은 동물들은 대개 발끝 또는 발굽으로 걷는다. 처음 걸음마를 배울 때 발뒤꿈치를 들고 걷는 아이들처럼.

나무 위에서 사는 동물들의 발은 나뭇가지를 쥘 수 있도록 진화했다. 주로 구부러진 발톱을 사용하여 나뭇가지를 쥐는 대부분의 포유동물과 달리 영장류는 길고 유연한 발가락을 사용한다. 우리 인간의 조상도 한때 그렇게 살았다. 하지만 점차 나무에서 내려와 두 발로 걷기 시작하면서 인간의 발은 서서히 쥐는 기능을 잃어버렸다.

기능의 상실이라는 점에서 보면 인간의 발은 퇴화한 부분도 있지만 지난 400만 년 동안 꾸준히 직립보행을 위한 적응 과정을 거쳤다. 하지만 이 400만 년의 진화적 적응을 한순간에 무용지물로 만든 인간 발명의 최대 실패작이 있다. 바로 우리가 매일 아무 생각 없이 우리의 발을 그 속에 꾸겨 넣는 신발이 그 장본인이다. 길면 4만 년 혹은 수천 년 전 불쌍한 발을 감쌀 목적으로 신기 시작한 신발이 오히려 발로 하여금 제 기능을 발휘할 수 없도록 옥죄고 있다.

이상화·김연아 그리고 '킬힐'이라는 무시무시한 하이힐을 신고 다니는 멋쟁이 여성들의 발만 불쌍한 게 아니다. 어떤 모양이든 신발이란 걸 신고 다니는 현대인 모두의 발들이 애꿎은 감옥 속에서 울부짖고 있다. 주로 맨발로 다니는 아프리카 줄루족의 발이 유럽인들의 발보다 훨씬 건강하다는 연구 결과가 있다. 26개의 뼈들이 자유롭게 제 구실을 할 수 있는 새로운 개념의 신발이 필요하다.

얼굴

'까치가 울면 반가운 손님이 온다'는 우리 속담이 있다. 까치는 전형적으로 영역을 방어하는 텃새라서 자기 둥지 주변에 위험 요소가 발생하면 시끄러운 경계음을 낸다. 그러니까 사실은 까치가 울어서 반가운 손님이 찾아오는 게 아니라 낯선 사람이 나타나면 까치가 울어대는 것이고, 옛날 시골에서는 그 낯선 사람이 대개 반가운 손님이었을 뿐이다. 우리는 잘 모르는 사람을 흔히 낯선 사람이라고 표현한다. '낯이 설다'라고 얘기할 때 낯은 '눈·코·입 따위가 있는 얼굴의 바닥'을 일컫는다. 그러니까 우리가 낯이 설다고 할 때에는 의복이나 행동보다 주로 얼굴을 보고 판단한다는 뜻이다.

그런데 우리뿐 아니라 까치도 낯을 가린다는 사실이 밝혀졌다. 서울대 생명과학부 행동생태연구실의 이상임 박사와 내가 함께 이끌고 있는 까치장기생태연구사업단은 벌써 15년 넘게 까치의 행동과 생태를 모니터링하고 있다. 우리 연구진은 나무 높은 곳에 있는 까치둥지에 접근하기 위해 이삿짐센터의 사다리차를 사용하는데, 지난 몇 년간 특별히 자주 사다리차를 타고 둥지에 가까이 접근했던 한 서울대 연구원을 까치들이 집중적으로 공격하는 걸 관찰하곤 본격적인 실험에 들어갔다. 그 연구원과 체격이 비슷한 다른 연구원들이 똑같은 옷을 입고 함께 나타나도 까치들은 영락없이 그 연구원만 공격했다. 실험을 거듭한 끝에 까치가 사람의 얼굴을 식별하고 기억하는 능력을 지녔다는 확실한 증거를 얻어냈다. 우리는 이 연구 결과를 국제학술지 『동물의 인지(*Animal Cognition*)』 최근호에 발표했다.

까치는 사람의 얼굴을 기억하는 새로 까마귀와 앵무새에 이어 세 번째이다. 2011년 7월 3일 영국에서 열린 실험생물학회 정기학술대회에서는 비둘기가 네 번째로 명단에 이름을 올렸다. 파리대학 연구진이 우리와 매우 비슷한 방식으로 관찰과 실험을 진행하여 도심 공원의 비둘기들도 자기들을 특별히 많이 괴롭힌 사람의 얼굴을 기억한다는 사실을 밝혀낸 것이다.

'아침 까치가 울면 반가운 손님이 오지만, 저녁 까치가 울면 초상이 난다'고 했다. 히치콕의 영화 「새」에서 공격 대상을 물색하던 새들의 예사롭지 않은 눈초리를 기억하는가. 어쩌면 히치콕은 그 옛날 이미 이 같은 새들의 인지능력에 대해 다 알고 있었나 보다.

맹장

몇 해 전 건강종합검진을 받으며 나도 모르게 맹장염을 앓았다는 것을 알게 되었다. 컴퓨터단층촬영(CT)을 해보니 맹장의 벽이 두툼해졌고 그 안에 액체가 고여 있는 것이었다. 최근 몇 년간 심한 복통으로 응급실 신세를 서너 차례 졌는데 아마 그런 도중에 맹장염을 앓은 모양이다. 당장 수술을 해야 할 상황은 아닌 듯싶어 당분간 지켜보기로 했다.

맹장은 포유동물의 초기 진화 과정에서 영양가가 낮은 식물성 먹이를 분해하는 역할을 담당하던 기관이다. 그러다가 영장류가 진화하며 주식이 과일과 곤충으로 바뀌면서 서서히 퇴화의 길을 걷게 되었다. 지금도 토끼를 비롯한 많은 초식동물들은 잘 발달된 기능성 맹장을 지니고 있지만, 인간을 포함한 많은 포유동물에서는 이른바 흔적기관으로 남아 있을 뿐이다.

그렇다면 더 이상 쓸모도 없는 맹장은 왜 깨끗이 사라지지 않는 것일까? 역설적으로 들리겠지만 맹장염이라는 증상이 맹장의 운명을 보전하고 있는지도 모른다. 지나치게 가늘고 길게 퇴화한 맹장의 돌기는 일단 감염으로 붓기 시작하면 혈액 공급이 차단되어 금방 곪아 터진다. 그래서 맹장의 돌기는 자연선택 과정에서 너무 가늘지 않게 어느 정도의 굵기를 유지하며 우리들 중 몇몇을 수술대 위에 올려놓게끔 진화한 것이다. 자연선택은 제법 우리의 건강을 걱정해주기는커녕 당장 주어진 문제에 코를 박는 지극히 근시안적인 과정이다.

맹장과 맹장염의 관계에 대해 이같이 역설적이면서도 명쾌한 진화적 설명을 제시한 학자는 바로 우리말로도 번역된 『인간은 왜 병에 걸리는가』의 저자 조지 윌리엄스(George Williams)이다. 그는 2010년 9월 8일 84세의 삶을 마감했다. 내가 병원에서 맹장염 상담을 받으며 그의 이론을 떠올리던 바로 그 무렵이었다.

2009년 '다윈의 해'를 맞아 나는 세계적인 다윈학자들을 찾아가 대담을 나눴다. 윌리엄스는 내가 제일 먼저 연락한 학자였으나 이미 알츠하이머병이 깊어 지인을 알아볼 수 없는 상태였다. 그는 다윈의 자연선택이 집단이 아니라 개체 또는 유전자 수준에서 벌어지는 메커니즘이라는 사실을 새롭게 일깨워준 20세기 최고의 진화생물학자였다. 도킨스의 『이기적 유전자』도 거슬러 올라가면 결국 그의 설명에서 출발한다. 세계 진화생물학계는 큰 스승을 잃었다.

비만에 대한 오해

괌에 갔다가 경찰에 연행될 뻔한 적이 있었다. 같이 간 동료들이 잠시 쉬겠다는 틈에 주변 자연환경을 둘러보고 싶어 호텔을 빠져나와 큰길을 따라 걷기 시작했다. 기껏해야 10분 남짓 걸었을까. 어디선가 경찰차가 다가와 나를 불러 세우는 게 아닌가. 차에서 내린 두 경찰관은 몇 번이고 내게 괜찮으냐고 되물으며 내 행동거지를 유심히 관찰했다. 다행히 정신병원으로 실려가진 않았지만, 그들의 설명에 따르면 그곳에서는 아무도 대낮에 큰길을 걷지 않는단다. 물론 더운 건 사실이지만 언제부터인가 모두 아무리 짧은 거리라도 차를 타고 다니는 데 너무 익숙해졌다는 것이다.

비만을 흔히 서양 사람들의 골칫거리로만 생각하는데 그건 천만의 말씀이다. 세계에서 가장 비만이 심각한 사람들은 태평양 섬나라 사람들이다. 서양으로 이주하여 갑자기 기름진 음식을 먹기 시작한 동양인 집단에서도 비정상적으로 높은 비만 현상이 나타난다. 그 옛날 보릿고개를 밥 먹듯 넘던 사람들에게는 만일을 대비하여 섭취한 영양분을 몸 어딘가에 저축하려는 이른바 '알뜰 유전자'가 발달되어 있다. 이런 점에서 나는 대한비만학회가 비만을 규정하는 체질량지수(BMI)를 세계보건기구(WHO)의 30보다 훨씬 낮은 25로 정한 것은 상당히 현명한 판단이라고 생각한다. 체질량지수는 체중(kg)을 키(m)의 제곱으로 나눈 값으로 우리나라 사람의 경우 키는 175센티미터인데 체중이 77킬로그램을 넘으면 비만이다.

비만에 대한 또 하나의 오해는 남성들의 느긋함에 담겨 있다. 최근 국민건강보험공단이 성인남녀 5420명을 대상으로 분석한 결과에 따르면, 우리나라의 비만 여성은 1997년 17.2퍼센트에서 2007년 23.6퍼센트로 증가한 반면, 남성은 21.6퍼센트에서 무려 33.4퍼센트로 급등했다. 인간 여성은 보릿고개에도 아기에게 젖을 물려야 한다. 그래서 섭취한 영양분을 아껴 젖가슴, 엉덩이, 심지어는 허리춤에라도 축적해둬야 한다. 반면 인간 남성은 진화의 역사 내내 단 한 번도 출렁거리는 뱃살을 철썩거려본 적이 없다. 빌렌도르프 비너스의 몸매는 어쩌면 그리 과장된 게 아닐지도 모른다. 여름이 되면 수영복 입을 걱정을 하는 여성들이 많지만, 몸매에 대한 조바심은 사실 남성들이 더 심각하게 해야 한다.

DNA 신봉 시대

"나귀가 걷기 시작했을 때 동이의 채찍은 왼손에 있었다. 오랫동안 아둑시니 같이 눈이 어둡던 허생원도 요번만은 동이의 왼손잡이가 눈에 띄지 않을 수 없었다." 이효석의 「메밀꽃 필 무렵」 맨 마지막 대목이다. 소설에서는 허생원의 "걸음도 해깝고 (나귀의) 방울 소리가 밤 벌판에 한층 청정하게 울렸다"는 표현으로 동이가 허생원의 친자임을 암시했지만, 허생원이 만일 요즘 사람이라면 은근슬쩍 동이의 머리카락 몇 올을 뽑아 DNA 검사를 의뢰했을지도 모를 일이다.

요즘은 가히 'DNA 신봉 시대'라 해도 지나침이 없어 보인다. 강간이나 살인 사건을 담당하고 있는 검사가 법정에서 백일불공 끝에 혹은 하느님께 무릎 꿇고 기도하는 가운데 피고인이 범인이라는 계시를 받았다고 말한들 그걸 받아들일 판사는 단 한 사람도 없을 것이다. 그러나 DNA 검사 결과를 제시하면 누구도

이의를 제기하지 않는다. 적어도 법정에서는 DNA의 권위가 신의 권위를 능가한 셈이다.

인간유전체프로젝트(HGP)에 의하면 우리 인간은 약 2만 5000개의 유전자를 갖고 있는데, 이는 30억 개의 염기쌍으로 이루어져 있는 DNA 전체의 약 1퍼센트밖에 되지 않는 분량이다. 나머지 99퍼센트의 DNA는 단백질 제작에 관여하지 않고 있어 한때는 '쓰레기 DNA(junk DNA)'라고 불렀다. 친자 확인이나 범죄 수사의 DNA 지문검사는 바로 이 쓰레기 DNA의 개인차를 찾아내는 검사이다. 그동안 생물학자들의 연구에 따르면 이 부분의 DNA는 염기쌍 1000개 중 하나꼴로 돌연변이가 일어나기 때문에 개인의 유전체 전체를 분석할 필요는 없고 그저 13~20개의 특정 좌위만 비교하면 99.9999퍼센트의 확률로 개인 식별이 가능하다.

조선시대 법의학서 『무원록(無寃錄)』에는 부모의 두개골에 피를 떨어뜨려 그냥 흘러내리지 않고 스며들면 혈육으로 판명했다고 적혀 있다. 그리 과학적이지도 않고 일부러 몸에 상처를 내어 피를 흘리게 만들어야 했던 이 방법과 달리 요즘엔 부드러운 면봉으로 입안을 한 번 훑어주기만 해도 하루면 DNA 검사 결과가 나온다. 접근이 쉽지 않은 야생동물의 경우에는 주로 분변을 수거하여 검사한다. DNA 검사법이 개발된 이후 생물학자들은 요사이 숲 속에서 똥 줍느라 바쁘다.

DNA와 셰익스피어

서울대 의대 유전체의학연구소 서정선 소장 연구진은 최근 미국·영국·중국에 이어 세계 네 번째로 인간 유전체(genome)의 염기서열 전모를 밝혀 세계적인 과학저널 『네이처』에 발표했다. 세계 최초로 30억 쌍의 인간 DNA 염기서열을 해독한 미국의 '인간유전체프로젝트'가 2800여 명의 과학자가 동원되어 무려 13년 동안 2조7000억 원의 경비를 들여 진행된 데 비해 우리 연구진은 비교도 안 되는 연구비로 불과 두 달 만에 훨씬 더 정확한 결과를 얻었다. 앞으로 3~5년이면 누구든 그저 100만 원 정도의 비용으로 자신의 유전체 정보를 알 수 있게 되어 그야말로 맞춤유전자 의학 시대가 열릴 것이란다.

2004년 우리는 자연계에서 최초로 자신의 유전자가 몇 개인지를 알게 된 동물이 되었다. 그런데 그 첫 앎의 경험은 참으로 충격적이었다. 우리의 유전자 수가 초파리(약 1만3000개)나 꼬마

선충(1만9000개)보다는 많지만 애기장대(2만5000개)라는 식물보다도 조금 적은 2만~2만5000개로 밝혀졌기 때문이다. 처음 이 소식을 접한 많은 사람들은 한마디로 자존심이 상한다는 반응을 보였다. 아니 어떻게 우리가 이 보잘것없는 생물들과 어깨를 나란히 한단 말인가? 하지만 어쩌랴? 매일 우리의 배를 든든하게 채워주는 쌀(벼)이 우리의 두 배 이상인 5만~6만 개의 유전자를 갖고 있는걸.

그렇다고 해서 유전자 개수 때문에 기죽을 이유는 없다. 실제로 포유동물들은 거의 모두 비슷한 숫자의 유전자를 지닌다. 침팬지와 인간의 DNA 염기서열은 98.7퍼센트가 동일하고 쥐의 DNA도 인간과 거의 90퍼센트가 일치한다. 그러나 중요한 것은 유전자 자체가 아니라 유전자의 조절 메커니즘과 조합이다.

셰익스피어의 작품 『맥베스』, 『리어왕』, 『오셀로』에 사용된 단어의 수를 세어보면 평균 3만1534개로 서로 얼추 비슷하다고 한다. 가장 빈번하게 등장하는 단어들도 the, and, I, to 등 크게 다르지 않다. 비슷한 개수의 비슷한 단어들로 이루어진 이 세 희곡이 우리에게 전혀 다른 감흥을 주는 이유는 사용된 단어들의 배열과 조합이 다르기 때문이다. 3만여 개의 단어로 쓰인 희곡이 모두 『맥베스』가 되는 게 아닌 것처럼 비록 숫자는 같더라도 우리 유전체에는 뭔가 특별한 게 있을 것이다.

네안데르탈인의 유전체

나는 요사이 엄청난 대박의 기회를 놓친 아쉬움에 머리를 쥐어뜯고 있다. 명색이 과학을 하는 사람이지만 나는 공상과학 소설이나 영화를 별로 즐기지 않는다. 그렇지만 몇 년 전부터 얼개를 잡아놓고 시간이 날 때마다 조금씩 끄적거려온 소설이 있었다. 나는 이 소설이 밀리언셀러가 될 것이며, 곧이어 할리우드의 밀리언달러 제의가 들어오리라 기대하고 있었다. 마음속으로는 이미 내가 생각하는 거의 완벽한 미남인 덴절 워싱턴을 주연배우로 낙점까지 해두었다.

줄거리는 대충 이렇다. '인간유전체프로젝트'의 성공과 더불어 생물종의 유전자 전부를 총체적으로 연구하는 유전체학(genomics)이 21세기 생명과학의 총아로 떠오르는 가운데 어느 유전학자가 자신을 포함한 일군의 사람들에서 특이한 유전체 변이를 발견하고 그 원인과 경로를 분석하기 시작한다. 결국 그는 그 변이 유전자들이 네안데르탈인으로부터 유래한 것임을 밝혀내지만, 학계의 비판이 거세 고전하던 어느 날 이른바 네안데르탈인의 후손들을 제거하려는 인종청소 계획이 은밀하게 진행되고 있다는 사실을 알게 된다. 다행히 어느 용감한 신문기자의 도움으로 엄청난 음모의 전모를 파헤친다는 얘기이다. 전형적인 할리우드 블록버스터가 연상되지 않는가?

그런데 최근 이런 내 상상이 대부분 사실로 드러났다. 2009년 세계적인 과학저널 『사이언스』에 네안데르탈인의 유전체를 분석해보니 그들과 우리가 생식적으로 격리된 별개의 종들이 아니라 중동과 유럽에 걸쳐 수천 년 동안 함께 자식을 낳고 살았을 것이라는 논문이 게재되었다. 게다가 유럽과 아시아 민족들보다 아프리카인들이 네안데르탈 유전자를 훨씬 더 적게 갖고 있는 걸로 나타났다. 이는 현생인류가 아프리카에서 중동 지역으로 이주했을 때 먼저 그곳에 정착한 네안데르탈인과 함께 살며 자식을 낳았고 그들이 유럽과 아시아로 퍼져 나갔음을 의미한다.

이 논문을 읽으며 내겐 아쉬움과 안도감이 교차했다. 공상과학 소설이란 본래 설마 벌어지랴 싶었던 게 훗날 과학으로 입증되어야 매력적인 법인데 게으름을 피우다 그만 시기를 놓쳐 못내 아쉽다. 하지만 네안데르탈인의 후손일 가능성이 상대적으로 적은 덴절 워싱턴을 잘못 캐스팅하는 실수를 모면하게 된 건 천만다행이다.

몸짓신호와 거시기

우리는 자연계에서 가장 정교한 언어를 구사하는 동물이다. 여기서 언어란 물론 말과 글을 의미하지만 우리는 사실 몸짓으로도 상당히 다양한 의사를 전달한다. 고개를 위아래로 흔들면 긍정의 의미이고 좌우로 흔들면 부정의 의미이다. 고개를 흔들어 의사를 표시하는 이 같은 몸짓신호는 언어가 달라도 인간이라면 누구나 이해하는 우리 종(種)의 보편적 속성이다.

최근 이처럼 고개를 흔드는 신호가 우리랑 가장 가까운 영장류 사촌인 보노보에서도 관찰되었다. 독일 영장류학자들은 보노보가 고개를 흔든 49차례의 행동 중에서 적어도 13번은 다른 보노보에게 하던 짓을 멈추라고 요청하는 상황이었음을 확인했다. 보노보는 긍정의 뜻으로 고개를 끄덕이지는 못하지만 좌우로 흔들며 '안 돼'라고 말할 수는 있다. 틈만 나면 나무에 기어오르려는 아기의 손목을 잡고 머리를 좌우로 흔들며 그러면 안 된다고 가르치는 엄마의 모습이 여러 차례 관찰되었다.

인도 사람들은 긍정도 아니고 부정도 아니게 어중간한 각도로 고개를 흔든다. 이는 '그렇다'나 '고맙다'에서 '좋다' 또는 '이해한다'는 뜻까지 아우르는 매우 복합적인 몸짓신호이다. 상대의 존재를 확인했다는 의미도 지닌다. 길 건너에 있는 친구에게 알아보았다는 뜻으로 손 대신 머리를 흔든다. 버스에서 옆에 앉아도 좋다는 뜻으로 고개를 까닥이기도 한다. 빠른 속도로 여러 차례 흔들면 잘 알았다는 뜻이고, 얼굴 가득 미소를 띠며 천천히 흔들면 우정과 배려의 표시이다.

흥미롭게도 인도 사람들은 이런 고개 흔들기 행동의 복합적인 의미를 거의 다 담고 있는 '아차(accha)'라는 힌디어 단어도 사용한다. 우리말에도 '아차' 못지않게 다양한 의미를 지닌 말이 있다. 바로 '거시기'이다. 언젠가 목포대에 계시는 선배 교수가 학생에게 "거시기에 가서 거시기를 가져오라"고 했는데 그 학생이 정확하게 그 선배가 원하는 물건을 가져오는 걸 보고 탄복한 적이 있다. 눈빛만 보고도 '거시기'를 알려면 함께 부대끼며 살아야 한다. 국민은 '거시기'를 말하는데 정치인들은 도무지 그게 뭔지 알아채지 못하고 있다. 다음 국회에는 해외동포는 물론, 20대와 비정규직 근로자들을 대표하는 사람들도 고르게 포함돼야 비로소 국민들의 다양한 '거시기'를 알아차릴 수 있을 것이다.

목소리

아들이 초등학교에 다니던 어느 날 「브리지 오버 트러블드 워터(Bridge Over Troubled Water)」를 함께 듣다가 졸지에 내기가 붙었다. 아트 가펑클의 고음을 흉내 내며 우쭐대는 아들에게 지금은 네가 어려서 가능하지만 이담에 가펑클만큼 나이가 들면 어려울 것이라 하자 아들이 내게 30년을 기약하는 내기를 걸어왔다. 하지만 변성기를 지나며 아들은 곧바로 내게 항복을 선언했다. 예상보다 훨씬 싱겁게 끝난 내기였다.

나이가 들면 목소리도 변한다. 남자는 대개 10대 후반에 변성기를 겪으며 목소리가 낮아지고, 일부 여성들은 50대 중반 완경(完經, 흔히 폐경[閉經]이라 부른다)과 더불어 목소리가 낮아지는 경향을 보인다. 호르몬 변화에 따라 성대와 그를 둘러싼 근육 조직이 성장 또는 수축하며 새로운 음색의 목소리를 내게 되는 것이다. 16~18세기 유럽에는 어려서 거세를 당해 소프라노 음역까지 구사하던 카스트라토(castrato)들이 있었다.

한편, 2012년 런던올림픽 개막식의 대미는 비틀스의 폴 매카트니가 장식했다. 올해 나이 칠십이라 얼굴 근육은 많이 처져 있었지만 목소리는 44년 전 「헤이 주드(Hey Jude)」를 처음 발표했을 때와 별반 다르지 않았다. 사망하기 불과 1년여 전인 2006년 이탈리아 동계올림픽에서 「공주는 잠 못 이루고(Nessun dorma)」를 부른 파바로티도 여전히 특유의 미성을 뽐냈다. 우리나라의 대표 트로트 가수 이미자 씨의 성대는 칠순의 나이에도 여전히 처녀 시절의 고운 자태를 그대로 유지하고 있단다.

아내는 나더러 내 목소리가 총각 시절의 낭랑함을 잃은 지 오래라며 강연 일정을 줄이라고 종용한다. 대학 시절 독서동아리를 함께하던 어느 여학생의 언니는 내 전화 목소리에 반해 사랑 고백(?)을 전해오기도 했다. 그런 내 목소리가 이젠 많이 탁해진 게 사실이다. 하지만 내 경우는 그렇다손 치더라도 성대는 신체의 다른 부위에 비해 노화 속도가 훨씬 느려 보인다. 만일 내 관찰이 옳다면 이는 진화적 설명이 필요한 흥미로운 현상이다. 평생 가장 많이 쓰는 기관 중의 하나인 성대의 노화 속도가 오히려 다른 기관보다 늦다니. 인간의 삶에서 말하는 것처럼 중요한 게 그리 많지 않다는 방증이리라.

뜨거운 눈물

나는 몇 년 전부터 툭하면 북받치는 눈물을 주체하지 못해 종종 곤혹스러워하고 있다. 남자들은 중년이 되면서 슬슬 여성호르몬이 많이 분비되기 시작하여 괜스레 감성적이 된다. 사실 나는 남자치고 원래 눈물이 좀 많은 편이다. 초등학교 시절 「저 하늘에도 슬픔이」라는 영화를 보며 캄캄한 영화관 안에서 거의 대성통곡 수준으로 울던 기억이 지금도 생생하다. 다행히 요즘엔 남자도 눈물을 흘릴 수 있는 시대가 되어 조금은 더 편하게 운다. 명색이 생물학자인지라 호르몬 설명은 그럴듯하게 하지만 시도 때도 없이 눈물이 솟을 때면 도대체 내가 왜 이러는지 의아하긴 마찬가지이다.

과학자들은 세 종류의 눈물을 구별한다. '기저 눈물(basal tears)'은 방울로 맺히는 게 아니라서 우리가 사실 눈물로 인식하지 못한다. 눈을 깜박일 때마다 눈알의 표면을 얇은 막으로 덮어 기본적인 보호 또는 윤활 역할을 해준다. '반사 눈물(reflex tears)'은 눈에 먼지 같은 이물질이 들어갔을 때나 양파를 썰 때 갑작스러운 자극에 대한 반응으로 흘리는 눈물이다. 대부분의 과학자는 상당수의 포유동물들이 이 두 종류의 눈물을 흘린다고 생각한다. 그러나 억울함 혹은 동정심 등의 심리 현상에 의해 때로 엄청난 양을 쏟아내는 '감정의 눈물(emotional tears)'은 오직 우리 인간만이 흘릴 줄 안다고 믿는다. 다른 두 종류의 눈물이 주로 물과 염분으로 구성되어 있는 데 비해 감정의 눈물에는 엄청나게 많은 단백질이 함유되어 있다. 전체의 거의 4분의 1이 단백질이다.

오랫동안 코끼리, 낙타, 그리고 소를 관찰해온 학자들은 그들도 '뜨거운 눈물'을 흘린다고 항변한다. 스스로 분석해보니 나 역시 고통스러울 때보다는 감동을 받았을 때 더 자주 눈물을 흘린다. 남들이 연출하는 감동적인 장면에 눈물을 흘리기도 하지만 삶을 돌이켜보며 언뜻 누군가에게 감사한 마음이 우러나올 때 더욱 울컥 눈물이 치민다. 나는 내가 한 노력보다 훨씬 더 많은 걸 받아 누린 사람이다. 여태껏 한 번도 남을 해코지하지 않으며 이만큼 살 수 있었던 것만 해도 나는 복을 넘치도록 많이 받은 사람이다. 요즈막 들어 부쩍 고마운 이들의 얼굴이 자꾸 아른거린다. 미처 훔치지 못한 눈물이 키보드 위로 떨어진다.

호모 리시오

박사 개그맨 이윤석이 쓴 『웃음의 과학』이라는 책이 있다. '이윤석의 웃기지 않는 과학책'이라는 부제가 붙어 있는데 유머나 화술을 가르치는 실용서나 개그맨 지망생을 위한 입문서가 아니다. 웃음에 관한 과학적 가설과 설명을 담은 본격적인 과학책이다. 게다가 17년 동안 개그계의 정상에서 얻은 그의 경험이 전혀 웃기지 않는 이 책에 상큼한 양념을 뿌린다.

이 책에는 인간이 '어떻게(how)' 웃고 미소 지을 수 있는지 그 생리적 메커니즘에 관한 설명도 들어 있지만, 그보다는 도대체 인간이 '왜(why)' 웃게 되었는지에 대한 진화적 해설이 주를 이룬다. 어린이 과학책에서 가장 흔히 발견되는 실수 중의 하나는 침팬지가 웃는 모습이라며 실려 있는 사진이다. 치아를 드러낸 모습이 언뜻 우리의 웃는 모습과 비슷하지만, 실제로는 입술꼬리도 제대로 올리지 못한 공포의 표현이다. 개는 물론 쥐도 웃는다는 몇몇 과학자들의 관찰에 비춰볼 때 웃음은 분명 진화의 산물이다. 그러나 현생인류의 등장과 함께 웃음은 도약적 진화를 한 게 분명해 보인다. 제인 구달 박사 덕택에 침팬지들의 삶을 반세기 넘어 지켜보았지만, 그들이 제법 밤새 모닥불 피워놓고 '황구라(황석영)'와 '유구라(유홍준)' 못지않은 '침구라'가 쏟아내는 질펀한 '구라'에 배꼽을 잡는 모습은 본 적이 없다. 네안데르탈인들도 한데 모여 앉아 '구라'를 풀며 시시덕거렸는지 궁금하다. 자연계를 통틀어 시와 소설을 쓰며 신화를 창조하고 심지어는 '개그콘서트'까지 만들어 무리 지어 낄낄거리는 동물은 이 세상에 우리 인간밖에 없다.

겨드랑이를 간질이면 온몸이 자지러지듯 키득거리며 대수롭지 않은 말 한마디에도 박장대소하는가 하면, 긴장을 해소하기 위한 가짜 웃음에다 검찰 포토라인에 선 피의자의 뻔뻔한 웃음까지 우리는 가히 '웃는 인류' 즉 '호모 리시오(*Homo risio*)'라 해도 좋을 듯싶다. 하지만 인생 80년에서 우리는 잠자는 데 26년, 일하는 데 21년, 밥 먹고 사람을 기다리는 데 각각 6년씩이나 보내지만, 웃는 데에는 고작 22시간 3분을 보낸다고 한다. 평생 하루도 채 웃지 않는다는 말이다. 웃음이 건강에 좋다는 사실이 다양한 연구들에 의해 확실하게 입증된 마당에 이제 '왜 사냐건' 그냥 깔깔 웃읍시다.

마음의 뇌과학

세상에서 가장 짧은 시 중의 하나로 정현종 시인이 쓴 「섬」이라는 시가 있다. "사람들 사이에 섬이 있다/그 섬에 가고 싶다." 문학평론가들은 대체로 이 시에서 '섬'은 사람과 사람 사이의 단절된 관계를 이어줄 수 있는 이상적인 소통의 공간을 의미한다고 설명한다. 스스로 최승호 시인이 말하는 특별히 '눈 밝은 독자'라고 자부할 수는 없지만 나는 나름대로 이 시를 다음과 같이 해석한다.

시인은 일단 사람들이 각각의 섬이라는 형상에서 출발했을 것이다. "그 섬에 가고 싶다"는 말은 물의 단절을 넘어 섬과 섬을 이어주는 사람이 되고 싶다는 표현일 것이다. 사람들이 좀 더 자기 마음의 외연을 넓혀 다른 사람들의 마음과 닿을 수 있으면 얼마나 좋을까 꿈꾸는 것인지도 모른다. 그의 '섬'은 면적이 정해진 붙박이 섬이 아니라 한없이 넓어질 수 있는 우리 인간의 마음 그 자체를 상징한다.

2009년 2월 출간되자마자 상당한 반향을 불러일으킨 캘리포니아주립대학 철학과 교수 알바 노에(Alva Noë)의 『뇌과학의 함정』에는 '인간은 섬이 아니다'라는 소제목의 글이 있다. 그는 의식이란 결코 뇌세포들의 단독 공연이 아니라 뇌·몸·환경이 함께 연출하는 춤이라고 말한다. 그래서 그는 "마음은 삶"이라고 단언한다. 삶은 습관이며 습관은 세계를 필요로 한다. 세계는 결코 뇌 안에서 만들어지거나 뇌에 의해 만들어지는 것이 아니다. 따라서 PET(양전자방출단층촬영)나 fMRI(기능성자기공명영상) 등의 뇌 영상 촬영만으로는 우리의 마음을 완전히 파악할 수 없다. 이제 우리는 뇌와 환경의 역동적 관계, 즉 '습관의 생태학'을 연구해야 한다.

2010년 7월 2일 과학저널 『사이언스』에는 네덜란드 뇌과학자들의 흥미로운 논문이 실렸다. 그들의 연구에 의하면, 예컨대 손가락을 움직여야겠다는 의식적 판단 이전에 상당한 무의식 작용들이 선행된다는 것이다. 자연철학자 대니얼 데닛(Daniel Dennett)은 그의 저서 『자유는 진화한다』에서 이렇게 말한다. "우리는 해석을 통해 세계를 확보하지 않는다. 해석은 우리가 세계를 손에 넣은 뒤에 온다." 춤을 근육으로 설명할 수 없듯이 마음을 세포만으로 설명할 순 없다. 바야흐로 뇌과학은 물질과 마음을 나누었던 데카르트와 헤어져 몸과 마음을 같은 것의 평행한 속성으로 보았던 스피노자와 다윈을 끌어안고 있다.

아침형 인간, 올빼미형 인간

'일찍 일어나는 새가 벌레를 잡는다'는 서양 속담이 있다. 동창이 밝았고 노고지리가 우짖는데도 소 치는 아이가 아직 일어나지 않았다면 분명 재 너머 긴 밭을 가는 데 문제가 있어 보인다. 하지만 무턱대고 이른바 '아침형 인간'을 칭송하는 것이 과연 현명한 일인지는 생각해볼 일이다.

2009년 4월 24일자 『사이언스』에는 '아침형 인간'과 '올빼미형 인간'에 관한 흥미로운 연구가 소개되었다. 벨기에 뇌과학자들은 평소 새벽 5시에 일어나는 사람들과 오전 11시에서 정오 사이에 일어나는 사람들의 뇌를 fMRI(기능성자기공명영상)를 이용하여 분석한 결과, 잠을 자고 싶어하는 욕구의 증가가 집중력을 관장하는 뇌 부위에 부정적인 영향을 미친다는 사실을 관찰했다.

잠에서 깬 지 각각 9시간 후인 오후 2시경 아침형 사람들의 집중력이 저녁 8~9시경 올빼미형 사람들의 집중력보다 현저히 떨어지는 것으로 드러났다.

정확한 통계자료가 있는지는 모르겠으나 하버드대를 비롯한 미국의 아이비리그 대학에서는 오전 수업의 출석률이 지극히 저조하다. 상당수의 학생이 밤늦게까지 공부하느라 해가 중천에 걸려야 거동하기 때문이다. 일단 해가 떨어지면 더 이상 밭일을 하기 어려웠던 농경사회에서는 아침형 인간이 아니면 살아남기 어려웠겠지만, 에디슨 이후의 시대에는 오히려 늦은 밤에도 집중력을 잃지 않는 것이 훨씬 더 유리할지도 모른다.

지구에 사는 동물들의 상당수는 대체로 24시간을 주기로 하는 생체리듬을 갖고 있다. 그런데 깊은 지하 벙커에서 측정한 인간의 생체시계는 24시간이 아니라 25시간에 더 가깝게 맞춰져 있다. 자전 주기만 놓고 보면 23시간 56분의 지구보다 24시간 37분의 화성에 사는 게 훨씬 더 적합해 보인다. 우리 중에는 드물게나마 28~33시간, 심지어는 48시간 주기의 생체리듬을 갖고 있는 사람도 있다. 그런 사람들이 만일 2교대 또는 3교대 근무를 해야 한다고 상상해보라.

생체시계의 메커니즘을 연구하는 생물학 분야인 '시간생물학(chronobiology)'에 따르면 우리는 각자 자기만의 고유한 주기리듬을 지니고 있다. 선진국에는 이런 과학지식에 입각하여 일찌감치 자율출근제를 채택한 기업들이 적지 않다. 우리 기업들도 이를 이미 시작했거나 진지하게 검토하고 있다니 반가운 일이다.

자살의 진화생물학

『개미제국의 발견』에서 나는 포식동물로부터 공격을 받으면 스스로 자기 배를 터뜨려 분비샘에 들어 있던 끈적끈적한 독극물을 적에게 뒤집어씌우고 장렬하게 죽어가는 말레이시아 목수개미의 행동을 소개한 바 있다. 언뜻 보면 우리 인간 사회에서 벌어지는 자살 행위의 한 유형과 그리 다르지 않아 보인다. 우리는 종종 이처럼 남을 위해 기꺼이 목숨을 바친 숭고한 자살 앞에 머리를 숙인다.

오랫동안 자살을 한다고 알려졌던 나그네쥐(lemming)라는 설치류의 동물이 있다. 이른 봄 북유럽 들판에서 떼를 지어 이리저리 몰려다니다가 갑자기 추운 강물로 뛰어드는 그들의 행동을 관찰한 생물학자들은 먹이가 부족한 상황에서 몇몇 숭고한 나그네쥐들이 다른 동료들을 위해 자진하여 죽음을 택한다고 생각했다. 하지만 좀 더 면밀하게 관찰해본 결과 그들의 행동은 이를테면 '신도림역 신드롬'과 같은 것이었다. 눈이 미처 녹지 않은 미끄러운 초원에서 맨 앞의 나그네쥐들이 낭떠러지를 발견하곤 급정거를 하려 해도 영문도 모른 채 뒤에서 달려오는 동료들에게 떠밀려 모두 함께 강물에 빠지는 것이다.

반세기가 넘도록 아프리카에서 침팬지를 연구한 제인 구달 박사에 따르면 엄마의 죽음에 충격을 받아 식음을 전폐하고 주검을 지키다가 결국 목숨을 잃은 어린 침팬지가 있다. 그러나 그가 자신의 행동이 죽음에 이를 수 있다는 걸 인지한 상태에서 의도적으로 자살을 선택한 것인지는 확실하지 않다. 생물학자가 보기에는 적어도 자신의 죽음의 의미를 이해하고 자살을 기획할 수 있는 동물은 우리 인간밖에 없는 것 같다.

그렇다면 자살도 과연 진화의 산물일까? '성공한 자살'뿐 아니라 미수에 그친 자살과 자살하고픈 충동의 예까지 모두 합하면 자살은 결코 무시할 수 없는 인간 본성의 한 단면이다. 아직 번식기에 속해 있는 사람의 자살은 말할 나위도 없거니와 번식기를 넘긴 사람도 여전히 자손의 번식을 도울 수 있다는 점에서 자살은 아무리 생각해도 적응적이지 않아 보인다. 보다 많은 유전자를 후세에 남기는 것이 생명체의 본분이기 때문이다. 카뮈는 자살을 진정한 의미의 유일한 철학적 문제로 규정했지만, 진화생물학자에게도 자살은 가장 풀기 어려운 숙제 중의 하나이다. 모두 함께 성찰해보았으면 한다.

소통

세계 최고 수준의 정보통신 국가에서 소통이 문제라니 이 무슨 기막힌 모순인가? 소통의 원활함이 통신 수단의 발달에 정비례하는 것은 아닌 모양이다. 나는 동물행동학자이다. 내가 하는 동물행동학이란 따지고 보면 결국 동물들의 의사소통을 연구하는 학문이다. 그들의 행동이 무엇을 의미하는지 그들과 소통만 가능하면 직접 물어보며 밝힐 수도 있고, 그들 사회의 모든 관계들도 그들 간의 의사소통 메커니즘만 파악하면 그리 어렵지 않게 이해할 수 있을 것이다.

동물들의 의사소통에는 대충 네 가지 종류가 있다. 촉각·후각·시각·청각에 의한 소통이 그들이다. 우리 인간은 이중에서 특별히 시각과 청각에 의존하는 동물이지만, 이 세상 절대다수의 동물들은 주로 후각을 이용하여 의사소통을 한다. 인간도 제한적이나마 후각을 사용한다. 남성에 비하면 여성들이 훨씬 더 후각에 의존하는 편이다. 나는 아무렇지도 않은데 현관에 들어서자마자 아내는 대뜸 발부터 씻으라고 성화를 댄다.

요사이 밤마다 구성지게 울어대는 귀뚜라미는 우리 못지않게 청각을 사용하는 대표적인 동물이다. 허구한 날 초저녁부터 울기 시작한 녀석이 새벽녘까지 울어댄다. 실제로 관찰해보니 어떤 녀석은 하룻밤에 무려 11시간을 운다. 귀뚜라미는 윗날개를 서로 비벼 소리를 낸다. 만일 당신이 팔을 뒤로 한 채 서로 엇갈리게 움직이는 운동을 11시간 동안 계속한다고 상상해보라. 실로 엄청난 노동이다. 그렇다면 귀뚜라미 수컷들은 밤마다 왜 그리도 끔찍한 육체노동을 하는 것일까? 암컷 귀뚜라미들이 쉽사리 그들이 부르는 세레나데에 넘어와주지 않기 때문이다.

동물 세계에서 보면 소통이란 원래 잘 안 되는 게 정상처럼 보인다. 동물행동학은 한때 의사소통을 '서로에게 이로운 정보를 교환하는 행동'이라고 정의했었다. 하지만 이제 우리 동물행동학자들은 의사소통을 기본적으로 일방적인 설득의 노력 또는 심지어는 속임수로 이해한다. 소통이란 소통을 원하는 자가 소통의 목적을 이루기 위해 일방적으로 끊임없이 노력해야 하는 관계이다. 툭하면 소통이 안 된다고 하소연하는 우리 정부의 푸념은 소통의 근본을 모르는 처사이다. 국민이 이해할 때까지 수천 번이라도 설명과 설득을 반복해야 한다. 11시간이나 날개를 비벼대는 귀뚜라미 수컷처럼.

집단지능

어쩌다 우리 사회에 '집단지성'이라는 사뭇 과망한 번역으로 소개된 집단지능(collective intelligence)은 한 사람보다는 여러 사람이 약간은 경쟁적으로 협력하며 아이디어를 내다 보면 훨씬 더 훌륭한 해결책을 찾을 수 있다는 개념이다. 집단지능 연구는 1911년 하버드대학의 곤충학자 윌러(William Wheeler)가 개미 군락의 일개미들은 분명히 독립된 개체들이지만 전체가 하나의 거대한 생명체, 즉 초유기체(superorganism)처럼 행동한다는 혜안을 내놓으며 시작되었다.

그러나 나는 2010년의 천안함 침몰 사태를 지켜보며 여럿이 모였다고 해서 반드시 훌륭한 아이디어를 도출해내는 게 아님을 깨달았다. 집단지능은 이른바 병렬 수행(parallel processing) 방식을 채택할 때 제 기능을 발휘한다. 아무리 여럿이 함께 일한다고 해도 모두가 상부의 지시에 따라 직렬 또는 순차 수행(serial processing) 방식으로 일한다면 혼자서 하는 것에 비해 그저 양적인 이득만 얻을 뿐이다.

개미나 꿀벌의 집단 행동을 흔히 무리지능(swarm intelligence)이라 부르지만, 그들은 객쩍게 무리로 몰려다니며 똑같은 행동을 하는 게 아니라 자가조직의 원리에 따라 철저하게 병렬 수행의 방식으로 문제를 푼다. 미국 스탠퍼드대학의 개미학자 고든(Deborah Gordon)은 개미굴 앞에 이쑤시개를 잔뜩 뿌려놓고 그들이 어떻게 사태를 수습하는가 관찰했다. 일개미들은 제가끔 다양한 방식으로 문제를 해결하려 애쓰면서도 자기보다 효율적인 방법을 찾아낸 동료를 발견하면 기꺼이 그의 작업에 합류한다. 다분히 획일적으로 보이는 개미의 행동은 사실 많은 일개미들의 자율적인 개별 행동들이 수렴되어 나타난 결과이다.

내가 만일 천안함 구조 현장에 투입된 일개미라면 우선 배 바닥 쪽 뻘에 거대한 물대포를 쏘아 선체를 곧추세우는 황당한 짓을 했을 것이다. 일단 배를 바로 세우면 진입이 훨씬 쉬울 게 아닌가. 군의 조직상 자유로운 사고와 행동을 허용하기가 쉽지 않겠지만 집단지능 연구를 가장 많이 하고 있는 곳이 미국 국방부라는 사실에 주목해야 한다. 침몰한 선체를 발견한 사람이 직렬 명령 체계 밖에 있었던 민간인 어부였다는 사실은 묵직한 여파를 남긴다.

외국어와 치매

별나게 수다스러운 입방정에 영어회화 책까지 펴낸 개그맨 김영철이 다른 동료 개그맨들보다 알츠하이머 치매에 걸리는 시기가 길면 5년이나 늦을 것이라는 연구 결과가 나왔다. 최근 국제학술지 『신경생물학(*Neurobiology*)』에 발표된 캐나다 토론토 대학의 연구에 따르면, 평생 모국어만 사용하는 사람들보다 외국어를 한두 개 구사하는 같은 연령대의 사람들이 알츠하이머 치매 증상을 훨씬 덜 보인다는 것이다.

치매는 다양한 원인으로 인해 뇌 기능이 전반적으로 저하되면서 기억·언어·사고 등에 심각한 지장이 생겨 정상적인 일상생활을 유지할 수 없게 되는 질병이다. 세계적인 사회현상인 고령화에 발맞춰 치매 발병률도 날로 증가하고 있는데, 미국의 경우에는 65세 이상 노인 8명 중 1명꼴로 나타나고 있고 우리나라도 그 비율이 최근 8~9퍼센트에 이른다. 한국치매가족협회의 예측에 따르면, 2020년경에는 치매로 인해 고통받을 우리나라 사람의 수가 치매 환자 36만 명과 그들을 돌봐야 할 가족 64만 명을 합해 무려 100만 명에 이를 것이란다.

2007년에서 2009년 사이에 알츠하이머 치매 판정을 받은 65세 이상 노인 환자 211명을 대상으로 조사한 연구에서는 둘 이상의 언어를 사용하는 사람들의 뇌라고 해서 노화성 손상을 덜 입는 것은 아니지만 기억력, 문제풀이 능력, 기획력 등의 감퇴 정도는 훨씬 덜하다는 사실이 밝혀졌다. 지난 수십 년간 치매에 관한 의학 연구에 엄청난 돈과 시간을 쏟아부었지만 아직 이렇다 할 치매 예방 약물을 개발해내지 못한 상황에서 절제된 식단, 주기적인 운동 등과 더불어 활발한 외국어 사용이 건강한 노후의 삶에 도움이 될 수 있다는 것이다.

그렇다고 노인들이 꼭 영어를 해야 할 까닭은 없다. 우리 아이들이야 이다음에 가장 많이 써먹을 수 있는 영어나 중국어를 우선적으로 배울 이유가 있을지 모르지만, 치매 예방에는 우리말과 어휘나 어순이 다른 언어라면 어떤 것이든 도움이 될 것이다. 손자들 사교육비에 보탬은 되지 못할망정 다 늙은 마당에 돈까지 내며 학원에 다닐 생각은 접고, 이참에 외국인 노동자들을 위해 자원봉사를 하며 그들의 언어를 배워보면 어떨까 싶다. 이야말로 남에게 좋은 일 하며 내 뇌의 건강도 챙기는 일거양득이 아닌가.

SNS와 페로몬

다세포생물의 몸 안에서 세포들 간의 정보 전달을 도와주는 화학물질을 호르몬이라고 한다. 비슷한 일이 개체와 개체 간에도 벌어지는데 이때 작용하는 화학물질이 바로 페로몬이다. 호르몬은 주로 내분비선에서 분비되어 혈관이나 림프관을 타고 표적기관으로 수송된다. 반면 페로몬은 그걸 만들어낸 개체의 몸을 빠져나와 공기와 물과 같은 매체에 의해 다른 개체들에게 전달되어 특정한 생리적 또는 사회적 반응을 일으킨다.

처음으로 화학구조식이 밝혀진 페로몬은 누에나방의 성(性) 페로몬인 봄비콜(bombykol)이었다. 1959년 독일의 생화학자 아돌프 부테난트(Adolf Butenandt)는 누에나방 암컷을 무려 25만 마리나 잡아 그로부터 12밀리그램의 추출물을 얻어 봄비콜의 화학구조를 분석해냈다. 이제는 암나방 한 마리만 가져도 가능한 분석이지만 당시로서는 엄청난 노동을 요구하는 연구였다.

부테난트는 이미 다른 연구로 1939년 노벨 화학상을 수상한 바 있지만, 만일 '노벨 노동상'이란 게 있다면 당연히 그가 수상했어야 한다고 생각한다.

예전에 우리는 확성기를 사용하여 고함을 지르거나 한꺼번에 여럿이 전화통에 매달려 보다 많은 사람들에게 소식을 전하곤 했다. 신문이 동시에 많은 사람들에게 전달되지만 아침이나 저녁까지 기다려야 했다. 그래서 정말 급하면 호외를 돌렸다. 그런데 나는 요즘 우리 사회에 만연되어 있는 SNS(Social Networking Service)를 지켜보며 이제 우리 인간에게도 드디어 본격적인 페로몬이 생겼다는 생각이 든다. 현대인이라면 누구나 '페로몬 수신기' 한 개쯤은 다 지니고 다닌다. 우리가 어느덧 순식간에 동일한 정보를 수신하고 집단으로 행동하는 개미가 된 느낌이다.

페로몬은 기능에 따라 분비량과 지속 기간이 매우 다양하다. 오줌이나 똥에 섞여 나와 자신의 영역을 표시하는 데 사용되는 페로몬은 오래 지속될수록 좋아 비교적 다량으로 분비되지만, 개미 사회에서 동료들을 먹이가 있는 곳으로 인도하기 위해 분비하는 냄새길페로몬이나 위험을 알리기 위해 뿜어내는 경고페로몬은 휘발성이 강한 것이 상대적으로 유리하다. 먹이나 위험이 사라진 후에도 길게 남으면 공연히 헛수고를 부르기 때문이다. 이제 SNS도 기능에 따라 유형을 분류하여 전략적으로 연구할 필요가 있어 보인다.

매뉴얼 사회

“당신은 가전제품을 구입했을 때 사용설명서를 읽습니까?”라는 심리테스트 질문이 있다. 우리 중에는 분명히 전원을 연결하기 전에 그 깨알 같은 사용설명서를 꼼꼼히 읽는 사람이 있는가 하면, 그런 것 읽기를 죽어라 싫어하는 사람이 있다. 밝히기 좀 주저되지만 나도 후자에 속한다. 아내는 늘 내게 무슨 과학자가 그렇게 주먹구구냐고 나무란다. 아, 그런데 정말 싫은 걸 어쩌랴.

지난 동북대지진 사태에서 드러난 일본 시민들의 질서정연함은 실로 감탄을 자아내지만, 반대로 일본 정부의 경직된 대응은 엄청난 비난에 휩싸였다. 제대로 된 매뉴얼도 별로 없고 그나마 있는 것도 정작 위기 상황에서는 활용 가능성이 거의 없어 보이는 우리 사회는 사실 가타부타할 자격도 없다. 하지만 지나치게 매뉴얼에 의존하여 오히려 피해 규모를 키운 듯한 일본 정부의 체제에도 분명히 문제가 있어 보인다.

개미 사회는 여왕개미를 비롯하여 수많은 일개미가 모두 독립적인 생명을 유지하는 개체들이지만 마치 큰 동물의 몸을 이루는 세포들처럼 유기적으로 움직인다고 하여 흔히 '초유기체'라고 부른다. 초유기체의 작업 효율을 높이기 위해 어떤 개미 사회에서는 아예 태어날 때부터 몸의 크기와 구조가 다른 여러 일개미 계급들이 존재한다. 그들은 각자 태어나서 죽을 때까지 오로지 한 가지 일만 계속한다. 그런가 하면 다른 개미 사회들은 몸의 크기와 구조가 동일한 단일 계급의 일개미들로 구성되어 있다. 그런 사회의 일개미들은 처음에는 여왕 주변에서 잔심부름을 하다가 나이가 들면 점차 다른 '부서'로 이동하며 다양한 직업에 종사한다.

세계적인 개미학자 하버드대학의 에드워드 윌슨 교수는 이 두 종류의 개미들을 비교하며 흥미로운 실험을 수행했다. 천재지변 수준의 사고를 일으켜 그들의 체제를 망가뜨려보았더니 평소에는 최고의 효율을 자랑하던 다계급 개미 사회는 자체적인 경직성 때문에 제대로 대처하지 못하는데, 언뜻 단순해 보이는 단일계급 사회에서는 온갖 다양한 직종의 일개미들이 한꺼번에 사건 현장으로 몰려들어 문제를 해결하더라는 것이다. 그래서일까? 거의 1만 종의 개미 중 95퍼센트 이상이 단일계급 사회로 진화했다. 매뉴얼과 더불어 융통성을 추구한 것이다.

행동의 진화

김동인의 「발가락이 닮았다」에는 토를 다는 사람이 없어도 이효석의 「메밀꽃 필 무렵」 맨 마지막에 나오는 "나귀가 걷기 시작했을 때 동이의 채찍은 왼손에 있었다"라는 문장을 두고는 많은 이들이 구시렁거린다. 진화론을 믿지 않는 사람들도 자식이 부모의 모습을 닮는 것에는 아무런 이의를 제기하지 않지만 행동까지 닮는가에 대해서는 여전히 의심의 눈초리를 보낸다.

행동의 진화를 입증하는 것이 특별히 어려운 이유는 행동이란 좀처럼 화석으로 남지 않기 때문이다. 그래서 진화생물학에서는 현존하는 동물들의 행동을 분석하고 그들을 서로 비교하며 이미 멸종하여 사라진 동물의 행동 유형을 유추해낸다. 과학 저널 『사이언스』 최신호에는 원시바다에 살던 공룡 플레시오사우루스(*Plesiosaurus*)가 고래처럼 자식을 돌보았을 것이라는 연구 결과가 실렸다. 1987년 참으로 운 좋게 발굴한 임산모의 화석을 분석한 결과 산모의 몸집에 비해 태아의 몸집이 엄청나게 크다는 사실을 알게 되었다. 이를 바탕으로 로스앤젤레스 자연사박물관 연구진은 플레시오사우루스가 대부분의 해양동물들처럼 많은 수의 새끼들을 낳은 게 아니라 고래처럼 한 마리의 큰 새끼를 낳아 오랜 기간 돌보며 키웠을 것이라고 주장했다.

아주 드물게 그림 같은 '행동 화석'이 발견되기도 한다. 고생물학자들은 오랫동안 공룡도 새처럼 알을 품었을 것이라고 추측해왔다. 그동안 공룡 알은 셀 수도 없이 많이 발견되었고 종종 둥지처럼 보이는 움푹한 곳에 모여 있는 상태로 발견되기도 했지만 그런 증거들만으로는 공룡이 실제로 알을 품었다고 말할 수 없었다. 그러다가 1995년 과학저널 『네이처』에 중국 학자들이 고비 사막에서 발견한 환상적인 화석이 소개되었다. 둥그렇게 모여 있는 알들 위에 어미 공룡의 뼈가 가지런히 포개져 있었다. 알을 품고 있다가 졸지에 산사태를 만난 모양이었다.

영화 「쥬라기 공원」에는 공룡학자 그랜트 박사가 언덕에 앉아 호숫가에서 풀을 뜯는 초식공룡들을 내려다보며 이렇게 말하는 장면이 나온다. "정말 떼를 지어 이동하네. 떼를 지어 이동해." 여러 마리의 공룡들이 함께 이동한 듯 보이는 발자국들은 수없이 많이 봤지만 실제로 그렇게 움직이는 걸 보는 것은 감흥이 다르다. 비록 영화이지만 말이다.

정자 기증

세계 최고 '다산의 여왕'으로 기네스북에는 평생 69명의 자식을 낳은 러시아 여인이 기록되어 있다. 모두 27번의 임신에서 두 쌍둥이, 세 쌍둥이는 물론, 심지어는 네 쌍둥이까지 낳으며 이 어마어마한 대기록을 수립한 것이다. 아이를 한 번이라도 낳아 본 여성이라면 이 기록이 얼마나 대단한지 잘 알 것이다. 기록은 깨지기 위해 존재한다지만 이 기록은 당분간 깨지지 않을 것 같다.

하지만 이 대단한 기록도 기네스북 그다음 줄에 나오는 남성의 기록에 견주면 아무것도 아니다. 기네스북이 이 세상에서 가장 많은 자식을 낳은 걸로 기록한 남자는 모로코의 이스마일 황제이다. 그는 1703년까지 아들 525명과 딸 342명을 합쳐 무려 867명의 자식을 낳은 걸로 기록되어 있다. 하지만 1721년에 700번째 아들을 낳았다는 기록도 있는 걸 보면 실제 자식 수는 족히 1000명을 넘을지도 모른다.

다윈의 성선택(sexual selection) 이론에 따르면 출산 기록에 있어서 암수의 차이가 이처럼 엄청나게 나는 이유는 일단 난자와 정자의 크기 차이에서 출발한다. 새로운 생명체의 초기발생에 필요한 기본 영양소를 고루 갖추고 있어야 하는 난자는 달랑 수컷의 유전자를 전달하면 그 소임을 다하는 정자에 비해 엄청나게 크다. 그래서 아무리 많은 수컷과 잠자리를 같이해도 낳을 수 있는 자식의 수에는 생리적 한계가 있는 암컷과 달리 수컷은 상대하는 암컷의 수에 비례하여 엄청난 수의 자식을 얻을 수 있다. 성에 있어서 암컷은 대체로 신중하고 수컷은 헤픈 까닭이 여기에 있다.

미국에서는 최근 한 남성이 정자은행에 제공한 정자로 150명의 형제자매가 태어난 사실이 드러나 시끄럽다. 같은 정자 기증자에 의해 태어난 사람들이 서로를 찾는 온라인 채팅 사이트 '인공수정 형제자매 찾기 센터'를 통해 무려 150명의 유전적 형제자매가 확인된 것이다. '피에 굶주린(The Bloodthirsty)'이란 별명까지 갖고 있던 이스마일 황제는 막강한 권력을 휘둘러 그 많은 후궁들로 하여금 자기 자식을 낳게 했지만, 문제의 이 사내는 단 한 번의 정자 기증으로 잠자리도 같이하지 않은 생면부지 여인네들로부터 무려 150명의 자식을 얻은 것이다. 다윈 선생님도 기가 차 하실 일이다.

세대

하루살이나 개구리 사회에서는 세대를 구분하고 정의하는 일이 비교적 쉬워 보인다. 물속에서 사는 유충이나 올챙이 시절과 물 밖에서 성체로 사는 시절이 너무도 확연히 구별되기 때문이다. 그러나 우리처럼 연속적인 성장을 하는 동물의 경우에는 세대를 구분하려는 의도 자체가 애당초 무의미하거나 불가능한 일일지도 모른다.

공자는 우리 삶을 10년 단위로 나누어 정의했다. 『논어』는 "40에 의혹이 사라지며(不惑), 50에 천명을 알게 되고(知天命), 60에는 귀가 순해지며(耳順), 70에는 멋대로 해도 법도에 어긋나지 않더라(不踰矩)"고 적고 있다. 유태인들의 생활규범인 『탈무드』도 남자의 일생을 20세 이전에는 5, 10, 13, 15, 18세 등으로 세분하지만 그 후로는 10년 단위로 나눈다. 그러나 이 같은 10년 구분은 우리에게 익숙한 10진법에 따른 구분일 뿐 별다른 생물학적 의미는 없어 보인다.

정치사학자 피터 래슬릿(Peter Laslett)은 인간의 삶을 의존에서 시작하여 성장과 성취의 시기를 거쳐 또다시 의존으로 돌아와 죽음을 맞는 네 시기로 나눈다. 사회학자 윌리엄 새들러(William Sadler)도 인간은 배움과 성장, 직업생활, 고령화로 인한 제2의 생활, 노화의 네 연령기를 거친다고 설명한다. 흥미롭게도 이 같은 4단계 구분은 인간의 수명을 100년으로 보고 25년 단위의 '아슈라마(āśrama, 주기)'로 나누는 힌두교의 구분과 매우 흡사하다. 힌두교는 인생을 '학습기(브라흐마차르야)', '가정생활기(그리하스타)', '은둔기(바나프라스타)', '순례기(산야사)'로 정확하게 4등분한다.

하지만 이 모든 세대 구분들은 다분히 숫자에 따른 일괄적인 구분일 뿐 생물학적 나이와는 여전히 거리가 있어 보인다. 그래서 나는 『당신의 인생을 이모작하라』에서 우리 인생을 자식을 낳아 기르는 '번식기'와 자식을 길러낸 후의 삶인 '번식후기'로 구분하자고 제안한 바 있다. 요즘 별다른 준비도 없이 속절없이 길어진 번식후기를 맞을 일로 시름이 깊은 이들이 많다. 일하는 세대와 일 안 하는, 아니 일하고 싶은데 못하는 세대를 나누는 구조로는 더 이상 사회가 유지될 수 없다. 일도 못하고 밥상을 받아야 할 세대의 규모가 걷잡을 수 없이 커질 테니 말이다.

수명

「돈 워리, 비 해피(Don't Worry, Be Happy)」. 1988년 바비 맥페린이 불러 그해의 음악으로 뽑힌 아카펠라(a capella) 노래이다. 그런데 "걱정일랑 붙들어 매, 그저 행복하면 돼"라는 생각이 장수와 건강에는 전혀 이롭지 않다는 연구 결과가 나왔다.

1921년 스탠퍼드대학의 심리학자 루이스 터먼(Lewis Terman)은 1910년경에 태어난 소년 소녀 1500명을 선발하여 성격·직업·인생관은 물론, 결혼과 이혼 경력, 건강 상태 등을 추적하는 장기적인 연구를 시작했다. 무려 80년간의 연구 자료를 그의 후학들이 정리하여 최근 『수명 프로젝트(*The Longevity Project*)』라는 제목의 책으로 내놓았다. 『나는 몇 살까지 살까』라는 사뭇 노골적인 제목으로 원저의 중후함이 조금 손상되긴 했지만 거의 동시에 우리말 번역서도 나왔다.

원광대학교 김종인 교수 연구진도 1963년부터 2010년까지 신문에 실린 3200개의 부음기사와 통계청 사망 자료를 바탕으로 직업인들의 평균수명을 분석했다. 이 연구 결과에 따르면 우리나라에서는 종교인이 82세로 가장 장수를 누리고, 이어서 교수·정치인·법조인이 77~79세로 오래 사는 반면, 언론인·체육인·작가는 67~72세로 비교적 단명하며 연예인은 65세로 거의 '요절' 수준으로 나타났다.

미국 '수명 프로젝트'는 뜻밖에도 어렸을 때 명랑하고 유머감각이 뛰어났던 사람들이 상대적으로 조신한 사람들보다 훨씬 일찍 죽었다고 보고했다. 지나치게 낙천적인 사람들은 쓸데없이 객기를 부리며 건강에 해로운 일을 반복하고 모험심이 너무 강해 불의의 사고를 당하기 쉬워 스스로 수명을 단축하는 경향이 있다.

'수명 프로젝트'는 또 매일 열심히 일하는 '개미'가 유유자적하는 '베짱이'보다 훨씬 오래 산다는 결과를 내놓았다. 맥페린은 '침묵의 성자' 메헤르 바바(Meher Baba)의 가르침에서 영감을 얻어 「돈 워리, 비 해피」를 작곡했다는데, 바바는 원래 "최선을 다하라. 그런 다음에는 걱정하지 말며 내 은총 안에서 행복하라"고 가르쳤다 한다.

예전에 우리는 연예인을 흔히 베짱이에 비유했지만, 요즘 그들은 누구보다도 치열하게 산다. 앞으로 연예인의 평균수명도 늘어날지 지켜볼 일이다.

삶과 죽음

내게는 죽기 전에 꼭 쓰고 죽으리라 다짐한 책이 한 권 있다. 그냥 '생명'이라는 제목의 책인데 아무래도 상당히 두꺼운 책이 될 성싶다. 생물학의 관점뿐 아니라 인문학과 사회과학은 물론 심지어는 예술의 눈으로 바라본 생명의 모습을 그리려니 자연스레 두툼해질 것 같다. 여러 해 전 미국에 간 길에 만난 예전 대학원 친구에게 이런 나의 꿈을 밝혔더니 대번에 "그럼 못 쓰고 죽겠군" 하는 것이었다. 죽기 전에 뭔가 하겠다던 사람치고 제대로 끝낸 사람을 본 적이 없다며 지금 당장 시작하라고 충고했다.

그의 충고를 받아들여 그때부터 조금씩이나마 꾸준히 쓰는 과정에서 나는 생명의 가장 보편적인 특성이 뜻밖에도 죽음이라는 걸 깨달았다. 적어도 이 지구라는 행성에 태어나는 모든 생명은 언젠가 반드시 죽음을 맞이한다는 점에서 생명의 본질은 다름 아닌 죽음이다. 나는 이를 '생명의 한계성'이라고 적어두었다.

하지만 생명의 한계성은 어디까지나 생명체의 관점에서 바라본 생명의 속성이다. 우리는 앞마당의 닭들이 싸움도 하고 짝짓기도 하고 알을 낳으며 살아가기 때문에 '닭'이라는 생명의 주체가 바로 그 닭들이라고 생각한다. 하지만 사회생물학자 에드워드 윌슨에 따르면 닭은 "달걀이 더 많은 달걀을 생산하기 위해 잠시 만들어낸 기계"에 지나지 않는다.

여기서 달걀은 다름 아닌 유전자를 의미한다. 달걀 속의 유전자가 닭을 만들어 달걀을 생산하다 여의치 않아지면 그 닭을 죽여버리고 또 다른 닭을 만들어 달걀 생산을 계속하는 게 닭의 삶이라는 것이다. 닭은 이 세상에 태어나 한동안 살다가 결국 한 줌 흙으로 돌아가지만, 그 닭을 만들어낸 유전자는 예전부터 지금까지 그리고 앞으로도 계속해서 닭들을 만들어낼 것이다. 생명체의 삶은 유한하지만 유전자의 관점에서 바라보는 생명은 '영속성'을 지닌다. 태초부터 지금까지 유전자는 생명의 끈을 놓지 않았다.

나는 이 글을 노무현 전 대통령이 홀연 자신의 생명 끈을 놓아버렸을 때 썼다. 그의 육체는 사라지지만 그의 유전자는 남는다. 자손들의 몸을 통해 남는 유전자뿐 아니라 그의 이상이 담긴 '노무현표' 문화유전자(meme)도 세대를 거듭하며 퍼져갈 것이다. 혁명가로서 그가 뿌린 문화유전자의 힘은 그가 생각했던 것보다 훨씬 강력할지 모른다. 삼가 고인의 명복을 빈다.

2.1

사람들에게 '2.1'이라는 숫자를 보여주며 그 의미를 물으면 별의별 답이 다 나온다. 제일 많이 나오는 답은 웹 2.0이 3.0으로 건너뛰며 거쳐가는 첫 단계가 아닌가 하는 추측이다. 숫자 2.1은 현재의 인구 규모를 유지하기 위해 여성 1명이 가임 기간(15~49세) 동안 낳아야 하는 평균 아이의 수를 나타내는 인구대체출산율이다. 언뜻 생각하면 부부가 자식을 둘만 낳으면 인구가 유지될 것 같지만 결혼적령기에 이르기 전에 사망하는 확률을 감안하여 2.1명을 낳아야 하는 것이다.

우리나라는 '둘만 낳아 잘 기르자'라는 무시무시한 구호를 앞세우고 무차별적 산아제한 정책을 밀어붙여 성공한 몇 안 되는 나라 중의 하나이다. 그러다가 2002년의 합계출산율이 1.17로 세계 최저 수준으로 떨어지자 구호가 하루아침에 '하나는 외로워요'로 바뀌었다. 그 후 우리나라 출산율은 2005년 1.08로 급

강하했다가 2007년에는 '황금돼지 신화' 덕에 1.25로 잠시 오름세를 보이더니 2008년에는 다시 1.12로 주저앉았다. 2012년에 1.24로 조금 올랐지만 여전히 세계 200개가 넘는 나라 중에서 끝에서 열 손가락 안쪽이다. 이제는 이 끝 모를 추락이 언제 소수점을 찍을 것인지가 문제일 뿐이다.

몇 년 전에 돌아가신 경영학의 대가 피터 드러커(Peter Drucker)는 일찍이 "미래 사회는 고령 인구의 급속한 증가와 젊은 인구의 급속한 감소로 인해 지금까지 그 어느 누구도 상상할 수 없을 만큼 엄청나게 다른 사회가 될 것"이라고 경고한 바 있다. 우리나라는 지금 세계에서 단연코 최고로 빨리 고령화하고 있는 나라이다. 2017년이면 65세 이상 노인들이 15세 미만 어린이들보다 많아진다. 인구 규모도 역사상 처음으로 줄어들기 시작할 것이란다. 2012년을 기준으로 불과 5년밖에 남지 않은 일이다.

나는 최근 우리나라 최초의 과학 부문 노벨상 수상자가 누가 될 것 같으냐는 어느 기자의 질문에 서울대 생명과학부의 김빛내리 교수라고 답한 적이 있다. 그는 최근 어느 인터뷰에서 육아의 부담 때문에 한때 연구를 포기하려 한 적이 있다고 밝혔다. 나는 지금 대한민국에 '저출산-고령화'보다 더 시급한 문제는 없다고 단언할 수 있다. 만일 우리 정부가 그 심각성을 알고 있으면서도 세종시와 4대강 문제 때문에 접어두고 있었다면 참으로 안타까운 일이다.

불공평

경북대 경제통상학부 최정규 교수는 세계적인 과학저널 『사이언스』에 논문을 게재한 보기 드문 경제학자이다. 『이타적 인간의 출현』이라는 책을 출간한 바 있는 그는 전통적인 경제학에서 전제하는 이기적 인간이 자기를 희생하여 남을 돕는 이타적 인간보다 더 큰 물질적 이득을 얻음에도 불구하고 왜 우리에게는 여전히 이타심이라는 심성이 남아 있는가를 연구하는 진화경제학자이다.

진화경제학자들은 인간 행동을 실험하기 위한 도구로 '최후통첩게임(ultimatum game)'을 자주 사용한다. 연구자가 실험에 참여한 두 사람 중 한 사람에게 만 원을 주고 나눠 가지라고 한다. 그 사람이 제시한 금액을 다른 한 사람이 받아들이면 둘은 만 원을 나눠 갖게 되고, 만일 거부하면 한 푼도 갖지 못한다. 이기적 인간이라면 당연히 크기에 상관없이 배당을 받아들여야 한다. 하다못해 단돈 100원을 준다 해도 받는 게 거부하는 것보다 이익이다.

하지만 1982년 독일 쾰른대학의 연구에 따르면 뜻밖에도 실험참가자들은 배당액이 전체 금액의 30퍼센트를 넘지 않으면 제안을 거부했다. 진화경제학자들은 이 같은 결과를 인간의 이타성과 보복 성향으로 해석한다. 선에는 선으로 대하지만, 악에는 자신이 비록 손해를 보더라도 악으로 대응하는 성향이 우리 인간에게 있다는 것이다. 얼마 전에는 도를 닦던 스님마저 자신에게만 찬밥을 준다며 사찰에 불을 지르고 달아난 사건이 보도되기도 했다.

불공평에 대한 응징은 우리 인간만의 속성이 아니다. 『침팬지 폴리틱스』의 저자이자 미국 에모리대학 영장류연구소 소장인 프란스 드월(Frans de Waal)은 그의 동료들과 함께 흰목꼬리말이원숭이들에게 돌멩이를 가져오면 그 대가로 오이를 교환해 주는 실험을 했다. 그러나 연구자들이 규칙을 바꿔 한 원숭이에게만 맛있는 포도를 주기 시작하자 40퍼센트의 원숭이들이 교환 행동을 중단했고, 심지어 돌멩이를 가져오지도 않은 원숭이에게 포도를 주기 시작하자 무려 80퍼센트가 자기들의 돌멩이마저 집어던졌다.

최근에는 개들도 불공평한 대우를 받으면 협조를 거부하고 고개를 돌린다는 사실이 오스트리아 빈대학 연구진에 의해 관찰되었다. 언젠가 소설가 은희경은 갓길로 운전하는 얌체를 응징하기 위하여 함께 갓길로 들어가 그 차 앞을 가로막고 시속 5킬로미터의 속도로 운전한 적이 있단다. 불편은 참을 수 있어도 불공평은 못 참는 법이다.

이타주의

스탈린 시대 강제노동 수용소의 삶을 그린 소설 『이반 데니소비치의 하루』와 『수용소 군도』 등으로 1970년 노벨 문학상을 수상한 솔제니친의 글 중에 「모닥불과 개미」라는 짤막한 수필이 있다. 타오르는 모닥불에 통나무 한 개비를 던져 넣었다가 그 안에 개미집이 있다는 걸 발견하고 황급히 끄집어냈는데 가까스로 목숨을 구한 개미들이 다시 불 속으로 뛰어드는 걸 보며 솔제니친은 다음과 같이 적는다.

> 무엇이 그들로 하여금 자기 집으로 다시 돌아가게 만드는 것일까? 많은 개미들이 활활 타오르는 통나무 위로 기어올라갔다. 그러고는 통나무를 붙잡고 바동거리면서 그대로 거기서 죽어가는 것이었다.

고등학교 2학년 겨울 처음 읽은 이 글은 끝내 내 마음 한복판에 똬리를 틀고 앉아 나를 사회생물학이라는 학문으로 밀어 넣었다. 인간을 비롯하여 사회를 구성하고 사는 모든 동물들의 진화를 연구하는 학문인 사회생물학의 중심 과제는 바로 자신이 피해를 입는 상황에서 어떻게 남을 돕는 행동이 일어날 수 있는지를 설명하는 것이다.

현재까지 이타주의의 진화를 설명하는 이론으로 가장 탁월한 것은 단연 '해밀턴의 법칙'이다. 해밀턴에 따르면 심지어 자신은 번식을 하지 않더라도 자신과 동일한 유전자를 가진 개체들이 얻는 유전적 이득이 자신이 치르는 희생의 대가보다 크기만 하면 이타적 행동도 진화할 수 있다는 것이다. 그래서 우리는 피 한 방울 섞이지 않은 남보다는 내 가족을 먼저 챙기기 마련이다.

과학학술지 『플로스 바이올로지(*PLoS Biology*)』 최신호에는 이 같은 이타주의적 현상이 개미와 인간은 물론, 로봇 사회에서도 진화할 수 있다는 연구 결과가 소개되었다. 매우 기본적인 신경조직을 갖춘 로봇들에게 서로 유전적으로 얼마나 가까운지를 알려주고 협동 과제를 풀게 하는 실험을 실시한 다음 그걸 바탕으로 시뮬레이션을 해보았더니 해밀턴의 예측이 정확하게 들어맞더라는 것이다. 과학 분야의 영원한 베스트셀러 『이기적 유전자』에서 리처드 도킨스가 반복하여 설명하듯이, 개미와 로봇의 이타적 현상도 유전자 수준에서 보면 결국 이기적 행동에 지나지 않는다. 그렇다면 동일한 유전자를 가진 것도 아닌 일본인 취객을 구하려다 목숨을 잃은 이수현 씨의 희생은 어떻게 이해해야 하나?

생물학계의 구전 문화

첨단 생명과학의 세계에 구전 문화가 있다면 믿을 텐가? 물리학자들은 종종 뉴턴과 아인슈타인을 앞세우고 생물학계에도 그들만큼 비상한 두뇌가 있느냐고 윽박지른다. 그럴 때마다 우리가 내세우는 인물이 있다. 바로 전설적인 영국의 유전학자 잭 홀데인(J. B. S. Haldane)이다. 내가 그를 소개하며 굳이 '전설적인'이라는 표현을 쓰는 까닭은 그에 관한 많은 일화들이 아직도 입에서 입으로 구전되고 있기 때문이다.

오랫동안 런던대학에서 교수 생활을 한 그는 물론 많은 연구 업적으로도 유명하지만 대학 앞 선술집 등 여러 형태의 사석에서 남긴 촌철살인의 우문현답들로 더 유명하다. 어느 날 진화학자로서 조물주의 마음에 대해 어떻게 생각하느냐는 질문에 그는 곧바로 조물주께서는 "딱정벌레에 대해 지나친 호감(an inordinate fondness for beetles)을 가졌던 분이었던 것 같다"고 답한 것으로 전해진다. 딱정벌레는 기재된 종만 무려 35만에 이르는데, 이는 전체 곤충 종수의 거의 절반이다. 홀데인의 상상 속에는 태초에 세상을 만드시던 그 엿새 중 어느 날 진흙으로 딱정벌레 한 마리를 빚으신 다음 숨을 불어 넣으시곤 스스로 만드신 딱정벌레의 귀여움에 정신이 빠져 멈추지 못하고 계속 딱정벌레를 만드는 데 여념이 없던 하느님의 사뭇 우스꽝스러운 모습이 그려졌던 것이다.

또 어느 날 누군가가 그에게 남을 위해 목숨을 버릴 수 있느냐고 물었다고 한다. 그는 즉시 "만일 형제 둘이나 사촌 여덟 명의 목숨을 구할 수 있다면 내 목숨을 버릴 용의가 있다"고 답했다고 한다. 형제는 평균적으로 서로 유전자의 50퍼센트(1/2), 사촌은 12.5퍼센트(1/8)를 공유한다. 유전학적으로는 사촌을 팔촌이라 불렀으면 더 정확했을 뻔했다. 홀데인은 순간적으로 형제 둘 또는 사촌 여덟의 유전자를 합하면 내 유전자만큼 된다는 계산을 해낸 것이다.

그가 순간적으로 내뱉었다는 이 같은 말들이 당시 그 자리에 있었다는 사람들의 입을 통해 구전되고 있다. 홀데인은 1964년 12월 1일 세상을 떠났다. 문제는 그의 말을 전하던 양반들도 이제 연로하여 하나둘씩 우리 곁을 떠나고 있다는 점이다. 그분들이 다 사라지기 전에 홀데인 어록을 정리해둬야 할 텐데.

게임이론의 상대성

2011년 벽두, 대한민국 청해부대가 소말리아 해적에게서 우리 선원들을 구출해냈다. 석해균 삼호주얼리 호 선장의 기지와 특수전여단(UDT/SEAL)의 '아덴만 여명 작전'이 절묘하게 어우러진 완벽한 '한판승'이었다. 그동안 소말리아 해적에게 끌려다니던 우리 정부가 마침내 강공으로 선회한 과정은 경제학이나 정치학 등 사회과학과 진화생물학 분야에서 사용하는 게임이론의 상황과 매우 흡사하다.

그때의 상황은 갈등 게임의 가장 간단한 종류인 '매-비둘기 게임(hawk-dove game)'에서 매의 전략이 적중한 것이다. 그동안 우리는 선원들의 안전을 우려하여 번번이 해적들과 협상하며 거액의 몸값을 지불하는 비둘기 전략을 써왔다. 초미지급(焦眉之急)의 순간에 만일 조준사격이 빗나가 오히려 해적의 로켓포에 맞았을 경우를 상상해보면, 이번 매 전략의 채택에는 상당한 위험부담이 있었다.

진화생물학의 매-비둘기 게임을 사회과학자들은 흔히 '겁쟁이 게임(chicken game)'이라 부른다. 영화 「이유 없는 반항」에서 제임스 딘은 동네 건달과 자동차를 몰고 벼랑 끝으로 질주하는 게임을 한다. 두려움을 견디지 못해 먼저 차에서 뛰어내리면 영영 겁쟁이로 낙인이 찍힌다. 처음부터 해적과 협상을 거부하고 강력하게 응징했던 러시아나 프랑스에 비해 상대적으로 겁쟁이 이미지를 지녔던 우리나라가 이번 작전으로 체면을 되찾았다.

하지만 나는 자못 우쭐해 있을 우리 정부에 이제 신중을 요청하련다. 게임이론은 철저하게 '상대성' 이론이며 북한은 소말리아 해적과는 전혀 다른 상대이기 때문이다. 쿠바 미사일 사태가 벌어졌을 당시 케네디 대통령은 맥나마라 국무장관에게 흐루시초프 역을 맡기고 실전에 방불한 상황 게임을 수없이 반복하며 소련의 전략을 읽어냈다. 한편, 이란 정부가 미국대사관 직원들을 인질로 억류했을 때 카터 대통령은 자신의 게임 상대인 호메이니를 그저 강력한 정치 지도자쯤으로 오판하는 실수를 저질렀다. 본래 종교 지도자인 그는 이란 국민의 순교 따위는 두려워할 필요조차 없는 전형적인 매였음을 끝내 몰랐던 것이다. 김정일·김정은 부자가 진정 매인지 아니면 매인 척하는 비둘기에 불과한지 신중하게 분석하며 '대북 게임'에 임해야 한다(김정일은 이 글을 쓰고 얼마 지나지 않은 2011년 12월 17일 사망했다).

옷의 진화

요즘은 여름만 되면 거의 연일 30도를 웃도는 살인적인 무더위가 이어진다. 높은 온도도 문제이지만 푹푹 찌는 습도가 더 견디기 어렵다. 이럴 땐 그냥 홀딱 벗고 지냈으면 좋겠다. 집에서는 물론이고 밖에서도 그냥 벗고 다닐 수 있으면 좋으련만. 인간은 과연 언제부터 옷을 입기 시작했을까? 1988년 미국 콜로라도대학 고고학자들은 러시아 코스텐키 지방에서 동물의 뼈와 상아로 만든 바늘들을 발견하곤 그것들이 기원전 3만~4만 년 전에 사용된 것들이라고 발표했다.

인간이 처음으로 옷을 입기 시작한 시점을 찾는 노력은 엉뚱하게도 기생충 연구에서 단서를 얻고 있다. 독일 막스플랑크연구소의 인류학자들은 '사람 이(human louse)'의 유전자를 분석하여 인간이 약 10만7000년 전부터 옷을 입기 시작했다고 추정한다. 인간은 영장류 중에서 유난히 털이 없는 종이기 때문에 사람이는 옷의 출현과 더불어 비로소 번성했을 텐데, 이 시기가 우리 조상들이 아프리카를 벗어나 보다 추운 지방으로 이주하기 시작한 5만~10만 년 전과 얼추 맞아떨어져 설득력을 얻고 있다.

옷을 입는 관습은 오로지 인간 세계에만 존재한다고 알려져 있다. 그러나 동물을 연구하는 내 눈에는 옷을 입는 동물들도 심심찮게 눈에 띈다. 날도래 애벌레는 작은 돌이나 나뭇조각들을 이어 붙여 매우 정교한 튜브 모양의 구조물을 만들고 그 속에 들어가 산다. 그런데 이 구조물이 어딘가에 고정되어 있는 게 아니라 애벌레가 돌아다닐 때 늘 함께 움직인다는 점에서 나는 그것을 집이 아니라 일종의 옷으로 간주해야 한다고 생각한다. 우리나라 바닷가에 흔하게 기어 다니는 집게도 사실 집을 지고 다니는 게 아니라 일종의 갑옷을 입고 다니는 것이다. 인간이 성장하며 때맞춰 새 옷을 사 입어야 하는 것처럼 집게들도 몸집이 커지면 점점 더 큰 고둥 껍데기를 구해 갈아입는다.

그런가 하면 달팽이는 집게와 마찬가지로 단단한 껍질을 이고 다니긴 해도 그것이 주변 환경에서 얻은 게 아니라 스스로 물질을 분비하여 만든 것이라는 점에서 옷이 아니라 피부나 가죽의 연장으로 봐야 할 것 같다. 그렇다면 우리나라 검사들의 '옷'은 아무래도 달팽이보다는 집게의 껍데기에 더 가까운 듯싶다. 동기가 검찰총장만 되면 모두 훌렁훌렁 쉽게도 벗어던지니 말이다.

붉은색과 남자

1986년 아르헨티나 태생의 영국 가수 크리스 드 버그가 불러 영국과 아일랜드는 물론 우리나라에서도 큰 인기를 끌었던 「붉은 옷을 입은 여인(The Lady in Red)」이라는 노래가 있다. "나는 이렇게 많은 남자들이 당신에게 춤을 추자고 몰려드는 걸 본 적이 없다오/ […] /나는 당신이 그 드레스를 입고 있는 걸 본 적이 없다오/ […] /오늘 밤 당신의 모습을 나는 결코 잊지 못할 것이라오."

붉은색이 여성의 성적 매력을 돋보이게 한다는 것은 잘 알려진 사실이다. 그런데 최근 미국 로체스터대학 심리학자들의 실험에 따르면 남자의 경우도 마찬가지란다. 동일한 남성의 사진에 각각 붉은색 테두리와 흰색 테두리를 두르거나 컴퓨터로 남성의 셔츠 색깔을 붉은색·회색·녹색·파란색 등으로 조작한 사진을 여학생들에게 보여주며 남성의 사회적 지위, 성적 매력, 호감도 등에 대해 물었다고 한다. 결과는 붉은색이 남성의 지위, 장래성, 성적 매력 등을 한층 높여주는 것으로 나타났다. 연구자들은 동일한 결과를 미국뿐 아니라 영국, 독일, 그리고 중국에서도 관찰했다. 인간의 붉은색 선호에는 문화적 영향보다 훨씬 더 깊은 생물학적 근거가 있음을 의미한다.

아프리카의 카메룬과 가봉의 열대우림 지역에 서식하는 맨드릴(mandrill)이라는 개코원숭이의 암컷들도 훨씬 더 강렬한 붉은색을 띤 수컷을 선호한다. 그 지역에 사는 아프리카 원주민들의 사회에도 높은 지위의 남성들이 종종 붉은색으로 치장하는 풍습이 있다. 우리나라를 비롯한 동양의 고대 국가들에서도 붉은색은 권위와 지위의 상징이었다. 최근에는 우리 정치인들이 소통과 희망의 표현으로 파란색 넥타이를 자주 매지만 자신감과 리더십을 나타내는 데에는 역시 붉은색 타이가 제일이다. 시상식장으로 향하는 배우들도 붉은 카펫 위를 걷는다.

그런데 붉은색에 대해 섭섭한 게 하나 있다. 우리말에는 붉은 빛깔을 묘사하는 수많은 형용사들이 있지만, 성적 문맥에서 쓰이는 영어의 'red'를 제대로 표현할 말이 없어 보인다. '붉은'은 어딘지 미흡하고 '빨간'은 너무 천박하다. '새빨간'은 너무 드세고 '시뻘건'이나 '검붉은'은 그저 음침해 보인다. 우리 형용사들이 이렇게 '풍요 속의 빈곤'을 겪을 줄이야.

괴담

한미 자유무역협정(FTA)을 둘러싸고 온갖 괴담들이 나돌았다. 언론은 이런 사태를 가리켜 '괴담 천국'이라는 표현까지 쓴다. 우리나라 사람들이 특별히 근거 없는 괴담에 잘 휩쓸리는 것일까? 『회의론자(*Skeptics*)』라는 잡지의 편집인인 마이클 셔머(Michael Shermer)의 저서 『왜 사람들은 이상한 것을 믿는가』에는 미국 사람들에 대한 다음과 같은 설문조사 결과가 소개되어 있다.

미국 성인의 52퍼센트가 점성술을 신뢰하며 35퍼센트가 이 세상에 유령이 실재한다고 생각하고, 그중 무려 67퍼센트가 실제로 그들과 교감하는 심령 현상을 겪었다고 진술한다. 최첨단 과학국가 미국이지만 이 같은 수치는 해를 거듭해도 크게 달라지지 않고 있다. 사람들은 오늘도 초점조차 맞지 않은 UFO와 네스호 괴물의 사진을 붙들고 그들의 뒤를 쫓고 있다.

사람들은 왜 이렇게 이상한 것을 믿는 것일까? 마이클 셔머는 우리의 뇌에 이른바 '믿음 엔진(belief engine)'이 장착되어 있기 때문이라고 설명한다. 우리 인간은 우연하고 불확실한 세상에서 패턴을 찾아내고 인과관계를 파악하도록 진화했다는 것이다. '믿음 엔진'을 가동하여 자연에서 의미 있는 패턴을 찾아내고 그걸 잘 활용한 우리 선조들이 진화의 과정에서 유리한 위치를 차지했기 때문에 지금도 우리는 삶이 팍팍해질수록 어떻게든 그 불행의 인과관계를 설명하고 싶어하고, 그러다 보면 자칫 사이비 과학과 미혹에 빠지는 것이다. 미신적 사고는 인과적 사고 메커니즘이 진화하면서 어쩔 수 없이 생겨난 부산물이다.

셔머는 이러한 이상한 믿음에 대항하는 무기로 우리의 냉철한 이성과 과학의 회의주의 정신을 든다. 우리 사회는 지금 회의주의 자체를 부정하려 하고 있다. 건전한 회의론이 비합리주의와 맹신으로 추락하지 않으려면 우선 정보의 투명성이 전제돼야 한다. 정치인보다 연예인을 더 신뢰하는 것은 그들이 거의 자기비하 수준으로 자신을 비워 보이기 때문이다. 내가 다 아니까 나를 따르라는 식의 리더십은 스스로 정보를 캐는 능력을 갖춘 누리꾼들에게는 전혀 호소력이 없다. '산타클로스가 존재하지 않음을 증명할 수 없다면 산타클로스는 틀림없이 존재해야 한다'는 태도는 더 큰 불신을 부를 뿐이다. 증명과 설득의 부담은 언제나 정부 쪽에 있다.

평판

내가 석사학위를 한 미국 펜실베이니아주립대(펜스테이트)가 요즘 미성년자 성추행 사건을 조직적으로 은폐하려다 발각되어 벌집 쑤신 듯 시끄럽다. 대학 이사회가 총장과 함께 전설적인 미식축구팀 감독 조 퍼터노(Joe Paterno)를 해임했고, 펜실베이니아 주 연방 상원의원들은 퍼터노 감독에 대한 '자유의 메달' 추천을 철회했다. 올해 85세인 퍼터노는 무려 46년간 펜스테이트의 감독을 역임하며 통산 409승의 대기록을 수립한 명장 중의 명장이다. 그런 그가 하루아침에 추락하다니.

1979년 펜스테이트에 처음 도착했을 때 나는 토요일마다 온 도시가 미식축구의 열기에 그야말로 흥분의 도가니로 변하는 걸 이해할 수 없었다. 잔디밭에 헬멧을 뒤집어쓴 장정들이 모여서서 구수회의를 하다가 우당탕 한차례 뒤엉켰다 떨어져 다시 구수회의를 하는 경기가 도대체 무슨 재미인지 이해할 수 없었다. 하지만 석 달도 되지 않아 나는 미국 친구들 숲에 끼어 목이 터져라 펜스테이트를 응원하는 광팬이 되고 말았다.

그러던 어느 날 일반생물학 중간고사의 시험감독을 하고 있는데 축구선수 두 명이 나란히 앉아 시험을 보고 있는 게 아닌가. 내일이면 조지아대학에서 경기를 해야 하는데 왜 아직도 여기 있느냐 물었더니 감독님이 시험을 빼먹는 선수는 경기를 뛸 수 없다고 하셨단다. 퍼터노는 그런 감독이었다. 승률에 목매지 않고 학업의 중요성을 강조한 보기 드문 덕장이었다. 그런 그가 불명예 퇴진을 당하다니.

사회를 이루고 사는 동물들에게는 사회적 평판이 무엇보다도 중요하다. 돌고래 수컷들은 두세 마리가 편대를 이뤄 암컷을 따라다닌다. 앞뒤 좌우로 몰린 암컷이 드디어 몸을 허락하면 그들 중 한 마리가 짝짓기를 하고 다른 수컷들은 다음 기회를 기다린다. 그런데 가끔 자기 차례만 찾아 먹고 다른 편대로 이적해 버리는 얌체 수컷들이 있다. 하지만 약삭빠르게 이득만 취한다는 소행이 알려지면 그는 한순간에 사회적으로 매장되고 만다. 실제로 퍼터노 감독은 자신의 심복이었던 수비코치가 저지른 일임에도 불구하고 그 사실을 냉정하게 학교 당국에 알린 사람이다. 적극적으로 문제 해결에 나서지 않았을 뿐이다. 평생 잘하다가도 한 번만 잘못하면 가차없이 추락한다. 사회적 평판이란 이처럼 덧없고 무서운 것이다.

세계 여성의 날

매년 3월 8일은 세계 여성의 날이다. 1910년 독일의 사회운동가 클라라 제트킨(Klara Zetkin)이 제안하여 이듬해 3월 19일 오스트리아·덴마크·독일·스위스에서 첫 행사를 개최하며 시작한 것을 훗날 유엔이 1857년과 1908년 3월 8일에 미국의 여성 노동자들이 노동 조건과 지위 향상을 위해 벌인 시위를 기념하며 그날을 세계 여성의 날로 지정하여 오늘에 이른다.

우리나라는 2005년 3월 2일에야 비로소 호주제 폐지에 관한 민법 개정안이 국회를 통과하며 여성의 사회적 지위 향상의 새로운 전기를 맞았지만, 여성의 참정권 획득은 상대적으로 늦은 편이 아니었다. 1948년 제헌헌법에 의해 남녀의 참정권이 공히 인정된 것은 뉴질랜드 1893년, 호주 1902년, 미국 1920년, 영국 1928년에 비하면 많이 늦었지만, 이탈리아 1945년과 프랑스 1946년에 견주면 그리 뒤지지 않았다. 스위스 여성들이 1971년에야 참정권을 얻은 것에 비하면 무려 23년이나 빠른 일이었다.

세계 여성의 날 제정은 많은 나라에서 여성의 지위 향상과 사회적 참여를 이끌어내는 데 큰 기여를 했지만, 적지 않은 나라에서는 어머니날과 밸런타인데이와 뒤섞이며 그저 남성들이 여성들에게 선물을 주며 사랑을 고백하는 날로 변질되고 말았다. 우리나라는 여전히 세계 여성의 날을 따로 기념하고 있지만 밸런타인데이는 누구의 계략인지 모르나 참으로 이상하게 꼬여 있다. 서양에서는 밸런타인데이에 남성이 여성에게 초콜릿을 선물하기로 되어 있는데 우리나라에서는 이게 정반대로 되어 있다. 그리곤 왠지 꺼림칙했던지 '화이트데이'라는 정체불명의 날을 따로 기념하며 초콜릿을 받은 남성이 여성에게 호의를 되돌릴 수 있게 해주었다.

사소한 일이라고 치워버릴 수도 있겠지만 바로 이런 사소함이 최근 세계경제포럼(WEF)의 남녀평등지수 발표에서 조사 대상 134개국에서 우리나라가 104위를 한 것과 무관하지 않아 보인다. 화이트데이는 1978년 일본 후쿠오카의 한 제과회사가 마시멜로를 팔아먹기 위해 시작하여 기껏해야 일본, 대만, 그리고 우리나라에서나 지키는 기념일이다. 다음 주로 다가온 화이트데이에 한 달 전에 준 초콜릿을 되돌려받을 수 있을까 노심초사할 우리 여성들이 안타깝다.

치타와 영양

2009년 민주당 의원들이 의원 사직서를 제출하고 거리로 나섰다. 결코 정상적인 방법으로 통과된 게 아닌 미디어법 때문에 여야가 극한 상황으로 치달았던 것이다. 같은 해, 쌍용자동차 평택공장은 그야말로 전쟁터를 방불케 했다. 여야 국회의원이나 쌍용차 노사 모두 한민족이건만 어쩌면 이렇게도 소통하지 못하고 평행선만 달렸을까? 소설가 공지영은 2012년 쌍용자동차 사태에 관한 르포르타주를 『의자놀이』라는 제목의 책으로 펴냈다.

길짐승 중에서 달리기 순간속도 최고기록을 보유하고 있는 동물은 아프리카에 사는 치타이다. 치타는 지구력이 부족하여 오래 달리지는 못하지만 시속 120킬로미터까지 달릴 수 있다. 미국 대륙의 평원에는 반지의 보석 받침대(prong)처럼 생긴 뿔을 가졌다고 해서 가지뿔영양(pronghorn)이라 부르는 초식동물이 산다. 이들은 한가로이 풀을 뜯다가도 어디선가 부스럭 소리만 나면 화들짝 놀라 내달리기 시작하는데, 달렸다 하면 거의 언제나 시속 100킬로미터로 달린다. 그런데 더 이상 미국 대륙에는 이들을 따라잡을 만큼 빨리 달릴 수 있는 포식동물이 없다. 그들의 조상이 살던 옛날에는 아마 치타 같은 동물이 미국 대륙에도 살았던 모양인데 이제는 사라지고 없다. 아무도 따라오지 않건만 그들은 오늘도 정신없이 내달리며 애꿎은 에너지만 낭비한다.

포식동물과 피식동물 사이의 이같이 쫓고 쫓기는 관계는 마치 구소련과 미국이 벌였던 군비경쟁과 흡사하다. 소련이 새로운 미사일을 개발하면 미국은 또 그걸 공중에서 요격할 수 있는 미사일을 개발하느라 엄청난 돈과 시간을 투자해야 했다. 영양이 더 빨리 달리도록 진화하면 치타 역시 더 빨리 달리도록 진화해야만 멸종을 면할 수 있다. 치타와 영양이 어느 순간부터 둘 다 100킬로미터가 아니라 50킬로미터로 달리자고 합의를 보면 좋으련만 그들에게는 대표를 뽑아 협상 테이블에 내보낼 능력이 없다.

하지만 버젓이 원내대표까지 둔 우리 정당들이라고 해서 그리 나을 게 없다는 데 우리의 슬픔이 있다. 우리 인간은 이런 점에서 다른 동물들과 진정 다를 바가 없는 것일까? 결코 그렇지 않다. 고르바초프와 레이건 대통령이 마주 앉아 군비경쟁 악순환의 고리를 끊지 않았던가. 인간에겐 이 세상 다른 모든 동물들과 달리 고도로 발달한 언어가 있건만 우리는 왜 번번이 몸싸움일까?

이름 심리학

나는 영어로 내 이름을 'Jae Chun Choe'라고 쓴다. 미국 유학을 준비하며 내 깐에는 제법 심혈을 기울여 만든 이름인데, 내 이름을 처음으로 불러준 외국인이 '자에 춘 초에'라고 발음하는 걸 듣고는 미국에 도착한 이후 그저 '제이'라고 소개하기 시작했다. 그래서 내 외국 동료들은 모두 나를 '제이 최'라고 부른다. 퍽 친한 친구들마저 내 이름을 자주 'Jay'로 표기해서 탈이지만 나는 애써 고치려 하지 않는다.

교황 베네딕토 16세도 드디어 SNS 흐름에 동참했다. 그런데 어린 시절 나치의 청년 조직 히틀러 유겐트 단원이었고 그리 부드럽지 않은 인상 때문에 그러지 않아도 인기가 별로 높지 않은데 애써 선택한 트위터 계정 이름이 하필이면 '포프투유바티칸(Pope2YouVatican)'일까? 그냥 '포프(Pope)' 또는 '나는 포프다(ImThePope)' 정도로 했더라면 훨씬 기억하기 쉬웠을 텐데.

최근 『실험사회심리학지(*Journal of Experimental Social Psychology*)』에 발표된 호주 멜버른대 심리학과와 미국 뉴욕대 경영학과 연구진의 논문에 따르면, 발음하기 쉬운 이름을 가진 사람들이 친구도 많고 직장에서도 더 성공적이란다. 500명의 미국 변호사들을 대상으로 조사했는데 쉬운 이름을 가진 변호사들이 어려운 이름의 소유자들보다 훨씬 더 높은 지위에 오른 것으로 나타났다. 이보다 먼저 진행된 선행 연구에서는 갓 상장된 주식 중에서도 상대적으로 발음하기 쉬운 것들이 훨씬 두각을 나타냈다고 한다.

연구진은 이름의 길이나 생경함은 그리 문제가 되지 않는다고 설명한다. 얼마나 발음하기 편한가가 중요하단다. 그러고 보면 오바마 대통령의 당선은 흑백의 장벽뿐 아니라 이름의 불리함까지 극복한 참으로 대단한 사건이었다. '오바마(Obama)'는 비록 짧지만 발음하기 결코 쉬운 성이 아니다. 게다가 이름이 '버락(Barack)'이라니.

연구진은 일종의 모의선거 실험도 실시했는데 역시 쉬운 이름의 후보가 훨씬 더 많은 표를 얻는 걸로 드러났다. 선거철만 되면 언제나 공천 심사의 기준을 두고 여야 모두 시끄러운 판에 일을 더 복잡하게 만드는 것 같아 면구스럽지만, 심사 대상자의 이름이 얼마나 발음하기 쉬운지 한번 소리 내어 불러보시라.

악기 연주

모차르트의 음악을 들으면 비록 단기간이나마 두뇌의 시공간 인지능력이 향상된다는 이른바 '모차르트 효과'가 등장하여 많은 부모들의 마음을 뒤흔든 게 어언 20년 전의 일이다. 모차르트 효과는 특히 어렸을 때 두드러진다고 하여 클래식음악 듣기가 태교의 필수 항목으로 떠오르기도 했다. 그래서 다분히 인기에 영합하려는 미국 조지아 주지사는 자기 주에서 태어나는 아기들 모두에게 클래식 음악 CD를 한 장씩 사주겠다며 10만 달러가 넘는 예산을 신청하기도 했다.

서양예술음악이 피타고라스 수학에 이론적 기반을 둔다고 해서 음악 교육과 수학 실력의 상관관계에 관한 연구가 특별히 많다. 어려서 음악 교육을 받은 아이들의 산수 성적이 더 높다든가 클래식 음악을 들은 직후 수학 시험을 본 대학생들이 팝 음악을 듣고 시험을 본 학생들보다 높은 점수를 얻었다는 식의 연구 결과들이 나와 있다. 그러나 로베르 주르뎅(Robert Jourdain)은 『음악은 왜 우리를 사로잡는가』에서 음악가들의 지능지수가 그리 높지 않았다고 주장한다. 모차르트 155, 멘델스존 150, 헨델 145를 빼면 대체로 평범한 수준이다. 믿거나 말거나, 베토벤은 135, 바흐는 125, 그리고 하이든은 120 정도란다.

2010년에 발표된 뉴질랜드 빅토리아대학 심리학자들의 「모차르트 효과의 마지막 커튼」이라는 제목의 연구논문에 따르면, 지난 20년간 온갖 논란에 휘말렸던 모차르트 효과는 한마디로 과학적 근거가 부족해 보인다. 그렇다고 해서 음악이 우리의 지적 능력이나 품성의 향상과 아무런 관계가 없다고 단정지을 수는 없다. 최근 미국 캔자스의과대학 연구진은 60~83세의 노인 70명을 상대로 수행한 연구에서 10년 이상 악기를 연주한 사람들이 그러지 않은 사람들보다 비언어 영역의 기억력이 훨씬 탁월하다는 사실을 발견했다.

요즘 고등학교 동창 송년회에 가면 희끗희끗한 머리에 색소폰을 배웠다며 수줍게 솜씨를 뽐내는 친구들이 있다. 어려서 바이올린 레슨을 받던 외사촌 동생을 무척이나 부러워했던 나도 요즘 더 늦기 전에 악기를 하나 배워보면 어떨까 혼자 가슴 태우고 있다. 언제부터인가 자꾸 대금이 눈에 들어온다. 하지만 정말 해낼지도 모르면서 덜컥 악기부터 사서 돈을 허비하느니 그냥 시조나 배워보지 하며 마음을 다스린다.

음악의 진화

2009년 6월 25일 팝 음악의 거성 마이클 잭슨이 우리 곁을 떠났다. 그가 남긴 수많은 노래 중에서 나는 그의 데뷔곡 「갓 투 비 데어(Got to Be There)」를 가장 좋아한다. 음악성으로 치면 「빌리 진(Billie Jean)」이나 「스릴러(Thriller)」에 비할 바가 아니겠지만 나는 다섯 살 소년의 그 해맑은 고음을 정말 사랑한다.

음악은 동서고금 모든 문화권에 존재하는 지극히 보편적인 인간 속성이다. 음악인류학자 존 블래킹(John Blacking)은 그의 저서 『인간은 얼마나 음악적인가』에서 음악을 언어와 종교에 버금가는 인간 특유의 형질로 규정했다. 그러나 음악이 도대체 무엇을 위해 진화한 것인지는 참으로 종잡기 어렵다.

음악의 진화에 대한 가설은 엄청나게 다양하다. 다윈 자신이 운을 뗐고 『연애』라는 책으로 우리 독자들에게도 친숙한 진화심리학자 제프리 밀러(Geoffrey Miller)가 제기한 '성선택 가설'

은 음악적 재능이 번식을 돕는다고 주장한다. 27세에 요절한 천재적인 기타연주자 지미 헨드릭스는 공연마다 따라다니던 여성 팬 수백 명과 잠자리를 같이한 것으로 알려졌다. 그의 자식이 몇 인지는 아무도 모른다.

몇몇 진화생물학자들은 음악이 언어와 마찬가지로 집단 구성원 간의 결속을 강화시켜주는, 일종의 '상호 털 고르기' 기능을 한다고 설명한다. 영장류 동물들이 서로 털을 손질해주며 관계를 돈독히 하는 것처럼 우리도 「아침 이슬」과 「오 필승 코리아」를 부르며 하나가 되곤 한다.

그런가 하면 『언어 본능』과 『빈 서판』의 저자이자 하버드대학의 심리학 교수인 스티븐 핑커(Steven Pinker)는 애당초 음악에는 아무런 진화적 기능이 없다고 주장한다. 배꼽이 탯줄이라는 적응의 부산물에 지나지 않는 것처럼 음악은 그저 '귀로 듣는 치즈케이크'란다. 치즈케이크는 달고 기름진 음식을 좋아하게끔 진화한 우리 신경회로를 보다 효율적으로 자극하도록 제작된 인공물일 뿐 생존과 번식에는 전혀 도움이 되지 않는다는 것이다.

어찌 됐건 우리는 음악을 생산하고 향유하는 데 엄청난 돈과 시간을 소비한다. 마이클 잭슨이 남긴 빚이 상당하다지만 그가 평생 번 돈과 죽은 후에도 계속 벌 돈에 비하면 그야말로 구우일모(九牛一毛)이리라. 마이클 잭슨의 몸은 사라졌지만 그의 노래는 오래도록 우리 곁에 남을 것이다. 도대체 왜 음악은 우리를 이처럼 사로잡는 것일까?

고통과 행복

행복은 종종 고통 앞에 무릎을 꿇는다. 전업주부로 살다가 30대 후반에 카피라이터로 사회생활을 시작하여 활발한 강연과 집필 활동을 하며 '행복전도사'를 자처하던 최윤희 씨가 남편과 함께 스스로 목숨을 끊었다는 소식을 접하고 든 생각이었다. "700가지 통증에 시달려본 분이라면 저의 마음을 조금은 이해해주시리라 생각합니다"라며 구차한 '삶의 질(well-being)'을 포기하고 그 나름의 '죽음의 질(well-dying)'을 선택한 것이다.

고통은 철학의 중심 주제 중의 하나이다. 특히 인간 경험의 본질과 흔히 '감각질'이라고 번역하는 퀄리아(qualia)에 관한 논의의 핵심 요소이다. 데카르트는 동물은 의식을 갖고 있지 않기 때문에 고통도 느끼지 못한다고 주장했다. 실제로 미국 수의과 대학에서는 1989년까지도 동물의 고통은 일단 무시하라고 가르쳤다. 그러나 이제 우리 동물행동학자들은 이 세상 많은 동물들도 나름대로 고통을 느낀다는 걸 충분히 관찰했다. 개나 고양이를 기르는 사람 중 많은 이들은 학자들의 이 같은 논쟁에 아랑곳하지 않고 자신이 사랑하던 동물이 고통스러워하는 모습을 견디지 못해 안락사를 선택하기도 한다.

진화적으로 볼 때 고통은 생물의 삶을 보호해주는 적응 현상이다. 통증을 유발하는 자극은 우리 몸에서 곧바로 반사작용을 일으키고 다시는 그런 위험한 상황에 놓이지 않도록 우리 마음을 훈련시킨다. 선천적으로 통증을 느끼지 못하게 태어난 환자는 성냥불에 손가락이 타들어가도 눈으로 확인하기 전에는 모른다.

우리는 모두 고통 없는 행복한 세상을 꿈꾼다. 그러나 고통이 사라진다 해서 반드시 행복한 삶이 시작되는 것은 아니다. 고통의 원인은 해결하지 않은 채 고통 그 자체를 없앤다고 과연 이 세상이 더욱 행복해질까? 아니, 그렇지 않을 것이다. 고통 없는 세상이 오면 지금보다 훨씬 많은 사람이 일찍 세상을 떠나거나 허구한 날 병원에 누워 있을 것이다. 고통은 분명히 소중한 진화의 산물이다. 하지만 그렇다고 해서 치통, 통풍, 또는 루푸스(lupus)로 인한 고통처럼 참을 수 없을 정도로 극심한 고통은 도대체 왜 존재하는 것일까? 최윤희 씨는 생전에 "'자살'을 뒤집으면 '살자'가 된다"고 외쳤지만, 고통(苦痛)은 아무리 뒤집어도 여전히 통고(痛苦)일 뿐이다.

종교와 과학

최근 몇 년 사이에 우리는 세 분의 도저한 종교 지도자를 잃었다. 2006년 강원용 목사님이 돌아가셨고 2009년에는 김수환 추기경님, 그리고 2010년에는 법정 스님마저 우리 곁을 떠나셨다. 평생 무소유의 덕을 설파하시던 스님은 마지막 가시는 길까지 어쩌면 그리도 정갈하게 비우시는지 절로 고개가 숙여진다. 특히 사리를 둘러싼 과학과 비과학 간 논쟁의 싹까지 깔끔하게 정리하고 가신 스님의 후광이 진정 시리도록 아름답다.

과학, 그중에서도 진화학은 종교와 늘 껄끄러운 관계를 맺어왔다. 다윈 이래 많은 진화학자는 신의 존재에 대한 비판을 멈추지 않고 있다. 특히 지난 2006년에는 마치 약속이라도 한 듯 세 사람의 걸출한 진화학자가 나란히 종교에 대한 책을 내놓았다. 그중 가장 큰 반향을 불러일으킨 책은 리처드 도킨스의 『만들어진 신』이었다. 2007년 우리말로 번역되어 큰 화제가 되었던 이

책에서 도킨스는 종교의 해악을 조목조목 열거하며 인류 사회에서 종교를 깨끗이 없애야 한다고 주장했다.

한편 하버드대학의 진화생물학자 에드워드 윌슨은 그야말로 기독교에 일종의 '십자군 전쟁'을 선포한 도킨스와 달리 남침례교 목사님께 편지를 쓰는 형식의 『생명의 편지』라는 책을 내놓았다. 그런데 『생명의 편지』는 우리말 역서의 제목이고 책의 원제는 『창조(*Creation*)』이다. 다분히 이중적인 의미를 지닌 제목의 책에서 그는 지금 우리 인류에게 닥친 전례 없이 심각한 생명의 위기는 과학자와 종교인들이 함께 손을 잡아야 헤쳐나갈 수 있다고 호소했다.

아직 우리말로 번역되지 않은 『주문 깨기(*Breaking the Spell*)』라는 제목의 책에서 진화철학자 대니얼 데닛은 언뜻 종교에 대해 가장 너그러운 태도를 보이는 것 같지만, 실은 우리가 종교의 실상을 철저하게 객관적으로 분석하고 보다 철학적이고 과학적으로 연구하면 이성적인 판단에 의해 종교를 축소하거나 또는 개선할 수 있을 것이라고 주장한다.

진화생물학자인 나는 기본적으로 이 세 학자의 의견에 동의할 수밖에 없지만 21세기에도 여전히 종교와 과학이 인류 사회를 이끌어갈 양대 바퀴들임을 굳게 믿는다. 삼위일체 같았던 세 분의 큰 스승님이 남긴 빈자리를 이제 어느 분이 오셔서 채워주시려나?

종교의 미래

2011년 15일 『신은 위대하지 않다』의 저자 크리스토퍼 히친스(Christopher Hitchins)가 식도암으로 62세의 짧은 삶을 마쳤다. 그의 책은 1년 먼저 나온 리처드 도킨스의 『만들어진 신』에 가려 그리 큰 조명을 받지는 못했지만, 내용을 들여다보면 사실 도킨스의 책보다 훨씬 더 공격적이다. '종교가 어떻게 모든 걸 독살하는가'라는 부제가 암시하듯이 그는 이 세상 거의 모든 죄악에 종교가 결부되어 있다고 비난했다. 그는 또한 종교적 미덕의 표상인 테레사 수녀에 대해서도 "그는 가난한 사람들의 친구가 아니라 그저 가난 그 자체의 친구였을 뿐"이라고 폄훼했다.

우리 인류 집단은 거의 예외 없이 모두 나름의 종교를 갖고 있지만, 인간을 제외한 다른 어떤 동물에서도 종교라고 부를 수 있는 행동은 관찰되지 않는다. 다만 여왕개미가 뿜어내는 강력한 페로몬의 영향으로 스스로 번식을 자제하며 평생 여왕을 위해 헌신하는 일개미들의 행동을 보며 사이비 종교 집단을 떠올리는 일은 그리 어렵지 않다. 비슷한 행동 유형이 벌, 흰개미, 그리고 벌거숭이두더지에서도 나타난다. 흥미로운 사실은 이들이 모두 우리처럼 사회를 구성하고 사는 동물이라는 점이다.

종교는 사회적 현상이다. 이 세상 어느 종교든 그 궁극에는 결국 나와 신의 만남인 기도가 있지만, 홀로 사는 동물에게 종교가 진화할 가능성은 거의 없어 보인다. 우리는 종종 홀로 감당하기 어려운 위험에 처했을 때 신에게 매달리곤 하지만, 그것은 아마 종교에 어느 정도 길들여져 있었기 때문에 나타나는 행동일 것이다. 생사의 갈림길에 섰던 최초의 인류가 과연 종교에 귀의할 마음의 여유를 가질 수 있었을까?

연말만 되면 어김없이 등장하는 구세군 냄비, 노숙자들에게 따뜻한 밥을 제공하는 '밥퍼'와 같은 종교 단체, 그리고 「울지마 톤즈」의 이태석 신부님만 보더라도 종교는 분명히 우리 사회에서 훌륭한 일익을 담당하고 있다. 만일 도덕성이 인간 본성의 일부라면 종교야말로 가장 인간적인 행동의 표현일 수밖에 없다. "신을 설명할 수 있다면 나는 그런 신에게는 기도하지 않겠다"던 어느 신학자의 말에도 불구하고, 나는 인간의 종교 행동은 반드시 설명되어야 한다고 생각한다.

의생학

연못 가득 활짝 펼쳐놓아도 연꽃잎에는 좀처럼 먼지가 쌓이지 않는다. 잎의 표면에 돋아 있는 수천 분의 1밀리미터 크기의 미세돌기들 덕택에 별나게 동글동글 맺히는 물방울들이 이리저리 굴러다니며 먼지를 씻어내기 때문이다. 바로 이 원리를 이용하여 카이스트 생명화공학과 양승만 교수팀은 청소할 필요 없는 전광판이나 김이 서리지 않는 유리창을 제작하는 데 사용할 수 있는 '미세 구슬'을 개발했다.

2012년 4월에는 포스텍 화학공학과 차형준 교수팀이 2007년 자신들이 발견한 홍합의 접착물질보다 두 배나 더 강력한 생체 접착제를 개발했다고 발표했다. 홍합은 접착단백질을 분비하여 그 모진 파도에도 끄떡없이 바위에 붙어 산다. 이번에 개발한 생체 접착제를 이용하면 실로 꿰매지 않고도 수술 부위를 봉합할 수 있단다.

나는 이처럼 오랜 진화 과정을 통해 자연이 스스로 풀어낸 해법을 가져다 우리 삶에 응용하려는 일련의 연구들에 '의생학(擬生學)'이라는 이름을 붙여주었다. 여기서 '의(擬)'는 '헤아릴 의' 자로 '의성어'나 '의태어'의 첫글자이다. 따라서 의생학은 '자연을 흉내 내는 학문'이다. 더 노골적으로 표현하면 '자연을 표절하는 학문'이 된다.

우리 인간이 자연에서 지혜를 얻은 것이 어디 어제오늘의 일이랴마는 본격적인 의생학의 효시는 찍찍이(Velcro)의 발명으로 볼 수 있다. 우리들 가방이나 신발에 붙어 있는 찍찍이는 원래 몇몇 식물들이 자신의 씨를 동물의 털에 붙여 멀리 이동시키려고 고안해낸 구조를 스위스의 발명가 드 메스트랄(George de Mestral)이 표절한 것이다.

나는 의생학이 생물의 화합물이나 미세구조를 베끼는 생체모방(biomimetics)의 수준을 넘어 자연 생태계의 섭리(eco-logic) 마저도 응용할 수 있기 바란다. 칠흑 같은 암흑 속에서도 초음파를 쏘아 보내고 그것이 반사되어 돌아오는 걸 감지하여 장애물을 피해 다니는 박쥐의 반향정위(echolocation) 메커니즘을 이용하여 시각장애인에게 초음파 지팡이를 만들어줄 수 있고, 흰개미로부터 친환경 건축기술을 배울 수도 있다. 그래서 나는 몇 년 전부터 의생학연구센터를 설립하고 자연의 아이디어들을 염탐하러 다닌다. 우리끼리 표절하는 것은 불법이지만 자연을 표절하는 것은 합법이다.

유전-환경 논쟁

생물학과 인류학에서 가장 오래된 논쟁은 아마 우리 인성의 형성에 유전(nature)과 환경(nurture) 중 어느 것이 더 큰 영향을 미쳤는가에 관한 논쟁일 것이다. 내가 1994년 귀국하자마자 제일 먼저 초청받은 토론회도 유전과 환경의 중요성을 판가름하자는 모임이었다. 당시 나는 아무런 머뭇거림 없이 그 초청을 고사했다. 선진국에서는 이미 판정이 나서 더 이상 하지 않는 논쟁이라는 건방진 이유까지 달아서.

1월 17일은 바로 이런 나의 단호함을 이론적으로 뒷받침해준 두 걸출한 진화생물학자가 태어나고 죽은 날이다. 1834년 1월 17일에는 다윈의 이론 정립에 가장 큰 공헌을 했다고 해도 과언이 아닌 생식질(germ plasm) 이론의 창시자 아우구스트 바이스만(August Weismann)이 태어났다. 인간을 비롯한 다세포생물의 몸에는 세포가 두 종류 있다. 하나는 난자와 정자, 즉 생식세포이고, 다른 하나는 그 밖의 우리 몸 전체를 구성하는 체세포이다. 발생생물학자인 바이스만은 생식세포는 체세포를 만들어내지만 반대로 체세포는 생식세포를 만들어낼 수 없다는 점에서 유전물질은 오로지 생식세포를 통해서만 후세에 전달된다는 사실을 처음으로 인식한 사람이다. 그는 이를 바탕으로 라마르크의 '획득 형질 유전'의 오류를 지적하며 다윈의 이론에 큰 힘을 실어주었다.

또한 1911년 1월 17일은 다윈의 사촌이자 우생학의 창시자인 프랜시스 골턴(Francis Galton)이 89세 나이로 세상을 떠난 날이기도 하다. 우생학이 가치 편향적 연구로 이어져 오명을 얻긴 했어도 인간의 신체와 개성의 변이에 관한 골턴의 연구는 진화론의 기초를 다지는 데 크게 기여했다. 1869년에 출간된 『유전적 천재』라는 책에서 그는 당시 영국왕립학회 회원 190명의 부모와 친척들의 직업과 인종에 관한 정보를 통계적으로 분석하여 능력이 출중한 사람끼리 더 가까운 친척 관계를 갖고 있음을 밝혔다. 그는 또한 쌍둥이 연구도 수행하여 환경보다는 유전의 역할이 더 크다는 증거를 제시했다.

환경의 영향은 어디까지나 유전자가 깔아놓은 멍석 위에서만 벌어진다. 환경이 중요하지 않다는 건 결코 아니지만 어느 것이 더 중요하냐고 물으면 아무래도 유전이 먼저이다. 유전자에 없는 일이 나타날 수는 없다.

동물의학

수의학을 말하려는 게 아니다. 동물 세계에도 그들 나름의 의학이 있다는 얘기를 하려 한다. 1972년 탄자니아 곰비국립공원의 구달 박사 연구진은 전혀 침팬지답지 않은 기이한 행동을 관찰한다. '휴고'라는 이름의 침팬지가 평소 그들의 식단에 포함되어 있지 않은, 표면이 매우 거친 이파리를 먹더란다. 그것도 그냥 씹어먹는 게 아니라 차곡차곡 접어서 잠시 입에 물고 있다가 단번에 꿀꺽 삼키더란다. 마치 우리가 알약을 삼키듯.

휴고가 삼킨 아스필리아(*Aspilia*)는 국화과 식물로서 그 지역 주민들이 오래전부터 복통이 있거나 장내기생충을 구제하기 위하여 섭취하던 약용식물이었다. 그렇다고 해서 침팬지들이 인간의 행동을 예의 주시하고 배운 것은 아닐 것이다. 야생 곰들이 배탈이 났을 때 뜯어먹는 풀을 눈여겨보았다가 약초로 사용했다는 북미의 인디언들을 보더라도 둘 중 누군가가 배웠다면 그건 아마 침팬지보다는 우리 인간일 것이다. 집에서 기르는 고양이나 개가 몸이 불편할 때에는 평소 먹지 않던 풀을 뜯어먹더라는 관찰은 이미 고대 중국이나 로마 시대의 기록에도 발견된다.

그동안 동물들의 의료 행위는 주로 포유동물에서 관찰되었는데 최근 곤충에서도 주목할 만한 연구 결과가 나왔다. 미국 에모리대학 연구진은 제왕나비(monarch butterfly) 암컷이 특정한 체내기생충에 감염되면 특별히 독성이 강한 박주가리 잎에 알을 낳는다는 사실을 실험을 통해 밝혀냈다. 그동안 제왕나비 애벌레가 박주가리 잎을 갉아먹는 까닭은 박주가리의 독성을 품고 있으면 포식동물들이 건드리지 않기 때문이라고 알려져왔는데, 이제 기생충을 구제하는 효능도 있다는 사실이 밝혀진 것이다.

지금까지 '동물 동의보감'에 수록된 약초 목록에는 우리나라에도 서식하는 식물들과 가까운 종들이 여럿 들어 있다. 우리 산야에서 어렵지 않게 발견되는 다년생 덩굴초본인 갈퀴꼭두서니와 흔히 달개비라고 부르는 닭의장풀을 비롯하여 제법 여럿이다. 특별히 부가가치가 높아 최근 우리 정부가 신약 개발을 중요한 국가 전략산업 중의 하나로 육성하려는 것으로 알고 있는데, 이참에 우리도 동물의학을 체계적으로 연구할 필요가 있어 보인다. 동물들이 오랜 진화의 역사를 통해 발견해낸 약초들을 우선적으로 검토해보자는 것이다.

인간을 비롯한 모든 개별 생명들은 서로 관계를 맺고 살아간다. 생명을 가진 것들 사이에만 관계를 맺는 것이 아니라 생명은 그들을 둘러싼 물리적 환경과도 관계를 맺는다. 물론, 이 물리적 환경은 크게 보면 지구이다. 생명들은 서로가 서로에게 의존하고 환경에 의존하기 때문에 생명의 관계 맺기는 곧 생존의 문제이다.

관계에 파탄이 오면 관계로 맺어진 생명들은 위험에 처한다. 생명들 사이의 관계로 이루어진 생태계, 그리고 생명과 무생물 사이의 관계로 이루어진 지구. 그들 사이 관계가 시간의 흐름에 따라서 점진적으로 변화하는 것은 자연스러운 것이다. 가끔 급격한 변화들이 일어나기도 한다. 그것은 거대한 운석이 우연히 지구에 충돌하는 것과 같은 피할 수 없는 자연의 움직임 때문에 일어나기도 하고 과도한 인간의 활동 때문에 일어나기도 한다.

이론의 여지가 있지만 수천만 년이라는 오랜 세월 동안 지구를 지배하던 공룡의 멸망은 자연재해와 밀접한 관련이 있는 것으로 보인다. 그리고 지금의 지구온난화와 같은 상황은 과도한 인간 활동의 결과라는 것이 명백해 보인다. 자연의 움직임 때문에 일어나는 재앙과 그에 따른 파탄에도 최선을 다해 대비를 해야 하겠지만 우리가 스스로를 파국으로 몰아가는 일은 하지 말아야 한다. 3부 '관계'에서 최재천은 우리가 맺고 있는 관계들을 설명하고 삐걱대는 관계들을 회복할 방향을 함께 찾기를 권유한다.

3부

관계

생태계

요즘 들어 부쩍 '생태계'라는 단어가 여기저기에서 튀어나온다. 원래 내가 몸담고 있는 학문인 생태학에서만 쓰던 용어인데 언제부터인가 담을 넘어 동네방네 번지고 있다. 생태계라는 단어를 도입하여 가장 본격적으로 사용한 분야는 아마 경영학일 것이다. 『경쟁의 종말』의 저자 제임스 무어(James Moore)는 1993년 『하버드 비즈니스 리뷰(*Harvard Business Review*)』에 기고한 논문에서 처음으로 기업 생태계(business ecosystem)의 개념을 소개하여 맥킨지 최우수논문상을 받았다. 그 후 문화 생태계, 벤처 생태계, 앱 생태계 등 온갖 종류의 생태계들이 탄생했다. 하지만 생태학자인 내가 보기에는 이들 모두 생태학에서 용어만 빌렸을 뿐 원리는 제대로 이해하지 못한 것 같다.

무어는 기업 생태계를 "상호작용하는 조직이나 개인들에 기반을 둔 경제 공동체"라고 정의하고, 그 구성원들이 함께 진화하며 서로의 역할을 다듬어간다고 설명했다. 기업 생태계의 개념이 소비자를 엄연한 구성원으로 간주하여 새로운 관점을 제공한 것은 분명히 참신한 시도였지만, 무어가 그려낸 구도는 엄밀히 보아 생태계가 아니다. 자연 생태계는 생산자, 소비자, 분해자 등 '생명환(circle of life)'을 구성하는 생물들뿐 아니라 이들이 삶을 영위할 수 있도록 물질과 에너지를 제공하는 모든 물리적 환경을 포괄한다. 물리적 환경을 제외한 생물 공동체를 생태학에서는 군집(community)이라 일컫는다.

생태계의 개념을 도입하여 대기업과 중소기업이 '공생 발전' 하고 기업 생태계의 구성원들이 고르게 '동반 성장'하길 원한다면 모든 걸 기업 군집의 자율에 맡겨서는 안 된다. 신자유주의는 국가의 시장 개입을 비판하지만, 바람직한 물리적 환경은 시장의 구성원들이 자발적으로 만들어낼 수 있는 게 아니다. 풍요로운 군집 생태를 위한 공간, 자원, 기후 조건 등이 확보되어야 한다. 그래야 비로소 생태계가 완성된다. 국가가 직접 시장의 생물 군집 한가운데에 뛰어들어 이래라저래라 하는 것은 지극히 유치하지만, 소비자의 권익을 위해 어느 정도의 국가 개입은 불가피하다. 새해에는 우리 사회 곳곳에 훌륭한 생태계들이 많이 탄생할 수 있도록 풍성한 사회 환경이 만들어졌으면 좋겠다.

생태 개념의 남용

지금으로부터 약 600만 년 전 우리 인류의 조상이 아프리카 교목림을 떠나 초원으로 나오던 시절을 상상해보자. 아직 확실하게 직립하지 못하여 약간 구부정한 자세를 취한 채 관목과 풀숲 사이로 무서운 동물들이 다가오지 않나 늘 살피고 다녔을 것이다. 그러다가 불을 사용할 수 있게 되면서 크고 무서운 동물들의 접근을 막을 수 있게 되었고, 차츰 보다 강력한 무기를 만들면서 급기야는 거꾸로 그들을 제압할 수 있게 되었다. 일단 그들을 죽일 수 있는 능력을 확보한 다음에는 작심하고 세계 각처에서 대대적이고 조직적으로 그들을 제거하기 시작했다.

이 같은 우리의 행동 뒤에는 크고 무서운 동물은 제거해도 우리 삶에 도움이 되면 됐지 아무런 해가 되지 않으리라는 믿음이 깔려 있다. 일단 '신의 괴물'로 누명을 뒤집어쓰면 참으로 벗기 어렵다. 과수원에 피해를 주고 누전을 일으킨다는 죄목으로 우리 조상 대대로 사랑을 받던 까치도 환경부로부터 유해조수라는 선고를 받고 난 다음에는 너무도 비참하게 총탄 세례를 받고 있다.

바야흐로 멧돼지가 사형선고를 받을 즈음이다. 일부 농가에 피해를 주고 있는 것은 분명한 사실이지만 그 증거만으로 일방적인 선고를 내리는 것은 공평하지 않다. 까치가 멀쩡한 나무를 마다하고 일부러 전봇대에 둥지를 틀겠는가? 그들이 둥지를 틀 수 있는 나무들을 우리가 죄다 베었기 때문에 할 수 없이 전봇대에라도 둥지를 트는 것이다. 멧돼지의 사정도 그리 다르지 않아 보인다.

우리를 그토록 사랑하시는 그 선한 신께서 도대체 무슨 생각으로 멧돼지같이 크고 무서운 동물을 만드셨을까? 이 질문은 사실 신이 왜 우리를 만들었는가 하는 질문과 크게 다르지 않다. 그 모든 크고 흉측한 동물들을 포함하여 "바다의 고기와 공중의 새와 땅에 움직이는 모든 생물"들에게 우리 인간은 가장 무섭고 잔인한 짐승이다.

MBC에서 방송했던 「헌터스」라는 프로그램은 멧돼지와 인간의 '공존'을 내세웠다. 헌팅(사냥)과 공존은 애당초 모순되는 개념이라서 프로그램 자체가 어정쩡해졌다. 너도나도 생태의 개념을 너무 남용하고 있다. "무너져가는 대한민국의 생태계를 지키기 위해 최정예 스타군단이 나섰다!"고는 하나 올바른 개념이 선행하지 않으면 성공은 어렵다.

DMZ

남북 관계는 해빙기와 냉각기를 반복한다. 김대중 전 대통령의 장례식에 참석했던 북한 조문단이 이명박 대통령을 예방하기 위해 방문 일정을 연장하질 않나, 남북 적십자 대표들이 중단됐던 이산가족 상봉을 재개하기로 합의하기도 하지만 곧바로 차갑게 얼어붙어버리기도 한다. 그런데 한동안 꽁꽁 얼어붙었던 남북 관계가 해빙기를 맞으면 나는 도리어 걱정이 태산 같다. 다름 아닌 DMZ(비무장지대)에 대한 걱정 때문이다.

김대중 정부의 햇볕정책이 남북 간의 대화를 촉진했다는 공로는 인정하지만 결과적으로 DMZ의 자연환경에는 독이 되고 말았다. 인간의 정치적 평화는 종종 자연의 죽음을 부른다. DMZ는 이미 경의선과 동해선의 재개통으로 인해 바다와 단절된 고립 생태계가 되었다. 언젠가 통일이 되어 끊겼던 강원도와 경기도의 도로들이 모두 다시 이어지면 전 세계가 인정한 온대 지역 최상의 자연보호구역인 DMZ는 결국 수많은 작은 생태계들로 토막 나고 만다.

생태학에서는 이런 과정을 '서식처 파편화(habitat fragmentation)'라고 부른다. 동일한 면적이라도 하나의 거대한 지역으로 보호하느냐 아니면 여러 개로 잘게 쪼개느냐는 상당한 질적 차이를 낳는다. 서식처가 여러 개로 나뉘면 핵심 구역 즉 깊은 숲은 사라지고 변방 지역만 잔뜩 늘어나, 훼손된 생태계에서 흔히 보이는 기회주의적 생물들은 늘어날지 모르지만 두루미, 저어새, 늑대, 표범 등 정작 보호하고 싶은 큰 동물들은 살아남지 못한다. 우리 정부는 그동안 우리나라를 세계적인 관광대국으로 만들기 위해 많은 노력을 기울여왔다. 하지만 중국과 일본 사이에서 이는 결코 쉬운 문제가 아니다. 그나마 우리가 가진 가장 큰 매력은 역시 DMZ가 갖고 있는 엄청난 생물다양성과 다분히 역설적이지만 한 많은 역사적 배경이다.

지난 2009년에 열린 'DMZ 국제 심포지엄'에 동영상 축하 메시지를 보내온 하버드대학의 생물학자 에드워드 윌슨 교수는 DMZ를 게티즈버그역사공원과 요세미티국립공원을 합쳐놓은 21세기 세계 최고의 생태평화공원으로 만들 것을 제안하기도 했다. 그렇게만 한다면 나는 세계의 관광객들이 우리나라로 구름같이 몰려올 것이라고 확신한다. DMZ를 통째로 보전하자는 계획이 꼭 남북정상회담의 어젠다가 되길 기대한다.

생물다양성의 해

「창세기」 1장 28절에 따르면 하느님께서는 우리 인간을 만드시며 "생육하고 번성하여 땅에 충만하라, 땅을 정복하라, 바다의 고기와 공중의 새와 땅에 움직이는 모든 생물을 다스리라"고 하셨다. 우리에게 자연에 대한 소유권은 물론 그것을 정복하고 관리할 자격을 주신 것이다. 하느님이 이르신 대로 우리는 농업혁명과 산업혁명을 일으키며 성공적으로 생육하고 번성하여 실로 이 땅에 충만하기에 이르렀다. 그러나 우리에게 부여하신 지구의 주인 내지는 자연 파수꾼의 역할을 생각하면 우리는 천벌을 받아 마땅하다.

지난 세기 말 미국 뉴욕자연사박물관은 여론조사기관 해리스에 의뢰하여 저명한 과학자 400명을 대상으로 설문조사를 실시했다. 그들이 지적한 우리 시대의 가장 심각한 문제는 다름 아닌 생물다양성의 감소 및 고갈이었다. 생물다양성이란 자연계의 모든 조직 수준에 존재하는 모든 생명 형태의 다양성을 총칭한다. 따라서 어느 특정 지역의 생물다양성은 그곳에 사는 종은 물론 생태계와 유전자의 다양성까지 포괄한다.

현재 생물학자들이 기재한 지구의 생물종은 거의 200만에 이른다. 이는 1000만이 넘을 것으로 추정되는 지구 전체의 생물다양성에 비해 턱없이 초라한 실적이다. 우리가 찾아내어 이름을 붙여주기도 전에 사라지는 생물이 너무도 많아 안타깝다. 하지만 사람들은 종종 모든 생태계마다 다양한 생물들이 꼭 있어야 하느냐고 묻는다. 우리 강에서 쉬리나 줄납자루가 사라진다 해도 아직 피라미와 붕어가 있는데 무슨 일이 일어나겠느냐고 반문한다.

직육면체 모양의 나무토막 54개를 18층으로 쌓은 다음 무너지지 않도록 조심하며 하나씩 빼내는 '젱가'라는 게임이 있다. 젱가 게임에서 어느 나무토막을 빼야 전체가 무너지는지 모르듯이 우리는 아직 어느 종이 사라지면 생태계가 붕괴하는지 알지 못한다. 인간이 다스린 생태계치고 생물다양성이 제대로 유지된 곳을 찾기 어렵다. 우리 DMZ가 세계적인 생물다양성의 보고가 될 수 있었던 것은 오로지 인간의 접근이 배제되었기 때문이었다. 이정록 시인은 "마을이 가까울수록 나무는 흠집이 많다"고 했다.

2010년은 유엔이 정한 '생물다양성의 해'였다. 슬기로운 자연 파수꾼이 되는 방법을 모두 함께 고민해보자는 취지로 시작한 것이었지만 한 해로 모자란다는 걸 깨달은 유엔은 아예 2011년부터 2020년까지를 '생물다양성의 10년'으로 정했다. 진정으로 실속 있는 10년이 되었으면 좋겠다.

생물다양성의 날과 '나고야 의정서'

매년 5월 22일은 유엔이 제정한 '세계 생물다양성의 날'이다. 생물다양성의 감소를 막기 위한 전략에는 보존(保存)과 보전(保全)의 두 가지가 있다. 이 둘은 사실 너무나 비슷하여 애써 구분하기 어렵지만, 보존은 현 상태를 그대로 잘 보호한다는 뜻이 강하여 영어로 하면 'preservation'에 가깝고, 보전은 온전하게 유지한다는 뜻의 'conservation'과 흡사하다. 개인적으로 나는 잘 간수하여 후손에 물려주자는 의미의 '保傳'을 선호한다.

원래 환경보호 관련 정책과 운동은 자연경관이 특별히 훌륭한 지역을 인간의 활동으로부터 격리하여 보호하자는 방식으로 시작했다. 이를테면 국립공원을 지정하여 보호하는 방식이다. 그러나 적어도 미국에서는 요세미티나 옐로스톤국립공원을 방문할 수 있는 사람들이 결국 상당한 재력을 갖춘 사람들뿐이라는 점에서 시민 평등의 원칙에 위배된다는 비난이 일기 시작했다. 자연자원도 공평하게 활용할 수 있어야 한다는 정신에 입각하여 단순한 보존보다는 보전을 추구해야 한다는 목소리가 높아진 것이다.

국가 간의 생물다양성의 활용도 처음에는 생물자원을 인류 공동의 자산으로 인식하여 자유로운 접근과 이용이 가능했다. 하지만 1992년 '생물다양성 협약(Convention on Biological Diversity)'이 채택되면서 선진국의 일방적인 생물자원 이용에 제동이 걸리고 생물자원에 대한 국가의 주권이 인정되었다.

생물다양성 협약 제15조에 따르면 생물유전자원의 접근에는 사전 승인이 필요하고 자원의 이용으로부터 발생하는 이익을 공정하고 공평하게 공유해야 한다. 국가 간의 평등이 확립된 것이다. 2010년 제10차 당사국총회에서는 이 같은 내용을 확정하여 이른바 '나고야 의정서'를 채택했다.

나고야 의정서를 준수하면 언뜻 우리나라는 늘 손해만 볼 것처럼 생각하기 쉽다. 열대국가에 비할 바는 아니지만 몬순기후와 반도라는 지형 덕에 우리나라의 생물다양성은 면적에 비해 퍽 높은 편이다. 개미만 보더라도 남한에만 135종이 살고 있는데, 이는 영국이나 핀란드의 세 배나 되는 다양성이다. 남의 생물자원을 부러워만 하지 말고, 다시는 '미스김라일락'(우리나라 고유종 식물이었으나 외국으로 반출되어 품종개량이 이루어졌고 현재는 역수입되고 있다)과 같은 꼴을 당하지 않도록 우리도 우리의 생물주권을 잘 지켜야 할 것이다.

루소와 돌고래 제돌이

2012년 6월 28일은 장 자크 루소가 태어난 지 300년이 되는 날이다. '감상적 인도주의'와 '고상한 야만인(noble savage)'의 환상에 빠진 순진무구한 철학자라는 등 삶과 사상이 일치하지 않은 위선자라는 등 비판도 많이 받았지만, 인류 정치사회사에서 그만큼 확실한 영향을 미친 사상가는 그리 많지 않다. "자연으로 돌아가라"는 그의 간결해서 더욱 강력한 언명 덕택에 우리는 어설픈 계몽주의를 앞세운 무분별한 개발정책에 반기를 들 수 있게 되었다. 이것 하나만으로도 그는 충분히 위대한 사상가이다.

나는 지금 '제돌이 야생 방류 시민위원회'의 위원장을 맡고 있다. 지난 3월 서울대공원 돌고래쇼에 출연하고 있는 남방큰돌고래 제돌이가 제주 앞바다에서 불법으로 포획되었다는 사실을 접한 박원순 서울 시장이 단호하게 야생 방류를 결정하면서 돌고래 전문 연구자들과 시민운동가들을 주축으로 위원회가 만들어졌다. 드디어 우리나라도 성숙한 시민의식을 갖춘 선진국으로 발돋움하고 있다는 확실한 증거이다. 우리 역사를 통틀어 애써 잡은 야생동물을 정중하게 그의 고향으로 되돌려 보내는 건 이번이 처음이다.

『사회계약론』에서 루소는 "인간은 본래 자유롭게 태어난 존재인데 도처에서 사슬에 묶여 있다"고 관찰했다. 나는 이 말을 새삼 유비(類比)의 수준이 아니라 말 그대로 음미해본다.

돌고래는 잠자는 8시간을 뺀 온종일을 보통 시속 8킬로미터로 유영하는 동물인 만큼 하루 이동 거리가 손쉽게 100킬로미터를 넘는다. 그런 동물을 담아둘 만큼 큰 콘크리트 박스를 나는 아직 본 적이 없다. 조그만 연못에서 올챙이를 잡아 어항에 담아 기르는 것과 고래를 수족관에 가두는 것은 근본적으로 다른 일이다.

지난 5월 9일 영국의 본프리재단(Born Free Foundation)은 터키의 어느 호텔 수영장에서 구출해낸 병코돌고래 톰(Tom)과 미샤(Misha)를 2년간의 재활훈련 끝에 터키 앞바다에 방류하는 데 성공했다. 이들이 자유를 찾아 검은 바닷물 속으로 헤엄쳐 나가는 유튜브 동영상은 몇 번을 되풀이해 보아도 가슴을 뭉클하게 한다. 야생으로 돌아가 다른 돌고래들과 함께 지중해를 질주하는 그들의 모습을 위성사진으로 보는 감흥도 남다르다. 제돌아, 너도 어서 자연으로 돌아가라.

생태 재앙

2011년에는 새해 벽두부터 세계 곳곳에서 날아드는 동물들의 떼죽음 소식에 마음이 무거웠다. 새해 첫날에는 미국 아칸소 주에서 무려 1000마리의 찌르레기가 죽어 떨어졌고, 1월 8일에는 루마니아에서도 수십 마리의 찌르레기가 어느 공원 근처에 떨어져 나뒹굴고 있는 게 발견되었다. 시카고 인근 미시간 호 연안에는 전어 수천 마리가 떠밀려 왔고, 영국 켄트 지방의 해안에는 수만 마리의 게와 불가사리의 사체가 널브러졌다.

성급한 사람들은 앞다퉈 지구의 종말을 운운한다. 하지만 이런 생태 재앙은 어제오늘의 일이 아니다. 「출애굽기」 7~11장에는 모세가 이스라엘 민족을 구할 수 있도록 여호와가 이집트에 내린 각양각색의 생태 재앙들이 묘사되어 있다. 성경이 무릇 역사 기록이라면 이들은 모두 실제로 일어난 재앙들일 가능성이 크다. 엄청난 수의 개구리들이 강과 운하에 넘쳐나며 떼죽음을 당해 악취가 진동하고, 집집마다 파리 떼가 들끓고, 메뚜기 떼가 나타나 난데없는 우박으로 이미 쑥대밭이 된 밭의 채소와 나무 열매를 죄다 먹어 치웠다. 또한 "생축 곧 말과 나귀와 약대(낙타)와 우양(소와 양)"에 심한 악질(惡疾)을 내리고, 급기야는 "위에 앉은 바로의 장자로부터 맷돌 뒤에 있는 여종의 장자까지와 모든 생축의 처음 난 것"을 죽여 "전국에 전무후무한 곡성"이 끊이지 않았다.

우리나라에도 툭하면 강과 호수의 물고기들이 집단으로 폐사하여 둥둥 떠오르고 천연기념물인 독수리마저 심심찮게 떼죽음을 당한다. 이런 일이 일어날 때마다 「묵시록」을 들먹이며 드디어 하느님이 우리를 벌하시는 것이라고 호들갑을 떨 필요는 없을지 모르지만, 이게 어쩌면 우리 스스로 저지른 짓은 아닐까 짚어봐야 한다. 일단 조류독감을 의심하며 부검해본 결과 루마니아의 찌르레기들은 농부들이 포도주를 걸러내고 버린 찌꺼기를 먹고 알코올 중독으로 죽은 것이란다.

최근에 번역된 『식량의 종말』의 저자 폴 로버츠(Paul Roberts)는 우리나라 전역을 휩쓸었던 구제역과 조류독감의 원인을 대규모 공장식 집단 사육에서 찾는다. 바이러스의 공격이야 늘 있는 것이지만 이 같은 대규모 발병은 대체로 우리 인간의 탐욕이 자연 생태계의 섭리를 거스르며 자초한 일이다. 과유불급(過猶不及), 즉 지나침은 못 미침과 같다 했다. 자연은 끝내 중용의 덕을 지킨다.

도자기의 역사

2012년 6월 29일자 과학저널 『사이언스』에는 도자기의 역사를 거의 2만 년 전으로 밀어올리는 논문이 실렸다. 하버드대 인류학과의 바요세프(Ofer Bar-Yosef) 교수가 이끄는 미국 연구진과 중국 베이징대 연구진은 중국 장시성(江西省) 시안렌동(仙人洞) 동굴에서 발견한 도자기 조각들이 지금으로부터 1만9000~2만 년 전에 만들어진 것이라는 연구 결과를 발표했다. 이는 종전의 도자기 발견 연대를 적어도 2000~3000년 앞당긴 결과이다.

고고학자들은 그동안 우리 인류가 농경을 시작하면서 도자기를 만들어 사용했다는 설명을 정설로 받아들이고 있었다. 오랫동안 최초의 도자기는 지금의 이란 지역에 살던 사람들이 약 9000년 전 진흙으로 빚은 다음 햇볕에 말려 단단하게 만들어 사용한 토기로 알려져 있었다. 그러다가 1960년대 중반 뜻밖에도 일본에서 기원전 1만500년경에 제작된 것으로 추정되는 즐문토기가 발견되었다. 비슷한 시기에 사하라 사막 이남에 살던 아프리카 사람들도 토기를 만들어 사용한 것으로 밝혀졌다.

이 발견들로 인해 농경과 도자기의 관계는 서서히 무너지기 시작했다. 왜냐하면 토기를 사용하던 일본과 아프리카 사람들은 모두 농경이 아니라 수렵채집 생활을 하던 사람들이었기 때문이다. 이번 『사이언스』 논문은 도자기의 사용과 수렵채집 생활의 관계를 더욱 공고하게 해주었다. 탄소연대측정법에 의해 인류가 농경을 시작한 때보다 무려 1만 년 전에 만들어진 도자기임이 밝혀진 것이다.

바요세프 교수와 하버드대 인류학과에 함께 있다가 몇 년 전 '인간진화생물학과'라는 신설 학과를 만들어 독립한 영장류학자 리처드 랭엄(Richard Wrangham)은 그의 근저 『요리 본능』에서 단순히 불의 소유가 아니라 불을 이용한 요리의 발명이 우리를 진정한 만물의 영장으로 만들어주었다는 주장을 펼친다. 불의 발견이 요리에 필수적이었지만 도자기의 발명이 수반되지 않았다면 우리의 요리는 기껏해야 꼬치구이 수준을 넘어서지 못했을 것이다. 도자기가 그저 식량을 보관하는 데 그친 게 아니라 요리를 하는 데 사용되었다는 확실한 증거가 발견되었다. 이번에 발견된 몇몇 도자기 조각들에는 불에 그슬린 흔적이 역력했다고 한다. 빙하기 사람들도 아마 곰국을 즐겨 먹었던 모양이다.

온실기체

언제부터인가 단 하루라도 '기후변화'라는 말을 듣지 않고 넘어가는 날이 없는 것 같다. 기후변화는 이제 가히 우리 시대 최대의 화두가 되었다고 해도 지나침이 없어 보인다. 기후변화는 다른 이슈들처럼 잠시 뜨겁게 달아올랐다 식어버릴 화두가 아니다. 적어도 이 글을 읽고 있는 사람이라면 모두 관에 들어가는 순간까지 귀에 못이 박일 정도로 듣게 될 거대 화두라고 생각한다.

2008년 2월 22일 우리나라 환경재단은 기후변화 문제를 본격적으로 연구하고 교육할 목적으로 기후변화센터를 만들었다. 영국은 2000년에 옥스퍼드·케임브리지 대학 등 7개 대학의 기후변화 연구센터들을 묶어 아일랜드 출신의 19세기 물리학자 존 틴덜(John Tyndall)의 이름을 딴 틴덜센터를 설립했다. 틴덜은 1859년 5월 18일 영국 왕립과학연구소 지하에 있는 그의 연구실에서 실험을 끝낸 후 일지에 다음과 같이 적었다. "하루 종일 실험을 수행했다. 확실한 증거를 손에 쥐었다." 그는 오늘날 우리가 온실기체(greenhouse gas)라고 부르는 수증기·이산화탄소·아산화질소·메탄·오존 등이 각각 일정량의 방사선을 흡수한다는 사실을 최초로 확인한 것이다. 온실기체는 지표면에서 반사되어 대기권 밖으로 빠져나가는 열을 흡수하여 지구의 온도를 적절하게 유지해주는 역할을 한다. 만일 온실기체가 없다면 온도가 33도나 낮아져 지구는 하나의 거대한 얼음 덩어리로 변하고 만다.

그러나 아무리 좋은 것도 지나치면 해로운 법이다. 18세기 중반까지 거의 변함이 없던 대기 중 이산화탄소의 농도는 산업혁명 이후 지금까지 2세기 반 동안 무려 1.7배나 증가했다. 이산화탄소는 일단 공기 중에 배출되면 수만 년 이상 머물며 지구온난화를 부추길 수 있다. 그래서 지금 과학자들은 이미 배출된 이산화탄소를 포집하는 방안을 열심히 궁리하고 있다. 틴덜의 연구로부터 1세기 반이 흘렀건만 아직 우리는 획기적인 방법을 찾지 못하고 있다. 나는 요즘 '아주 불편한 진실과 조금 불편한 삶'이란 제목의 강연을 하러 다니느라 바쁘다. 과학자의 연구는 물론 계속되어야 하지만, 그보다 먼저 우리의 삶이 변해야 한다. 우리의 삶이 지금보다 조금 불편해지더라도 온실기체의 배출을 막아야 한다.

불편한 진실

여름이면 전국이 불볕에 몸살을 앓는다. 연속되는 열대야는 기록 갱신 중이다. 근래 보기 드물게 추운 겨울을 지나도 더위에 지쳐 까맣게 잊는다. 추위에 벌벌 떨 때는 지구온난화가 전부 사기라고 목청을 돋운다. 자기 땅도 아닌 곳을 보여주며 사기로 은행 대출을 받아 재산을 모았노라고 공공연하게 떠들어대는 부동산 거부 도널드 트럼프는 앨 고어의 '불편한 진실'이 사기라며 그의 노벨 평화상을 회수해야 한다고 주장하며 스스로 무식을 드러낸다.

2010년 아주 추운 겨울에 『조선일보』 한삼희 논설위원은 그의 환경칼럼에 금년 기온이 '오른다'에 내기를 걸겠다고 썼다. 나도 공개적으로 하진 않았지만 주저 없이 그에게 돈을 걸었다. 세계 기상관측 자료를 종합해볼 때 지난 130년간 가장 더웠던 10개의 해에 1998년과 더불어 2000년대에서 적어도 8~9개가 꼽힌다. 이런 도도한 경향성에 비춰볼 때 2010년이 더울 것이라고 예측하는 것은 그리 어려운 일이 아니었다.

기후변화 분야는 특별히 내홍이 심한 연구 분야라는 인상을 주기 십상이다. 지구온난화를 뒷받침하는 자료들이 실로 엄청나게 많건만, 어쩌다 비판적인 의견이 나오면 언론매체들이 앞다퉈 그걸 대서특필하는 바람에 일반 대중은 기후변화 학계가 양분되어 있는 줄로 착각하는 것 같다. 2007년 '기후변화에 관한 정부 간 협의체(IPCC)'의 보고서에 들어 있는 그 수많은 자료 중에서 그저 몇 개에 오류가 발견되었다고 해서 마치 기다렸다는 듯 호들갑을 떠는 일부 과학자들의 인기 영합 행태야말로 정말 비난받아 마땅하다.

미국 국립해양대기청(NOAA)은 최근 세계 48개국의 과학자 303명이 참여한 공동연구의 결과를 발표했다. 이 보고서에 따르면 1980년부터 지금까지의 기온 변화를 10년 단위로 나눠볼 때, 매 10년의 평균기온은 그 이전 10년보다 분명히 높아졌다. 보고서는 또한 지구온난화에 대한 명확한 증거로 모두 10가지를 제시했다. 대류권의 기온과 습도의 상승, 해수면의 온도를 포함한 전반적인 해상 기온의 상승과 해양의 열함유량 증가, 급격한 융빙(融氷)과 해수면 상승 등 그동안 우리가 지구온난화의 현상으로 의심해온 거의 모든 증거들에 그야말로 "의심의 여지가 없단다(undeniable)." 기후변화의 진실은 몇 년 전 고어가 얘기한 것보다 훨씬 더 불편하다.

글로벌 디밍

지구온난화라는 뜻의 영어 표현인 '글로벌 워밍(global warming)'은 이제 우리 사회에서 거의 일상용어가 된 지 오래지만 '글로벌 디밍(global dimming)' 즉 '지구차광화(地球遮光化)'에 대해 아는 사람은 그리 많지 않아 보인다. 화석 연료를 태우면 이산화탄소나 메탄 같은 온실기체가 발생하여 지구온난화를 일으키지만, 아울러 이산화황, 매연, 미세 먼지 등을 만들어내 구름의 속성을 변화시키기도 한다.

구름은 먼지나 꽃가루와 같은 공기 중의 미세 입자에 작은 물방울 입자들이 들러붙어 만들어진다. 그런데 오염된 공기에 의해 만들어지는 구름에는 미세 입자들이 훨씬 더 많기 때문에 태양광을 그만큼 더 많이 외계로 반사한다. 지구차광화가 진행됨에 따라 충분한 태양 광선이 지구의 표면에 다다르지 못하게 된다는 얘기이다.

지구차광화를 일으키는 원인의 하나로 항공기 배기기체로 인해 생성되는 비행운도 의심을 받고 있다. 아무리 비행기가 많이 날아다닌다지만 그 정도로 영향을 미칠까 의구심이 생긴다면 기상학자들이 우연히 관찰한 연구 결과에 주목할 필요가 있다. 2001년 '9·11 테러 사건'이 일어난 직후 3일 동안 전 세계적으로 항공기의 운항이 전면 중단된 적이 있었다. 그 3일 동안 놀랍게도 지구의 온도가 무려 1도나 올라갔다.

2011년 여름 우리나라 통계청은 한반도의 지구온난화 속도가 세계 평균의 두 배에 이른다고 발표한 바 있다. 1912~2005년 동안 세계 평균온도는 0.74도가 증가했는데 우리나라의 기온은 1912~2008년 동안 1.7도나 상승한 걸로 나타났다. 이어서 나온 우리 과학자들의 연구에 따르면 대도시의 열섬 효과가 가장 큰 원인으로 보인다. 하지만 나는 지구차광화도 원인의 하나로 연구해야 한다고 생각한다.

오로지 지구차광화의 진전만 막으려는 노력을 기울이다 보면 자칫 지구온난화를 더욱 부채질하는 결과를 빚을 수 있다. 금년 여름 북극의 얼음이 예상보다 훨씬 많이 녹은 것도 1970년부터 세계 각국이 채택한 대기오염방지법과 무관하지 않아 보인다. 환경부와 서울시의 꾸준한 노력으로 대기질이 향상됨에 따라 한반도의 기온이 최근 들어 급격하게 증가했을 가능성을 제기하고 싶다. 기후변화에 대한 연구는 이제 워밍과 디밍을 함께 다뤄야 한다.

생태 엇박자

지난 몇 년간 우리 집 마당의 목련은 동네 다른 집 목련들보다 줄잡아 며칠씩 일찍 꽃망울을 터뜨렸다. 아내와 나는 우리 집이 동네에서 가장 양지바른 터를 가졌다고 으스대고 산다. 하지만 그러다 보니 우리 목련은 지난주 초에 이미 꽃잎들을 죄다 떨구고 말았다.

최근 기상청 발표에 따르면 1978년부터 2008년까지 30년 동안 우리나라의 대표적인 봄꽃인 개나리·진달래·벚꽃의 개화일이 6~8일 정도 빨라졌다고 한다. 지구온난화의 영향으로 식물의 개화 시기가 빨라지고 생장이 촉진되는 현상은 그 자체만 놓고 보면 그리 나쁜 것만은 아닌 듯싶다. 농작물의 생장기가 길어지면 그만큼 수확량도 늘 것이니 말이다. 남한의 경우 벼를 이모작할 수 있는 논의 면적이 벌써 90만 헥타르에 이른다고 한다.

하지만 개화 시기가 빨라지는 것은 지구온난화에 따른 온갖 불길한 변화들을 예고하는 조종(弔鐘)이다. 네덜란드 생태학자들은 2006년 5월 4일 과학저널 『네이처』에 네덜란드의 알락솔딱새가 지난 20년간 일부 지역에서는 최고 90퍼센트가량 감소했다고 보고했다.

기온이 상승함에 따라 식물의 잎은 점점 더 일찍 돋아나고 그를 갉아먹으려는 곤충의 애벌레들도 예전보다 일찍 등장하는데 강남 갔던 알락솔딱새는 예나 지금이나 여전히 같은 날 돌아온단다. 그러니 아무리 서둘러 짝짓기를 해도 새끼들이 알을 깨고 나올 즈음이면 벌써 상당수의 애벌레는 사라지고 없는 것이다.

지구온난화로 인한 '생태 엇박자(ecological mismatch)'가 여기저기서 일어나고 있다. 덴마크 제비들의 경우에는 지난 33년간 수컷들은 점점 더 일찍 돌아오는데 암컷들은 여전히 느긋하단다. 독수공방에 정든 임 기다리는 수컷들이 안쓰럽다. 기후는 고삐 풀린 망아지처럼 날뛰는데 생물들은 아직 그 리듬에 맞는 춤을 추지 못하고 있다.

꿀벌이 사라지고 있다. 제2차 세계대전 당시 약 600만 개나 되던 미국의 벌통이 2005년에는 240만 개로 감소했다. 세계 식량의 3분의 1이 곤충의 꽃가루받이에 의해 생산되며 그 임무의 80퍼센트를 꿀벌이 담당한다.

이대로 가다간 정말 언젠가 꽃들은 모두 나와 헤벌쭉 웃고 있는데 벌들은 전혀 잉잉거리지 않는 '침묵의 봄'이 올지도 모른다. 갑자기 일찍 피고 져버린 우리 집 목련이 야속스럽다.

물 부족 국가?

매년 3월 22일은 '세계 물의 날'이다. 해마다 이맘때면 어김없이 듣는 얘기가 있다. 우리나라가 '유엔이 정한 물 부족 국가'라는 얘기. 하지만 분명히 해두자. 유엔은 한 번도 대한민국을 가리켜 '물 부족 국가'라고 말한 적이 없다. 오래전 미국의 국제인구행동연구소(PAI)가 내놓은 유치하기 이를 데 없는 분석 결과를 우리 정부가 계속 재탕하고 있다. 그들은 한 국가의 연평균 강수량을 인구수로 나눠 일인당 강수량을 계산했다. 우리나라의 연평균 강수량은 세계 평균을 거의 20~30퍼센트나 웃도는데 워낙 좁은 땅에 많은 사람들이 모여 살다 보니 인구수로 나누면 졸지에 사막국가 수준으로 떨어진다. 그런 걸 분석이라고 내놓다니 참으로 어처구니없는 일이다.

3월 22일은 또 '세계 기상의 날'이기도 하다. 앞으로 지구온난화의 영향으로 우리나라의 강수량은 점점 더 늘어날 것으로 보인다. 우리는 물 부족 국가가 아니라 '물 낭비 국가'이다. 일년 중 매우 짧은 기간에 집중하여 쏟아지는 강수를 잘 관리해야 하는 '물 관리 필요 국가'이기도 하다. 그렇다고 해서 댐과 보를 건설하는 것만이 정답은 아니다. 정부와 민간이 힘을 합해 누수 방지와 물 절약 정책으로 수자원 활용의 극대화를 꾀하는 유럽 국가들로부터 배울 게 많아 보인다.

지난 몇 년간 우리나라를 세 차례나 방문한 세계적인 침팬지 연구가이자 환경운동가인 제인 구달 박사는 음식점에 들어가 앉기 무섭게 얼른 물컵부터 뒤집었다. 그러곤 물을 따르러 온 종업원에게 물은 꼭 필요하다고 요청하는 사람에게만 따라주라고 신신당부했다. 지금 세계에는 줄잡아 9억 명의 사람들이 깨끗한 물을 마시지 못하고 있는데 다 마시지도 않을 물을 컵 가득 채워주는 일은 죄악이라는 것이다.

『물의 미래』의 저자 에릭 오르세나(Erik Orsenna)는 묻는다. "굶어 죽을 것인가? 목말라 죽을 것인가?" 미래학자들은 이번 세기 동안 물 전쟁이 일어날 것이라고 입을 모은다. 메콩 강, 요단 강, 나일 강 등 여러 나라를 거쳐 흐르는 강들은 그야말로 태풍의 눈이다. 우리는 참으로 복을 넘치도록 받은 나라이다. 우리의 강은 모두 우리 땅에서 시작하여 우리 바다로 흐른다. 우리끼리만 잘 합의하여 보전하면 슬기롭게 물의 위기를 넘길 수 있다. 물 문제야말로 사회 통합의 중요한 과제이다.

해류

2011년 3월 거대한 지진 해일로 인해 일본 후쿠시마 원전의 냉각수가 감소하며 방사성 물질이 누출되는 끔찍한 사고가 일어났다. 다행히 편서풍 덕택에 대부분의 오염물질은 일본의 동쪽으로 이동했지만 드물게나마 편서풍대가 남북으로 물결 치는 이른바 '편서풍 파동'이 일면 서쪽으로 이동할 수도 있기 때문에 우리 기상청은 촉각을 곤두세울 수밖에 없었다. 2011년 4월 4일부터는 일본 도쿄전력이 후쿠시마 원전에서 나온 방사능 오염수 1만여 톤을 예고도 없이 바다에 흘려버리는 몰지각한 일을 저질렀다. 그래서 국립수산물품질검사원은 모든 수입 수산물과 우리 원양어선이 잡아오는 수산물에 대해 일일이 방사능 검사를 해야 했다.

그러나 소비자들의 불안은 이제 한반도 연안에서 잡히는 어류로까지 번지고 있다. 일본 동쪽 바다의 오염된 바닷물 또는 어류가 우리 근해로 넘어올 가능성을 염려하는 것이다. 후쿠시마 연안에는 북태평양에서 남하하는 쿠릴 해류가 흐른다. 이 해류는 도쿄 동북부 앞바다에서 남쪽에서 올라오는 쿠로시오 해류를 만나 태평양 동쪽으로 밀려가다 북미 대륙에 다다르면 대부분 캘리포니아 해류를 타고 남하한 다음 북적도 해류를 따라 서진하여 다시 쿠로시오 해류에 합류한다. 쿠로시오 해류는 그 일부가 갈라져 나와 우리나라 동해로 유입되지만 대부분은 일본 동쪽 연안을 따라 북상한다.

나폴레옹이 유배되어 죽어간 세인트헬레나 섬은 남대서양 한가운데에 있다. 일단 유럽에서 엄청나게 멀기도 하지만 그곳을 유배지로 정한 또 다른 이유는 해류의 방향 때문이었다. 나폴레옹이 설령 뗏목이라도 만들어 탈출을 시도하더라도 그의 뗏목이 거의 확실하게 남적도 해류를 타고 남미 대륙의 남단을 향해 밀려갈 것이라는 사실을 잘 알고 있었다. 해류의 도도한 흐름을 거스르기는 거의 불가능한 일이다.

하지만 지구온난화의 재앙을 다룬 영화 「투모로우」는 그린란드의 빙하가 녹아 북해로 흘러들면 바닷물의 온도가 급격히 떨어지면서 해류의 방향이 바뀌어 뉴욕 시가 빙하로 뒤덮일 수 있다는 설정을 담고 있다. 영화처럼 그런 일이 불과 며칠 사이에 벌어질 리는 없지만 이 같은 시나리오는 이미 기상학자들에 의해 여러 차례 제기되었다. 인재로 인한 온갖 환경 재앙이 지구촌 곳곳에서 고삐를 풀어버리려는 망아지들처럼 날뛰고 있다.

시간

장자는 「지북유(知北遊)」편에서 인생의 덧없음이 마치 달리는 흰 망아지를 문틈으로 보는 것과 같다며 "백구지과극(白駒之過隙)"이라 했다. 하지만 옛 사람들은 이와 상관없이 느긋하게 살았던 것 같다. 하루를 넉넉하게 열두 토막으로 나눴다. 그래서 "오시(午時)에 보세"라고 하면 오전 11시에서 오후 1시 사이에 만나자는 얘기였다. 요즘처럼 그저 5분 늦었다고 닦달하는 게 아니라 한두 시간은 여유롭게 기다려주었다.

우리는 원래 시간을 지구의 자전에 기반하여 측정하다가 자전 속도의 불규칙함을 인식하고 1960년 국제도량형총회에서 지구의 공전 속도에 기초한 초를 시간의 기본 단위로 채택했다. 그러다가 1967년부터는 세슘 원자가 9,192,631,770번 진동하는 시간을 1초로 정의한 이른바 '원자초'를 세계 각국이 표준시로 쓰고 있다. '세슘원자시계'는 30만 년에 1초밖에 틀리지 않는 정밀한 시계이다.

하지만 보다 정밀한 시계를 만들려는 인간의 노력은 여전히 현재진행형이다. 2008년 7월 한국표준과학연구원은 기존의 세슘원자시계보다 10배나 더 정확한 KRISS-1을 개발해냈다. 그러나 지금 세계에서 가장 정밀한 시계는 2010년 2월 미국표준기술연구소가 내놓은 제2의 '양자논리시계(quantum logic clock)'이다. 알루미늄 원자를 이용하여 만든 것으로 오차의 범위가 37억 년에 1초밖에 되지 않는 초정밀 시계이다.

올림픽 경기를 보고 있노라면 손목에 차고 있는 시계가 남세스럽다. 평소 우리는 기껏해야 초 단위로 생활하고 있는데 올림픽에서는 1초의 100등분 단위 하나 둘로 메달의 색깔이 바뀐다. 『채근담』에 보면 명나라 학자 홍자성은 "부싯돌 불빛 속에서 길고 짧은 것을 다툰들 그 시간이 길면 얼마나 길겠는가?"라고 물었다지만, 그때부터 불과 4세기 남짓의 짧은 기간 동안에 우리는 이제 부싯돌 불빛도 가늘게 쪼개어 들여다볼 수 있게 되었다.

우리 일상생활에서 사용하는 시계가 만일 1초의 100 또는 1000분의 1까지 잰다면 과연 무슨 일이 벌어질까 생각만 해도 끔찍하다. 사실 그 옛날에는 휴대용 시계가 없어서 '오시'를 대충 해가 중천에 떠 있을 무렵으로 넉넉하게 받아들일 수밖에 없었으리라. 때론 무지가 여유를 허한다.

소리 화석

2010년에 작고한 시카고대학의 괴짜 진화생물학자 리 밴 베일런(Leigh Van Valen)은 숱한 이야깃거리를 남겼다. 그에 대해 내가 들은 이야기 중 가장 황당한 것은 그가 어느 학회에서 실제로 재현했다는 공룡의 구애 노래에 관한 이야기였다. 강연장 가득 모여 앉아 그의 기조강연을 기다리던 사람들은 갑작스러운 쿵 소리에 모두 뒤를 돌아보았단다. 거기에는 두툼한 백과사전을 집었다 떨어뜨렸다 하는 행동을 반복하며 걸어오는 긴 수염의 노교수가 있었는데 그가 바로 밴 베일런 교수였다. 단상에 오른 그는 다짜고짜 "이것이 그 옛날 공룡들이 걸을 때 나던 소리다"라고 하더란다. 영화 「쥐라기 공원」에서 티라노사우루스가 접근할 때 컵 속의 물이 흔들리며 나던 소리를 떠올리면 여기까지는 들어줄 수 있다. 하지만 그는 이어서 거의 괴성에 가까운 난해한 곡조 하나를 읊어대곤 그게 공룡이 구애할 때 내던 소리라는 것이었다. 공룡이 지구에서 사라진 게 적어도 6500만 년 전이고 우리 현생인류가 등장한 게 겨우 25만 년 전의 일인데, 도대체 그가 무슨 재주로 공룡들의 노랫소리를 들었단 말인가?

우리는 여전히 공룡들이 어떤 소리를 냈는지 알지 못한다. 그러나 최근 그들이 들었을지도 모르는 여치의 소리를 재현해 낸 과학자들이 있다. 2012년 2월 6일자 『미국과학한림원회보(*PNAS*)』에 실린 논문에서 중국의 고생물학자들과 유럽의 생물역학자들은 특별히 잘 보전된 중생대 여치 화석의 미세구조를 바탕으로 그 옛날 그들이 냈음직한 소리를 재생했다고 보고했다. 화석 여치의 날개에 돋아 있는 발음기관의 돌기 구조를 59종의 현생 여치들의 구조 및 소리와 비교하여 유추해낸 소리는 6400헤르츠의 고음이었다. 이는 현재 우리가 사용하는 피아노의 오른쪽에 흰 건반 네 개를 추가해야 낼 수 있는 소리이다. 공룡들의 고막이 성할 날 없었을 듯싶다.

연구자들에 따르면 지금으로부터 1억6000만 년 전 중생대 숲에는 폭포와 바람 소리를 배경으로 이미 곤충과 개구리들의 합창이 흐드러졌을 것이란다. 이번 여름 숲 속에서 여치들의 노랫소리를 들으면 그 옛날 그곳을 배회하던 공룡들도 함께 떠올려보기 바란다. 연주자는 그대로인데 세월이 흐르며 청중만 바뀐 셈이다. 누가 그랬던가, 삶은 짧지만 예술은 영원하다고.

공룡과 운석

지구의 역사에는 적어도 다섯 차례의 대멸종 사건이 있었다. 그 중 가장 최근에 벌어진 것은 지금으로부터 약 6500만 년 전 거대한 공룡들을 한꺼번에 쓸어버린 사건이었다. 1980년 알바레스(Alvarez) 부자가 제창한 이 가설에 따르면 거대한 운석이 지구에 떨어져 그 충격으로 들뜬 먼지들이 햇빛을 가려 광합성을 할 수 없게 된 식물들이 죽고, 그 식물을 먹고 살아야 했던 초식공룡 그리고 또 그들을 잡아먹었던 육식공룡이 잇따라 멸종했다는 것이다.

실제로 지질학자들은 멕시코 유카탄 반도 앞바다에서 폭 150킬로미터의 거대한 웅덩이를 발견했고, 그것이 지름 10킬로미터의 운석이 초속 30킬로미터로 달려와 충돌하여 생긴 것이라는 계산까지 해냈다. 그리고 바로 그 무렵에 생성된 백악기와 제3기의 경계 지층에서 지구에는 희귀하지만 운석에는 흔히 함유되어 있는 이리듐(iridium)이 평소보다 무려 30배나 높게 발견되었다. 이 밖에도 암석이 대규모로 녹아내린 흔적 등 여러 지지 증거들에 힘입어 이 가설은 어느덧 정설이 되어가고 있다.

그러나 1979년에 도미하여 진화생물학에 막 입문한 내게 이 설명은 전혀 설득력이 없었다. 무지하면 용맹하다 했던가? 그렇다면 왜 악어와 뱀 등 공룡과 가까운 파충류 동물들은 멸종하지 않고 살아남았을까 하는 의문들을 제기하며 나는 소수의 반대파에 몸을 담았다. 그런 내게 2009년 7월 30일자 과학저널『네이처』인터넷판에 게재된 미국 워싱턴대학 연구진의 논문은 설욕의 희열을 안겨주었다. 그들의 계산에 의하면 지난 5억 년 동안 거대한 운석이 지구와 충돌했을 가능성은 아무리 높게 잡아도 겨우 두세 차례에 지나지 않았을 것이며 그나마도 토성과 목성이 포수의 글러브가 되어 거의 확실하게 막아주었을 것이란다.

최근 프린스턴대학의 지질학자가 운석보다는 광범위하게 벌어진 화산 활동에 의해 공룡들이 죄다 사라졌을 것이라는 이른바 '화산설'에 새로운 증거를 제시하기도 했다. 하지만 나는 이 모든 설명들이 지나치게 큰 붓으로 세밀화를 그리려는 노력처럼 헛돼 보인다. 기후변화의 영향 속에 털가죽을 입고 나타난 우리 조상 포유동물과의 경쟁에서 지나치게 비대한 공룡들이 뒤처지고 말았다는 생물학적 가설도 진지하게 검토할 때가 되었다고 생각한다.

외계 생명

미국 캘리포니아주립대학의 우주물리학자들이 2010년 10월 지구 외에 생명체가 살고 있을 만한 가장 훌륭한 행성으로 '글리즈 581g(Gliese 581g)'를 발견했다고 발표했다. 지구로부터 약 20광년쯤 떨어져 있는 이 행성은 무게는 지구의 서너 배 정도이며 울퉁불퉁한 암석들로 뒤덮여 있고 중력도 지구와 얼추 비슷하여 만일 우리가 그곳에 갈 수 있다면 별 어려움 없이 직립하여 걸을 수 있을 것이란다. 적색왜성 글리즈 581 주위를 도는 공전주기는 지구보다 훨씬 짧아 고작 37일이며 달처럼 자전을 하지 않아 한 면은 언제나 밝고 다른 면은 어둡다고 한다. 연구진은 11년에 걸친 면밀한 관찰 끝에 이 행성을 발견하는 행운을 거머쥐었지만, 실제로 전 세계 천문학자들이 관찰하고 있는 행성 모두를 합쳐본들 우주 전체의 극히 일부인 걸 감안하면 궁극적으로 액체 상태의 물이 존재하는 '살아 있는 행성'은 전체의

10~20퍼센트에 이를 것이라고 예측한다.

1995년 어느 일간지에서 그 신문의 사진기자가 경기도 가평에서 찍은 '미확인 비행물체(UFO)'의 사진에 대해 나의 의견을 물어온 적이 있다. 나는 아직 확실한 과학적 근거가 없기 때문에 미확인 비행물체에 대해 뭐라 할 말이 없다고 대답했다. 이튿날 아침 신문에는 사진과 함께 고 조경철 박사님의 긴 설명이 실렸고 그 아래 한 줄로 다음과 같이 적혀 있었다. "생물학자 최재천 교수, 전혀 관심 없다."

내가 외계 생명에 대해 전혀 관심이 없는 것은 결코 아니다. 다만 과학적인 대답을 할 수 없어 말을 아낄 따름이다. 하지만 하도 자주 이런 질문을 받는지라 얼마 전부터 나름대로 사뭇 비겁한 결론이지만 하나 갖고 있다. 무려 1000억 개도 넘는 은하계가 존재하는 저 광활한 우주에 오로지 지구에만 생명이 존재한다고 우기는 것은 확률적으로 무리가 있어 보인다. 그래서 나는 우주 어딘가에 생명이 존재하리라 믿기로 했다. 그러나 그 생명이 반드시 DNA의 복제를 기반으로 하는 지구의 생명과 동일하리라고 믿는 것 역시 확률상 거의 불가능하다고 생각한다. 우리와는 전혀 다른 생명 체계를 지닌 존재들이 우주 어딘가에 존재할 것이다. 그리고 그들도 우리를 찾고 있을지도 모른다. 다만 그들이 우주선을 타고 뻔질나게 우리 곁을 다녀간다고 믿기에는 아직 이렇다 할 증거가 없다.

장맛비

“주룩주룩 쏟아지는 비가 온 세상을 물걸레처럼 질펀히 적시고 있다.” 소설가 윤흥길은 1973년에 발표한 작품 『장마』에서 장맛비를 물걸레에 비유했다. 소설의 배경인 1950년대는 물론, 소설이 쓰인 1970년대까지만 해도 우리 땅에 쏟아지는 비는 이 세상을 기껏해야 물걸레처럼 질펀히 적실 뿐이었다. 그저 주룩주룩 하염없이 내렸다.

그러나 언제부터인가 비가 달라졌다. 1994년 여름 오랜 미국 생활을 접고 귀국한 내가 고국 땅에서 처음 접한 비는 어려서 맞던 장맛비가 아니었다. 연구를 위해 늘 드나들었던 중남미 열대에서 맞던 열대비에 영락없었다. 그래서 그 당시 빗소리만 듣고도 우리나라가 아열대화하는 것 같다는 칼럼을 썼다가 기상학자들에게 뭇매를 맞았던 기억이 새롭다. 이젠 그분들이 더 앞장서서 아열대 얘기들을 한다.

2009년 여름 경남 마산에 시간당 최고 102밀리미터의 폭우가 쏟아졌다. 부산에도 시간당 90밀리미터의 비가 퍼부어 주택가 비탈길에 세워두었던 차들이 도로 입구까지 쓸려 내려가 무너진 벽돌들과 뒤엉킨 사진이 언론에 보도되었다. 이쯤 되면 물걸레가 아니라 거의 세차장 호스 수준이다. 소설 『장마』에서 외할머니가 퍼붓던 저주의 말이 이제 우리 앞에 현실로 드러나고 있는 것이다. "더 쏟아져라! 어서 한 번 더 쏟아져서 바웃새(바위 사이)에 숨은 빨갱이마자 다 씰어(쓸어) 가그라!"

2002년 태풍 루사는 하루 동안 870밀리미터의 비를 쏟아 강릉의 바위틈을 후벼 파내 동해 바다로 쓸어버렸다. 2009년에 국립서울과학관에서 뉴욕자연사박물관 기후변화 체험전(展) 'I LOVE 지구'(2009년 6월 2일~10월 25일)가 열렸다. 전시회에서 가장 사람들의 눈길을 끌었던 것은 870밀리미터의 폭우에 잠긴 서울의 미래 모습이었다. 남산 기슭의 한옥마을이 처마 밑까지 물에 잠기고 지하철 2호선 시청역에는 허리춤까지 물이 들어찬다. 비가 100밀리미터씩 8~9시간만 내리면 벌어질 일이다.

예전에는 한강이 범람하여 마포와 영등포가 물에 잠겼다. 앞으로는 강이 범람하지 않아도 도시에 떨어지는 빗물만으로도 도시의 기능이 마비될 것이다. 강만 정비한다고 되는 일이 아니다. 도시의 인프라 자체를 재정비하지 않으면 기후변화의 대재앙을 피하기 어려워 보인다.

멸종

1918년 2월 21일 미국 신시내티동물원에서 '잉카스(Incas)'라는 이름의 수컷 잉꼬가 마지막 숨을 거두었다. 캐롤라이나잉꼬라는 생물종이 지구에서 영원히 절멸한 순간이었다. 그 새장은 또한 그로부터 4년 전 나그네비둘기의 마지막 생존자가 세상을 떠난 곳이기도 하다. 생물학자들은 환경 파괴가 지금처럼 계속된다면 10년 이내로 동식물의 2퍼센트가량이 멸종할 것이라고 예측한다.

어느덧 우리 시대의 가장 중요한 사회문제로 자리매김한 기후변화에 비해 생물다양성 문제는 대중의 경각심을 불러일으키는 데 적지 않은 어려움을 겪고 있다. 기후변화는 분명히 심각한 문제이지만 사실은 생물다양성의 감소는 더 근본적인 문제이다. 저녁 뉴스 시간에 지구온난화로 빙하가 녹아 익사하는 북극곰을 보는 순간에는 우리 모두 혀를 차지만, 일단 다음 뉴스로 넘어가면 이내 까맣게 잊고 만다. 기후변화만큼 늘 피부로 느끼는 게 아니기 때문이다.

나는 영원히 우리 곁을 떠난 한 동물의 마지막 순간을 지켜보았다. 1980년대 중반 코스타리카의 고산지대 몬테베르데에 머물던 어느 날 밤 나는 숲 속에서 눈이 부시도록 아름다운 황금두꺼비를 보았다. 어른 한 사람이 들어앉기도 비좁을 물웅덩이에 언뜻 세어도 족히 스무 마리는 될 듯한 수컷 두꺼비가 마치 우리 옛이야기 '선녀와 나무꾼'의 선녀들처럼 멱을 감고 있었다. 실제로 자연에 그렇게 밝고 화려한 오렌지색이 존재해도 되는 것인지 의심스러울 지경으로 아름다운 동물이었다. 하지만 1986년 이후 나는 더 이상 그들을 보지 못했고, 국제자연보호연맹은 2004년 끝내 그들이 완전히 멸종한 것으로 보고했다. 지금도 나는 그들이 영원히 사라졌다는 게 믿기지 않아 열대에 갈 때마다 종종 이마에 전등을 두르고 숲 속을 헤맨다. 왠지 그들이 어딘가에 살아 있을 것만 같아서.

최근 환경부는 새롭게 출범하는 유엔 산하 국제기구인 '생물다양성과학기구(IPBES)'의 사무국을 유치하기 위해 총력을 기울였지만 결국 독일에 빼앗기고 말았다. 이는 '기후변화에 관한 정부 간 협의체(IPCC)'에 준하는 대규모 국제기구로서 유치에 성공했다면 우리나라가 환경 강국으로 도약하는 데 큰 도움이 될 것 같아 나 역시 힘을 보탰는데 많이 아쉽다.

유난히도 긴 겨울

겨울이 한참인 것 같은데 불현듯 입춘이 다가온다. 빼앗긴 들에도 봄은 온다더니 입춘이 오면 희미하게나마 봄이 오는 소리가 들리는 듯싶다. 창문 가득 내 방을 들여다보며 서 있는 목련 나무 꽃봉오리도 한결 도톰해진 것 같다. 하지만 마당 한편에 지난해에 내린 눈이 여전히 녹지 않고 매달려 있는 걸 보면 동장군이 우리를 그리 쉽사리 놓아줄 것 같지 않아 보인다. 이번 겨울은 왜 이리도 길게 느껴지는 것일까?

나는 그 이유가 어쩌면 우리가 운전을 할 때 가는 길보다 오는 길을 훨씬 짧게 느끼는 이치와 흡사할 것 같다고 생각한다. 목적지를 향해 갈 때보다 돌아올 때 훨씬 짧다고 느낀 경험은 누구에게나 있을 것이다. 이런 차이는 초행길이나 자주 다니지 않는 길의 경우에 특별히 두드러진다.

가고 오는 길의 실제 거리가 서로 다를 리 없지만 돌아오는 길은 적어도 한 번은 달려본 길인 만큼 조금이라도 더 익숙하여 빨리 달렸을 가능성을 배제할 수는 없다. 하지만 어느 프랑스 심리학자의 실험에 의하면 실제로 차이가 나는 게 아니라 우리 뇌가 그렇게 착각하는 것이란다. 파리 시민에게 파리의 거리 사진을 보여주며 그들이 느끼는 시간의 길이를 측정한 결과, 사람들이 본 사진의 수와 그들이 느끼는 시간의 길이가 비례하는 걸로 나타났다. 가령 1분에 30장의 사진을 본 사람들이 같은 시간 동안 10장을 본 사람들보다 시간이 훨씬 많이 지났다고 느낀 것이다. 목적지를 향해 운전을 할 때 우리 뇌는 마음속에 지도를 만들기 위해 주변 풍경에 대해 되도록 많은 정보 사진을 찍느라 바쁘지만 돌아오는 길에는 그럴 필요가 없어 덜 분주하다.

겨울이 길게 느껴진다고 실제로 겨울이 길어진 것은 아니다. 예년보다 춥다고 느낀다면 추위가 오는 패턴을 눈여겨보라. 예전에는 그저 한 사나흘 춥다간 풀리던 날씨가 바뀌어 호되게 추운 날들이 지겹도록 길게 이어지면 겨울은 유난히도 길게 느껴진다. 실제로는 지구온난화의 영향으로 한반도의 겨울은 최근 점점 짧아지고 있다. 그러니 이장희 시인이 「봄은 고양이로다」에서 읊은 것처럼 "고요히 다물은 고양이 입술에 포근한 봄 졸음이 떠돌" 날도 그리 머지 않았으리라.

태풍

2010년 9월 우리나라를 훑고 간 태풍 곤파스는 곳곳에 뚜렷한 상처를 남겼다. 최대 직경이 450킬로미터밖에 안 되는 카테고리 3급의 소형 태풍이었지만 중심권의 기압 경도가 워낙 급격하고 한반도를 불과 네 시간 만에 관통하는 바람에 순간 최대 풍속이 초속 30~60미터에 이르는 기록적인 강풍이 관측되었다.

태풍과 허리케인은 근본적으로 같은 기상 현상이다. 다만 태풍은 북서태평양, 허리케인은 동태평양과 서대서양에서 일어나는 열대 폭풍우를 일컬을 뿐이다. 인도양에서는 사이클론, 오세아니아 지역에서는 윌리윌리라고도 부른다. 태풍과 허리케인은 여름에서 가을에 이르는 6월부터 11월 사이 언제든 일어날 수 있지만, 2011년 9월 21일은 지난 100년간 특별히 강한 비바람이 몰아친 날이다. 1934년에는 초대형 태풍이 일본열도를 강타하여 무려 3036명의 목숨을 앗아갔다. 1938년에는 미국 뉴욕의

롱아일랜드에 상륙한 허리케인으로 500~700명이 사망했고, 지난 1989년에는 허리케인 휴고가 사우스캐롤라이나 해변을 초토화시킨 바 있다.

해마다 8월 말이면 미국에서는 뉴올리언스 시 거의 전역을 물에 잠기게 했던 허리케인 카트리나를 생각하는 각종 기념행사들이 열린다. 그날의 교훈을 되새기며 도시 재건의 의지를 다짐한다. 지구온난화 때문에 바닷물의 온도가 상승하면서 열대폭풍우로 인한 피해가 늘고 있다. 하지만 태풍이나 허리케인의 빈도와 강도에 대한 전망에 관해서는 세계 기상학자들의 의견이 엇갈리고 있다. 아시아권의 기상학자들은 대체로 태풍이 앞으로 더 자주 더 강력하게 일어날 것으로 예측하고 있는 것 같은데, 2010년 초 미국 국립해양대기청(NOAA)이 주도하여 과학저널 『사이언스』에 게재한 논문에 따르면 허리케인의 경우 강도는 훨씬 증가하겠지만 빈도는 조금 줄 것이란다.

9월 21일은 유엔 '국제평화의 날(Peace Day)'이다. 세계 각국에서 비정부기구(NGO)들이 중심이 되어 핵무기 확산을 막고 정전(停戰)과 비폭력을 상징하는 퍼포먼스를 벌인다. 나도 몇 년째 제인 구달 박사의 부름을 받아 학생들과 함께 평화의 비둘기를 만들어 날리는 행사를 진행해왔다. 자연과의 평화가 인류 평화 못지않게 중요해지고 있다.

천재지변

역사 속에서 1월 26일은 특별히 천재지변(天災地變)과 관계가 깊은 날인 것 같다. 물론 2010년 초 아이티에서 발생했던 지진처럼 약간 빗나간 대재해가 더 많겠지만, 1월 26일에는 공교롭게도 대규모 지진이 여러 번 일어났다. 1531년 포르투갈의 리스본을 강타한 지진에 의해 수천 명이 죽은 것을 시작으로 1700년에는 캐나다 밴쿠버로부터 캘리포니아에 이르기까지 무려 1000킬로미터에 걸쳐 리히터 규모 8.7~9.2의 지진이 발생했다. 2001년에는 인도의 카치 지방에 지진이 일어나 2만 명 이상이 목숨을 잃었다. 그런가 하면 1978년에는 미국 역사상 동계 최저 저기압의 영향으로 오하이오 주와 5대호 주변에 시속 161킬로미터의 바람이 몰아치며 엄청난 양의 눈이 쏟아졌다.

천재지변은 우리 인간을 겸허하게 만든다. 역대 가장 큰 인명피해를 가져온 지진은 1556년 중국 산시(陝西)에서 일어났는데 무려 83만 명이 목숨을 잃었다. 1755년 또다시 포르투갈 리스본을 덮친 지진이 그다음으로 거의 70만 명의 목숨을 앗아갔다. 리스본 지진은 당시 유럽의 계몽주의 사상가들에게 엄청난 영향을 미쳤다. 리스본 참사를 지켜본 볼테르는 『캉디드』에서, '참 좋으신 하느님'이 지켜주는 이 세상은 가능한 모든 세상 중에서 가장 좋은 세상이라고 주장했던 라이프니츠의 철학 사조를 정면으로 부정했다.

지진이나 폭설 같은 천재지변은 불특정 다수에게 무차별적으로 영향을 끼친다. 그리스 신화에 따르면 포세이돈이 우리 인간을 벌하기 위해 지진을 일으킨다고 하지만, 아무리 봐도 벌을 받아야 할 것 같은 사람만 당하는 것은 절대 아닌 듯싶다. 아쉽게도 천재지변은 우리에게 이 세상이 결코 권선징악의 법칙에 의해 다스려지는 게 아님을 가르쳐준다.

1월 26일은 또 10여년 전 청년 이수현이 일본 도쿄 신주쿠 근방 신오쿠보 역 선로에 떨어진 취객을 구하려다 전동차에 치여 숨진 날이기도 하다. 우리나라를 그다지 좋아하지 않는 일본인들도 자기 나라 주정뱅이를 구하려다 목숨을 잃은 반듯한 이웃나라 청년의 죽음에 고개를 젓는다. 이런 죽음들에서도 끝내 의미를 찾으며 서로 부둥켜 일어서는 우리 인간은 참으로 긍정적인 동물이다.

두 동굴 이야기

2012년은 영국의 대문호 찰스 디킨스가 태어난 지 200년이 되는 해이다. 그는 다윈의 『종의 기원』이 출간되던 1859년 『두 도시 이야기』라는 소설을 출간했다. 프랑스혁명을 전후하여 파리와 런던에서 일어난 계층 간의 갈등을 그린 소설로 무려 200만 부 이상이 팔렸다. 잡지에 연재하는 형식으로 발표된 『두 도시 이야기』의 마지막 회는 11월 26일 출간되었고, 『종의 기원』이 서점에 나온 날은 그 이틀 전인 24일이었다. 이 두 책 이야기도 심상치 않아 보인다.

나는 인간 본성과 자연환경의 관계를 설명할 때 종종 디킨스의 『두 도시 이야기』의 제목을 패러디한다. 이름하여 '두 동굴 이야기'이다. 하버드대 생물학자 에드워드 윌슨 교수는 우리 인간의 본성에 본래부터 자연을 사랑하는 유전적 성향이 존재한다고 주장한다. 그는 이를 '생명(bio-)' '사랑(-philia)', 즉 '바이오

필리아'라고 부른다. 나는 그가 내세운 거의 모든 이론을 추종하지만, 이것만큼은 따를 수 없다. 오히려 나는 인간에게 자연 파괴의 본성이 있다고 생각한다.

두 동굴에 살던 우리 조상들을 상상해보자. 한 동굴에는 유난히 새벽잠이 없으신 할머니가 살고 있었다. 밤중에 용변을 보러 동굴 깊숙한 곳으로 들어가려는 손주에게 할머니는 단호히 밖에 나가서 보라 이르신다. 그날 밤 손주는 끝내 돌아오지 않았다. 또한 허구한 날 사냥을 나가려는 식구들에게 할머니는 동굴이 더러우니 대청소를 하자고 불러 세우신다. 그에 비하면 건너 동굴의 가족은 훨씬 분방하게 살았다. 그러다 보니 동굴에는 이내 먹다 버린 음식 찌꺼기와 오물로 악취가 진동하고 파리가 들끓는다.

자, 과연 어느 집안이 더 잘 먹고 잘 살았을까? 늘 주변 환경을 보살피며 산 가족일까, 아니면 맘 편히 먹고 싼 가족일까? 나는 단연코 후자였다고 생각한다. 그 옛날 우리는 살던 동굴이 참기 어려울 정도로 더러워지면 그냥 새 동굴로 옮겨 가면 그만이었다. 우리 인간은 그 누구보다도 자연을 잘 이용해먹었기 때문에 '만물의 영장'이 된 것이다. 다만 이제 우리에게는 더 이상 옮겨 갈 동굴이 없을 뿐이다. 자연을 보호하고 사랑하라는 본능은 우리에게 없다. 자연이 참다못해 우리를 할퀴기 전에 생명 사랑의 습성을 체득해야 한다.

요즈음, 어떤 문제에 봉착했을 때 다른 분야에서 지혜를 빌려와 해결하려는 시도가 많아지고 있다. 정치적 분쟁이나 기업 경영과 같은 일들부터 소소한 개인의 일상까지 잘 풀리지 않는 문제들을 해결하기 위해 새로운 시각과 돌파구가 필요할 때, 다른 분야로부터 힌트를 얻고자 하는 것이다. 다른 사람의 오랜 공부의 결과를 그렇게 손쉽게 가져다 쓸 수 있는 것인가? 한 분야의 시각과 틀을 다른 분야에 겹쳐놓을 때 논리적인 비약이나 오류가 생기지는 않을까? 그럼에도 불구하고 계속해서 이런 시도를 할 수밖에 없는 것은 모든 것을 다 경험할 수 없는 인간이 세상사를 헤쳐나가는 유용한 방법 중의 하나이기 때문이다.

4부 최재천의 '통찰'은 그의 오랜 공부를 바탕으로 한다. 그 공부가 자연스럽게 넘쳐서 우리 삶의 다양한 현상과 문제들을 바라보는 새로운 시각과 해법을 제시한다. 길이 보이지 않아서 울증(鬱症)에 빠진 당신에게 청량감을 주는 지도가 펼쳐진다. 통섭은 무작정 분야 사이의 경계를 넘는다고 이루어지는 것이 아니고 한 분야에 대한 깊은 이해가 넘쳐야 가능하다.

아이돌을 포함한 대중문화 현상에서부터 경제와 복지 문제까지 종횡을 달리는 최재천의 생각들을 따라가다 보면 감탄을 금치 못하게 하는 지점들을 만날 것이다. 그 감탄이 다시 새로운 상상력으로 이어져 세상살이의 퍽퍽함에 윤기를 더해줄 수 있지 않을까?

4부

통찰

사투리

관객 800만을 동원한 「웰컴 투 동막골」은 구수한 강원도 사투리가 흥행에 한몫을 단단히 한 영화였다. 얼마 전 이익섭 서울대 국문과 명예교수가 사라져가는 강릉 사투리를 보존하기 위해 조촐한 학술회의를 열었다. 강릉 출신의 이익섭 교수님은 『국어학 개설』, 『한국어 문법』 등 정통 언어학 저서들은 물론, 평생 사투리를 연구하여 『방언학』과 『영동영서의 언어분화: 강원도의 언어지리학』을 저술한 우리 시대의 대표적인 언어학자이다.

초등학교 3학년 여름 방학에 혼자 열 시간이 넘도록 기차를 타고 산길을 걸어 강릉 고향집에 도착했더니 할머니가 깜짝 놀라 하시던 말씀이 지금도 귓가에 맴돈다. "어머야라 야가 우떠완?" 달이 없어 칠흑같이 깜깜한 밤중에 삼촌이 할머니에게 하던 말도 기억난다. "어머이 다황 좀 주게. 정나으 가게." 강릉말로 '다황'은 성냥이고 '정랑'은 뒷간을 일컫는다. 삼촌은 "어머니, 성냥 좀 주세요. 뒷간에 가게"라고 말한 것이다.

이익섭 교수님에 따르면 강릉에는 특이하게 여성들끼리만 쓰는 사투리가 있단다. 예를 들면 이런 말이다. "아이구 자내잔가. 우떠 여서 이러 만내는과(아이구 자네 아닌가. 어떻게 여기서 이렇게 만나는가)." 내가 남자라 그런지 '-과'로 끝나는 문장은 들은 기억이 별로 없다. 하지만 강릉 사투리들 중에서 '마커(모두)', '쫄로리(나란히)', '데우(아주)', '농구다(나누다)', '소꼴기(누룽지)' 등은 서울에 살면서도 어머니한테 늘 듣던 말들이다.

새들도 어른이 되는 과정에서 둘 이상의 사투리를 배우지만 결국 정착하는 지역의 사투리로 자신의 말투를 다듬어간다. 언어의 첫째 기능이 의사소통이고 보면 통신기술의 발달에 따른 이른바 표준어의 정립과 함께 점차 사라질 수밖에 없는 운명이겠지만, 사투리는 다양한 동물 세계에서 나타나는 적응적 문화 현상이다. 언어가 사라지면 그와 더불어 문화도 사라지는 법이다. 강릉말에는 특히 말의 길이와 높낮이, 즉 음장(音長)과 성조(聲調)의 구분이 뚜렷이 남아 있는데, 이는 활자로도 표현할 수 없는 그야말로 살아 있는 문화적 속성이라 더욱 아쉽다. "여러분 마커 방굽소야. 날이 데우 마이 따땃해졌잖소(여러분 모두 반갑습니다. 날씨가 아주 많이 따뜻해졌네요)."

웨지우드와 다윈

2011년 4월 29일에 열린 윌리엄 왕세손과 케이트 미들턴의 '세기의 결혼'이 따라 하기 열풍을 일으켰다. 케이트 미들턴이 들었던 은방울꽃 부케와 똑같은 걸 만들어달라는 주문 때문에 그러지 않아도 비싸기로 유명한 은방울꽃을 네덜란드에서 공수하여 만들었다고 한다. 우리나라의 예비 신부들도 로열 웨딩의 테이블 위에 놓여 있던 웨지우드 도자기를 많이 찾았다고 한다. 그 무렵 우리나라 대형 백화점들의 웨지우드 판매가 최고 세 배까지 늘었단다.

웨지우드가 잘 팔렸다니 왠지 지하에 계실 다윈 선생님이 흐뭇해하실 것 같다. 자연선택론을 창시한 진화생물학자 찰스 다윈은 바로 웨지우드 집안의 사위이다. 다윈의 부인 에마는 당시 웨지우드 집안의 막내딸이었다. 학자는 모름지기 청빈해야 한다고 믿는 분들에게는 조금 실망스러울 수도 있겠지만, 다윈은 뜻밖에도 요즘 말로 하면 이른바 재테크에 귀재를 발휘했다. 우생학으로 '악명'이 높은 유전학자 골턴이 당시 유명인들에게 돌린 설문지의 맨 마지막 질문이 "만일 당신에게 특별한 재능이 있다면?" 하고 묻는 것이었는데, 흥미롭게도 다윈은 연구나 집필보다도 사업과 재무에 재주가 있다고 대답했다. 그는 비글 호에 승선하여 자연학자로 일한 걸 제외하면 평생 이렇다 할 직업을 가지지도 않았다.

다윈은 에마와 결혼할 때 당시 잘나가던 의사였던 아버지와 웨지우드의 소유주였던 장인이 마련해준 '결혼지참금'을 탁월하게 운용하여 평생토록 가족에게 안정적인 삶을 제공했을 뿐 아니라 결혼 당시 받은 돈보다 훨씬 큰 금액을 부인과 자식들에게 물려주고 떠났다. 그가 1881년까지 인세로 번 돈이 1만248파운드였으니 요즘 화폐 가치로 환산하면 거의 50만 파운드, 즉 9억 원쯤 된다. 이처럼 다윈은 인세로도 상당한 돈을 챙겼지만 무엇보다도 투자의 귀재였다. 특히 철도회사에 투자한 것은 그야말로 대박을 쳤다. 사상은 다분히 좌파 성향이었지만 그는 요즘 말로 하면 '강남좌파'의 전형인 셈이다. 뉴턴 경제학의 시대가 저물고 바야흐로 다윈 경제학의 시대가 열린 이때 그가 만일 살아 있다면 '버핏과의 점심'이 아니라 '다윈과의 점심'으로 짭짤한 수입을 올리고 있을지도 모른다.

'나가수'와 진화

좀처럼 텔레비전을 보지 않는 내가 요즘 퍽 열심히 챙겨 보는 프로그램이 있다. 다름 아닌 「나는 가수다」(이하 '나가수')이다. 이미 쌓아놓은 명성에 기대어 느긋하게 '여생'을 즐겨도 될 법한 중견 가수들이 스스로 덤벼든 얄궂은 경쟁 구도 속에서 극도로 긴장하며 최선을 다하는 모습을 지켜보노라면 삶이란 그 누구에게도 결코 녹록하지 않은 것 같다는 생각이 든다. 그러나 내가 '나가수'를 열심히 보고 있는 데에는 나만의 이유가 따로 있다. 나는 '나가수'에서 진화의 진면목을 본다.

이미 많은 사람들이 간파하고 있는 것처럼 '나가수'에서는 일단 질러대야 한다. 지금까지 떨어져나간 가수들을 보면 대체로 고운 목소리로 아름답게 노래하는 스타일의 가수들이다. 어차피 노래 실력은 웬만큼 인정받은 가수들인 만큼 흐느끼듯 절규하여 가슴을 쥐어뜯도록 만들거나 엄청난 성량으로 그야말로 가슴이 벌렁거리도록 압도하지 않으면 청중평가단의 선택을 받기 어렵다.

그렇다. 문제는 선택이다. 만일 우리 가요계 전체가 이런 검증 과정을 거친다면 미성의 발라드 가수들은 조만간 모두 멸종할 것이다. '나가수'의 가수들은 지금 하루가 다르게 점점 더 고음을 내고 더 큰 소리를 지르기 위해 피를 토하고 있다. 그래야 최고의 가수가 된다는 정당성이 있는 게 아니다. 다만 그래야 선택받기 때문이다. 이것이 바로 자연선택에 의한 진화의 적나라한 참모습이다.

또한 '나가수'에서는 1등이 선택되는 게 아니라 꼴등이 도태당한다. 함께 산행을 하다 곰에게 쫓기게 되자 갑자기 신발 끈을 고쳐 매는 어느 철학자에게 친구가 말한다. "우리가 아무리 노력해도 곰보다 빨리 달릴 수는 없다네." 그러자 그는 이렇게 답한다. "나는 곰보다 더 빨리 달리려고 이러는 게 아닐세. 자네보다 빨리 달리기만 하면 되네." 이 이야기는 언뜻 살벌하게 들리지만 교훈은 오히려 따뜻하다. 우리 사회는 너무 자주 최고가 아니면 세상이 끝날 것처럼 호들갑을 떨지만, 실제로는 그저 남보다 뒤지지만 않으면 살아남는다. '나가수'의 가수들이 그 치열한 순간에도 서로에게 관대할 수 있는 것은 설마 자기가 꼴등은 아닐 것이라는 막연한 기대가 있기 때문이다. 컷오프(cutoff)만 면하면 내일도 그린에 나갈 수 있다.

테드 케네디

2008년 8월 25일 전 미국 상원의원 에드워드 테드 케네디가 사망했다. 무려 47년 동안이나 상원의원으로 활동한 그였지만, 우리는 그를 늘 그의 형들과 비교하며 고개를 흔들곤 했다. 하지만 그가 사망했을 때 온갖 언론매체에 실린 추모의 글을 읽으며 나는 그를 다시 보기 시작했다.

그는 초지일관 거침없이 진보주의를 표방한 정치인으로서 평생 1만5235번의 표결에 참여했고 무려 300개 이상의 법안을 만들어 통과시켰다. 추모의 글들은 이렇게 묻고 있었다. 솔직히 그의 형들이 한 게 무엇이냐고. J.F. 케네디는 대통령직을 3년도 채 못하고 암살당했고, 그 집안에서 가장 비상한 두뇌를 지녔다는 로버트 케네디는 대선 기간에 암살당해 시작도 변변히 못해 보고 떠났다.

막내인 테드 케네디는 숱한 추문과 악재로 인해 비록 대통령은 못했지만 미국 의회사에 그만큼 엄청난 업적을 남긴 사람은 없었다는 것이다. 거들먹거리며 살았을 법한 그는 사실 가지지 못한 자들을 위해 법안을 만들고 통과시키려고 쉬지 않고 다른 의원들의 방을 찾아다녔다고 한다. 새파란 신참 의원들까지 찾아다니며 표를 구걸하다 여의치 않으면 협박도 마다하지 않았다. "자네가 이 건물에 있다 보면 언젠가는 내 도움이 필요할 때가 있을 텐데 그때 보자"며 방을 빠져나오면 대부분 황급히 따라 나오며 표를 약속했다고 한다. 죽음을 앞둔 병실에서도 그는 전화통에 매달려 살았단다. 오바마 대통령의 의료 법안을 통과시켜달라고 다른 의원들에게 전화하며 그의 삶을 마감한 것이다.

어느 추모사에는 글로 쓰기엔 좀 상스러운 이런 표현까지 들어 있었다. 미국 정치사에서 그보다 더 많은 일을 한 "다른 놈이 있으면 한번 나와봐라.(Who the hell else is out there?)"

거물 정치인인 그가 무엇이 부족하여 온갖 사람들을 만나러 다니며 읍소와 협박을 거듭하고 살았을까? 그는 어려운 이들을 위해 자신의 지위와 영예를 버릴 줄 알았던 정치인이다. 물론 인기가 있어야 표도 얻을 수 있는 것이겠지만, 정치인과 '인기인'은 엄연히 달라야 한다. 정치가 또다시 요동을 치는 요즈음 나는 우리 사회에도 진정한 정치인이 있는지 디오게네스의 등불을 들어 올린다.

세대 갈등

갈등은 칡(葛)과 등나무(藤)가 서로 뒤엉키듯 일이나 사정이 서로 복잡하게 얽혀 화합하지 못함을 비유하는 말이다. 덩굴식물인 칡은 원래 동아시아가 원산지이지만 최근 미국 남동부를 뒤덮어 심각한 외래종이 되었다. 성장이 워낙 빨라 미국에서는 '1분에 1마일씩 자라는 덩굴'이라는 별명을 얻었다. 등나무 역시 위로는 물론 옆으로도 잘 퍼져 나가는 덩굴식물로서 캘리포니아 시에라 마드레에 있는 등나무는 상암축구장의 절반 정도나 퍼지며 무게가 자그마치 250톤에 이르렀다.

갈등은 정신분석의 근본 개념 중의 하나로서 한 개인의 마음속에서도 벌어지지만 때론 사회 구성원들을 극명하게 둘로 갈라놓기도 한다. 최근 우리 사회가 겪고 있는 사회 갈등은 남녀 갈등, 종교 갈등, 이념 갈등, 빈부 갈등, 세대 갈등 등 참으로 다양하게 나타난다. 우리 역사에서 가장 뿌리가 깊었던 남녀 갈등은 호주제 폐지를 분기점으로 하여 새로운 국면을 맞이했고, 불교와 기독교의 신도 수가 엇비슷한 나라이면서 종교 갈등이 유혈 분쟁으로 치닫지 않는다는 사실에는 가슴을 쓸어내릴 따름이다.

나는 개인적으로 이 모든 갈등 중에서 세대 갈등이 가장 풀기 어려운 덩굴 타래라고 생각한다. 이념 갈등과 빈부 갈등이야 이 땅에 민주주의가 존재하는 한 끊임없이 조율해야 할 문제이지만, 세대 갈등은 자칫 걷잡을 수 없는 정면충돌을 피하기 어렵기 때문이다. 예를 들어, 남녀 갈등은 번식을 위해 언젠가는 한 몸이 되어야 하기 때문에 해소될 수 있지만 세대 갈등은 영원히 평행선을 그을 수도 있다. 2011년 서울 시장 선거에서 드러난 세대 차이는 앞으로 벌어질 '세대 전쟁'의 전초전이 아닐까.

사회고령화의 속도가 세계에서 제일 빠른 우리나라는 조만간 은퇴하고 노는 사람이 일하는 사람보다 많아지기 시작할 것이다. 서울 시민의 삶에 웰빙(well-being)과 웰리빙(well-living) 못지않게 웰다잉(well-dying)이 중요해지고 있다. 아이들의 무상급식만 시급한 게 아니다. 어르신들의 복지도 결코 눈감을 수 없는 문제이다. 박원순 시장이 이끌었던 희망제작소가 일찍이 이 문제를 진지하게 고민했음은 참으로 다행한 일이다. 20~40대가 지지하여 당선되었지만 60대 이후를 챙기는 일도 소홀히 해서는 안 될 것이다.

인구의 고령화와 정치의 보수화

우리 옛말에 '10년이면 강산도 변한다'고 했다. 지난 10년 동안 우리나라는 무분별한 개발로 인해 강산도 몰라보게 변했지만 인구 고령화 때문에 정치 구도도 엄청나게 변하고 있다. 최근 중앙선거관리위원회의 발표에 따르면 지난 2002년에는 전체 유권자에서 20~30대가 차지하는 비율이 48.3퍼센트였는데 10년 후인 2012년에는 38.8퍼센트로 감소한 반면, 50대와 60대 이상은 29.3퍼센트에서 39.2퍼센트로 증가했단다.

여기에 연령대별 투표율까지 감안하면 정치의 보수화 경향은 매우 뚜렷해 보인다. 2002년 제16대 대통령 선거 때 연령대별 투표율은 50대가 83.7퍼센트로 가장 높았고 이어서 60대 이상이 78.7퍼센트였던 것에 비해 30대는 67.4퍼센트, 20대는 56.5퍼센트로 상대적으로 훨씬 낮았다. 지금까지 이른바 노년층은 실제 수는 적어도 워낙 투표율이 높아서 결국 선거 결과에 상당한 영향을 미쳤던 것인데, 이제는 모집단의 규모 자체가 커지고 있으니 앞으로 그 영향력이 점점 더 막강해질 것임은 자명한 일이다.

이러한 추세는 고령화의 진행과 더불어 점점 더 가속화할 것이다. 이 추세로 나가면 지금부터 10년 후인 2022년에는 50대 이상의 유권자가 전체의 거의 절반에 달할 것이다. 사람은 나이가 들수록 어쩔 수 없이 보수적 성향이 강해진다. 하지만 이번 대선의 보수화 정도는 아직 가늠하기 어렵다. 전체 유권자의 22퍼센트를 차지하며 최대 연령대로 떠오른 40대가 가장 중요한 부동표가 될 것이다.

얼마 전 친구가 다리를 다쳐 입원했는데 병문안 온 친구들 간에 졸지에 부상 고백이 이어졌다. 돌부리에 걸렸는데 넘어지지 않으려 애쓰다가 그만 길옆 축대에 머리를 박아 응급실에서 MRI(자기공명영상) 사진까지 찍어야 했던 내 고백을 필두로 하여 제가끔 다친 얘기를 자랑처럼 늘어놓았다. 왜 이렇게 모두 부쩍 다치는가에 대해 한 친구가 흥미로운 진단을 내렸다. 몸은 분명히 늙고 있는데 마음이 따라 늙지 않아서 생기는 괴리란다. 그렇다. 요즘 50~60대는 스스로 자신이 노인이라고 생각하지 않는다. 그들이 과연 이번 대선에서 전통적인 '보수 유권자'처럼 행동할지 지켜볼 일이다. 인간이 멸종하지 않는 한 사회는 끊임없이 진보할 텐데 정치는 속절없이 보수화하고 있다.

스마트

나는 앞으로 10년간 우리가 가장 자주 사용할 단어 중의 하나가 '스마트'라고 생각한다. 스마트폰 사용자가 이미 2000만 명을 넘어섰고 이른바 '스마트 시장'의 규모도 연간 50조 원을 육박하고 있다. 조만간 우리는 스마트홈에서 스마트TV를 보며, 스마트카를 타고 스마트시티를 누빌 것이란다. 기존의 전력공급 시스템에 IT를 접목하여 공급자와 소비자가 실시간으로 정보를 교환하며 에너지 효율을 최적화할 수 있는 차세대 지능형 전력망 스마트그리드(smart grid)가 구축되고 있다. 바야흐로 '스마트 시대'이다.

이처럼 스마트라는 말은 여기저기에서 쓰이고 있는데, 정작 그 뜻이 무어냐고 물으면 명확하게 답해주는 사람이 별로 없다. '스마트(smart)'라는 단어는 원래 '똑똑하다(intelligent)', '맵시 있다(dandy)', '깔끔하다(neat)', '고급스럽다(fashionable)', '민첩하다(quick)' 등의 뜻풀이를 가진 말이었는데 언제부터인가 '컴퓨터로 조절되는(computer-controlled)'이라는 뜻을 얻으면서 기존의 다른 좋은 의미 모두를 아우르는 대단히 포괄적인 단어로 거듭났다. 꼭 새로운 일이 아니더라도 좀 더 효율적으로 할 수 있고, 그래서 더 가치 있는 일들을 할 수 있는, 그러면서도 스스로 통제할 수 있는 상태가 스마트가 추구하는 이상향이다.

2001년부터 유엔(UN)이 추진하고 있는 '새천년생태계평가(Millennium Ecosystem Assessment)' 프로젝트의 2005년 보고서는 웰빙(well-being)과 일빙(ill-being)의 차이를 자신의 삶을 스스로 선택하고 추진할 수 있는 상태와 그러지 못해 무기력함을 느끼는 상태로 구분한다. 그렇다면 스마트는 이제 '현명하다(wise)' 또는 '행복하다(happy)'라는 뜻도 품어야 한다. 우리의 삶이 그저 성실하고 열심히 일하는 방식에서 효율적이고 창의적으로 일하는 방식으로 탈바꿈하고 있다. 날이 갈수록 다양해지고 복잡해지는 기술들을 통제 가능하도록 서로 융합하고 단순화하여 노자가 말한 무위이화(無爲而化)의 상태에 이르는 것이 바로 스마트가 꿈꾸는 세상이다. 그런데 이처럼 모든 게 하루가 다르게 스마트해지는데 도대체 정치는 언제나 스마트해지려나?

조권 효과

소녀시대와 빅뱅, 그리고 2PM 등 이른바 아이돌 그룹이 이끄는 최근의 한류 열풍에 대해 세계가 주목하고 있다. 우리나라와 교류가 활발한 것도 아닌 남미 어느 나라의 공항에 우리 아이돌 스타를 보기 위해 수천 명의 현지 팬들이 몰려드는 모습을 보며 그저 어안이 벙벙할 따름이다. 인터넷이 없었더라면 꿈도 꾸지 못할 일이다.

최근에 나온 『오! 이것이 아이디어다』라는 책에는 유럽의 대표적인 지성인 17명과 수천 명의 누리꾼이 참여하여 선정한 '50가지 위대한 아이디어' 목록이 소개되었는데, 인터넷이 문자, 피임, 음악 등을 누르고 당당히 1위를 차지했다. 민주주의가 14위, 정부가 26위, 자본주의가 42위인 목록에서 말이다. 그러나 인터넷 효과만으로는 왜 일본도 아니고 프랑스도 아닌, 대한민국의 아이돌 그룹이 세계를 뒤흔들고 있는지를 설명할 수 없다.

한류의 성공에 대한 사회학자들의 분석에 나는 스스로 '조권 효과'라고 명명한 요인을 보태고 싶다. 2AM의 멤버인 조권은 무려 2567일의 최장기 연습생 생활을 이겨낸 성공 신화의 주역이다. 어느 날 불쑥 재능을 인정받아 신데렐라 데뷔를 하는 대부분의 외국 가수들과 달리 우리 아이돌 가수들은 오랜 훈련 기간을 거치며 정교하게 다듬어진 전천후 실력자들이다. 그들은 노래와 춤뿐 아니라 교양과 인성 교육까지 받는다. 소녀시대 멤버들과 함께 연습하다 진로를 바꿔 카이스트에 진학한 과학영재 장하진의 경우는 예외가 아니라 아이돌의 무한한 가능성을 보여주는 하나의 좋은 예이다. 내가 개인적으로 만나 식사를 함께 한 두 아이돌 청년은 어느 누구 못지않게 반듯한 젊은이들이었다.

기회는 준비된 자에게만 오는 법이다. 『삼국지연의』에서 엄청난 수적 열세를 극복하고 적벽대전을 승리로 이끈 제갈량에게도 면밀한 준비가 없었더라면 제아무리 때맞춰 불어준 동남풍인들 무슨 소용이었겠는가? 준비했다고 반드시 성공하는 것은 아니지만 성공은 준비된 곳에서만 일어난다. 나는 우리 아이돌 연습생 중에서 이다음에 우리 사회 각계에서 두각을 나타낼 인재들이 속속 등장할 것이라고 믿는다. 설령 끝내 조권이 되지 못한다 하더라도 조권 효과는 어딘가에서 화려하게 꽃필 것이다. 면밀한 준비란 그저 마침맞게 하는 게 아니라 넘치도록 하는 것이다.

경쟁

세계 휴대폰 시장의 경쟁이 그야말로 점입가경이다. 아이폰의 등장으로 한동안 탄탄하게 유지되던 노키아-삼성-LG의 3강 구도가 무너졌다. 그 무렵, 국내 시장에서는 먼저 발 빠르게 장판에 뛰어든 KT를 겨냥하여 SK텔레콤이 이른바 '소녀시대 전략'을 들고 정면대결을 선포했다. 인기 절정의 '소녀시대' 멤버 9명이 각자 따로 고정팬을 끌고 다닌다는 점에 착안하여 무려 10종의 스마트폰을 한꺼번에 내놓은 것이다. 다양한 제품들의 각개격파로 시장점유율을 높이겠다는 전략이었다.

경쟁은 생태학의 가장 핵심적인 연구 분야이다. 하지만 경쟁에 대해 가장 명확한 그림을 보여준 사람은 뜻밖에도 줄리어스 시저였다. 그는 일찍이 이웃 종족 간의 경쟁은 결국 둘로 나뉜다고 설파한 바 있다. 자원의 선점과 생존에 대한 직접적 간섭이 그것들인데, 이는 곧바로 현대 생태학이 분류하는 경쟁의 두 종류이다. 자연계에서 벌어지는 경쟁에는 필요한 자원을 선점하여 상대보다 유리한 위치를 확보하려는 이른바 쟁탈경쟁 또는 자원경쟁이 있는가 하면, 보다 직접적인 대면경쟁도 있다.

위협 행동 또는 직접적인 공격으로 나타나는 대면경쟁이 더 확연하게 드러나는 경쟁이긴 하지만 실제로는 자원을 두고 벌이는 간접적인 경쟁이 훨씬 더 빈번하게 일어난다. 우리 삶에도 다분히 대면경쟁의 양상으로 나타나는 사회현상들이 있긴 하지만 대부분의 인간 활동, 특히 경제 활동은 대체로 자원경쟁이라는 간접적인 형태를 취한다.

경쟁의 속성으로 가장 분명한 것은 경쟁하는 대상들의 자원에 대한 선호도가 비슷하면 할수록 경쟁은 점점 더 치열해진다는 점이다. 이를 생태학에서는 '경쟁적 배제의 원리(competitive exclusion principle)'로 설명한다. 주어진 환경에서 두 종이 완벽하게 동일한 자원을 놓고 경쟁할 경우 둘 중 하나는 언젠가 반드시 절멸할 수밖에 없다. 지금 자연계에 현존하고 있는 생물들은 모두 제가끔 되도록 남의 발을 밟지 않으려 서로 적당한 거리를 유지하는 것처럼 보인다. 다만 그들 간의 경계가 현재진행형의 첨예한 힘겨루기의 현장인지, 아니면 다분히 평화적인 협약의 결과인지를 밝히는 작업은 그리 간단하지 않다. 기본적으로 자원경쟁의 시장이 홀연 대면경쟁의 양상으로 치닫고 있어 자못 흥미롭다.

선택

2012년 4월 11일에 제19대 국회의원 선거가 있었다. 민주주의의 핵심은 한마디로 선택이다. 장하준 교수의 근저 『무엇을 선택할 것인가』를 읽어보니 경제도 결국 선택인 듯싶다. 『정의란 무엇인가』의 마이클 샌델 교수는 도덕도 선택의 영역 안에 있다고 주장한다. 일찍이 카뮈는 선택의 총합이 결국 인생이라고 말한 바 있다.

다윈에 따르면 생명현상은 모두 선택에 의해 진화한다. 그중에서도 특히 암컷이 수컷을 고르는 배우자 선택 과정이 중요하다. 암컷들이 선호하는 형질을 가진 수컷의 유전자가 후세에 전달된다. 제아무리 건장한 수컷이라도 궁극적으로 암컷이 선택해주지 않으면 그의 유전자는 후세에 남겨지지 않는다.

동물의 번식 구조 중에서 가장 특이한 것은 아마 '레크(lek) 번식'일 것이다. 레크는 '놀이'라는 뜻의 스웨덴어로서 들꿩이나 도요새 같은 새들에서 보듯이 해마다 번식기만 되면 여러 마리의 수컷들이 한곳에 모여 암컷의 간택을 받는 랑데부 장소를 일컫는다. 그곳에서 암컷은 아무런 제약도 받지 않고 온갖 수컷들의 춤과 노래 실력을 비교하며 장차 태어날 새끼들의 아빠를 선택한다. 어딘지 모르게 우리네 선거 현장과 흡사해 보이지 않는가?

그런데 선택이란 본래 만만치 않은 법. 선택을 받고 싶어하는 쪽이 힘들 건 말할 나위도 없지만 선택을 해야 하는 쪽도 곤혹스럽긴 마찬가지이다. 그래서일까? 레크를 찾는 많은 암컷들이 자기보다 경험이 많은 다른 암컷의 선택을 그대로 따라 하는 것으로 드러났다. 행동생태학자들은 이런 현상을 '암컷의 따라 하기(female copying)' 행동이라고 하는데, 어느 경험 많은 암컷이 짝짓기를 하고 있는 바로 옆에서 다음 차례를 기다리며 길게 줄지어 서 있는 암컷들의 모습은 그야말로 진풍경이다.

투표를 할 때 후보들에 대해 충분히 알고 있는지 묻고 싶다. 혹시 부모님이 지지하는 후보라서, 친구가 좋아하는 후보라서, 또는 여론조사에서 앞서고 있는 후보라서 그냥 찍는 것은 아닌지 궁금하다. 만일 그렇다면 당신은 레크에서 길게 줄 서 있는 암컷 새와 그리 다를 바 없다. 후보들의 사람 됨됨이와 정책을 꼼꼼히 살펴보아야 한다. 나의 현명한 선택이 내 삶은 물론 대한민국의 미래를 바꿀 수 있다.

폐

일본 동북대지진 참사를 지켜보며 자연의 무심한 용틀임 앞에 우리 인간의 존재가 얼마나 하찮은가 뼈저리게 느꼈다. 하지만 엄청난 자연재해의 순간에도 침착함과 배려심을 잃지 않는 일본인들의 행동에서 인간 정신의 위대함을 보았다. 생필품을 사려는 사람들이나 기름을 넣으려 늘어선 자동차의 행렬에 새치기도 없고 당장 필요한 분량 이상을 거머쥐려 떼를 쓰지도 않는 걸 보며 일본인들의 질서정연함이 무릇 개미의 사회성을 능가한다는 인상을 받았다.

일본인들은 평소에도 남에게 폐(弊)를 끼치는 걸 거의 병적으로 혐오한다. 그래서 비록 집 안은 그야말로 굴 속 같을망정 거리에는 쓰레기 한 톨 남기지 않는다. 지하철을 타기 전에 아이들에게 미리 용변을 보게 하며, 차 안에서는 주변 사람들에게 폐가 되지 않도록 신문도 A4용지 크기로 접어서 본다. 그들이 10년 넘도록 우리 이수현 씨를 기리는 것도 어찌 보면 일본인 취객이 이수현 씨와 그의 가족에게 끼친 폐의 흔적을 지우려는 결벽의 표현일지 모른다. 당시 이수현 씨와 함께 구조작업을 하다 죽은 일본인 사진작가 세키네 시로에 대한 추모와는 사뭇 다르다. 일본인들에게 그는 '남'이 아닌 모양이다.

그런가 하면 우리는 어떤가? 남에게 폐가 되는 줄 뻔히 알면서도 모르는 척 밀어붙이기 일쑤고 때로는 폐가 되고 있음을 지적하는 사람에게 오히려 쩨쩨하다며 들이댄다. 공공장소가 자기 집 거실인 양 떠들며 뛰어다니는 아이들과 말릴 생각조차 하지 않는 부모들, 무리한 끼어들기로 경적 소리가 끊이지 않는 도시의 찻길, 그저 폐를 끼치는 수준을 넘어 멀쩡한 사람을 죽음으로 몰아가기도 하는 인터넷 댓글의 무례함과 잔인함…….

민폐 행위의 증가는 사회의 익명화와 관련이 있어 보인다. 구성원 모두가 각자의 존재를 확실하게 아는 작은 사회에서는 대놓고 남에게 폐를 끼치기 어렵다. 그렇다면 혹시 섬이라는 폐쇄적 공간의 생태적 속성이 그곳에 사는 사람들로 하여금 서로에게 폐를 끼치지 않도록 만든 것은 아닐까? 영국, 뉴질랜드, 마다가스카르 사람들도 일본 사람들 못지않은지 궁금하다. 영국인과 유럽 대륙인 그리고 마다가스카르 사람들과 아프리카 대륙에 사는 사람들의 민폐 행태를 비교하는 연구를 해보고 싶은데, 너무 많은 사람에게 폐가 되려나?

창의성

2006년 3월 16일 시사주간지 『타임』은 21세기가 인류 역사상 가장 대단한 창의와 혁신의 시대가 될 것이라고 주장했다. 그 옛날 우리의 조상은 날카로운 돌을 주워 동물의 가죽을 벗기기 시작했다. 그러나 허구한 날 날카로운 돌들이 주변에 흐드러져 있는 게 아니기 때문에 이내 돌의 면을 날카롭게 만드는 방법을 강구해야 했다. 우리 인간은 존재 역사 내내 끊임없이 창의와 혁신을 추구한 동물이었다.

지금까지 혁신의 주체는 극소수의 천재 또는 지도자들이었다. 그러나 이제는 그 주체가 극소수에서 엄청난 다수로 넘어갔다는 것이 『타임』의 주장이다. 그동안 사람들의 아이디어는 대체로 포장마차에서 술과 함께 사라지기 일쑤였다. 하지만 이제는 누구든 웬만큼만 다듬어진 아이디어를 내놓으면 그걸 구현해주는 메커니즘이 컴퓨터 안에 마련되어 있다. 전통적인 의미의 천재는 더 이상 존재하지 않는다.

창의성은 정의하기 매우 까다로운 개념이다. 타고나는 것인지, 아니면 교육에 의해 길러질 수 있는 것인지를 두고 참으로 많은 논쟁이 있었다. 『아인슈타인 피카소: 현대를 만든 두 천재』의 저자 아서 밀러(Arthur I. Miller)는 창의성이란 통합적 사고와 상상력에서 나온다고 주장한다. 피카소와 아인슈타인은 각기 예술과 과학이라는 서로 다른 분야에서 천재성을 발휘했지만 시각적 상상력에서 많은 유사성을 지닌다. 그런데 흥미롭게도 이들이 천재성을 발휘하기에 이른 과정은 무척 다르다. 이들을 만일 야구선수로 비유한다면 아인슈타인은 타율과는 상관없이 어느 날 드디어 장외홈런을 때린 사람이고, 피카소는 수없이 많은 단타를 치다 보니 심심찮게 홈런도 때렸고 그중의 몇 개가 만루홈런이 된 것이다. 피카소는 평생 엄청난 수의 작품을 남겼다. 그가 남긴 작품 중에는 평범한 것들도 많았으나 워낙 많이 그리다 보니 남들보다 훨씬 많은 수의 수작을 남기게 된 것이다.

나는 섬광처럼 빛나는 천재성보다 부지런함과 성실함이 더 소중한 덕목이라고 생각한다. 기린의 목은 아무리 잡아 늘여도 길어지지 않지만 배움의 키는 끊임없이 큰다. 신기하게도 키는 조금만 커져도 전에는 보이지 않던 것들이 홀연 눈에 들어오기 시작한다. 스스로 아인슈타인이 못 된다고 실망하지 말자. 부지런히 뛰다 보면 앞서 가는 피카소의 등이 보일 것이다.

거짓말

나라가 온통 거짓말 범벅이다. 천안함 침몰 사건에 대한 감사원의 조사 결과에 따르면 보고 과정의 거의 모든 길목마다 축소·은폐·왜곡·조작 등 온갖 형태의 거짓말이 총동원된 것으로 드러났다. 연이은 나로호 발사 실패 과정에서도 러시아와 맺은 계약서만 들여다보면 그대로 드러날 내용이 종종 왜곡되고 과장되는 안타까운 모습이 연출되었다. 온통 새빨간 거짓말보다 진실이 일부 포함된 거짓말이 훨씬 나쁜 거짓말이다. 아무리 구체적인 반박 자료를 들이대도 전체를 뒤집기 어렵기 때문이다. 공공기관의 거짓말들은 대체로 이런 거짓말들이다.

동물들도 과연 거짓말을 할까? 거짓말을 하려면 상당한 지능이 필요하다. 우선 자기가 처해 있는 상황을 파악할 수 있어야 하고 그걸 자기에게 유리하도록 왜곡 또는 조작할 수 있어야 한다. 북미의 반딧불이 중에는 다른 종의 암컷 신호를 흉내 내어 짝짓기를 하러 찾아온 그 종의 수컷을 잡아먹는 '팜므 파탈' 반딧불이가 있다. 나방의 성페로몬(sex pheromone)과 흡사한 화학물질을 분비하여 암컷이 있는 줄 알고 몰려든 수컷 나방들을 끈적끈적한 거미줄을 뭉쳐 만든 '끈적이공'을 휘둘러 잡아먹는 기발한 거미도 있다. 그러나 언뜻 지능적으로 보이는 이런 반딧불이와 거미의 행동은 집단 수준에서 조직적으로 거짓말을 제작해내고 구성원 모두가 입을 맞추며 실행에 옮기는 인간 행동의 현란함과는 비교가 되지 않는다.

모름지기 인간으로 태어나서 거짓말을 한 번도 하지 않고 살 수는 없다. 학생들에게 거짓말을 하지 말라고 가르치는 선생님이나 거짓말을 밥 먹듯 하는 자식의 종아리를 치는 어머니도 아마 선의의 거짓말은 하며 살 것이다. 해로운 진실보다 이로운 거짓이 때론 더 나을 수도 있다. 영국의 극작가 버나드 쇼는 "희망적인 거짓말은 엄청난 치료 효과를 지니므로 그것을 자신 있게 말할 수 없는 의사는 직업을 잘못 선택한 것"이라고 말한 바 있다. "화가와 시인은 거짓말을 허락받았다"는 스코틀랜드 속담도 있다. 어쩌면 거짓말은 비상한 두뇌와 고도로 발달한 언어를 가진 인간의 전유물이자 특권일지도 모른다. 그러나 세상에는 해도 되는 거짓말과 절대로 해서는 안 되는 거짓말이 있는 법이다. 그걸 분간할 줄 아는 사회가 선진사회이다.

전쟁

6·25전쟁이 일어난 지 어언 60여 년이 흘렀다. 미국 남북전쟁 당시 남부사령관이었던 로버트 리 장군은 "전쟁이 매우 참혹한 것은 좋은 일이다. 참혹하지 않으면 우리가 전쟁을 너무 좋아하게 될 것이다"라고 말했다지만, 인류 역사상 6·25전쟁만큼 참혹했던 전쟁도 그리 많지 않다. 불과 3년 남짓에 군인과 민간인을 합쳐 무려 300만 명 이상이 사망 또는 실종된 처참한 전쟁이었다.

이 세상에서 전쟁을 일으켜 대규모 학살을 저지르는 동물은 오로지 인간과 개미뿐이다. 다른 동물들도 서로 물고 뜯으며 때론 상대를 죽이기도 하지만 집단 수준에서 조직적으로 대규모 살생을 감행하는 동물은 이 둘뿐이다. 인간 사회의 전쟁도 결국 따지고 보면 돈 때문에 일어나는 게 대부분이지만 개미들의 전쟁도 기본적으로 경제 전쟁이다. 하지만 개미들은 결코 우리처럼 종교나 이념이 다르다고 해서 전쟁을 일으키지는 않는다.

개미와 인간은 군대의 구성에서도 결정적인 차이를 보인다. "전쟁을 선포하는 것은 노인들이지만 싸우고 죽는 것은 젊은이들"이라 했던 제31대 미국 대통령 허버트 후버의 말마따나 우리는 젊은 청년들을 전쟁터로 내몰지만, 개미 사회에서는 가장 늙은 할머니들이 우선적으로 전장에 투입된다. 개미제국의 일개미들은 모두 암컷으로 태어나며 처음에는 여왕개미의 시중을 드는 일부터 시작하여 차츰 온갖 집안일들을 거들다가 나이가 많이 들어 죽을 날이 가까워지면 드디어 전쟁에 나간다. 동방예의지국에서 맞아 죽을 말이겠지만, 철저하게 효율만 따진다면 개미가 우리보다 훨씬 현명한 셈이다. 앞길이 구만리 같은 젊은이보다 살 만큼 산 할머니를 희생하는 것이 사회 전체로 볼 때 훨씬 효율적이다. 외골격을 가지고 있는 개미는 내골격을 지닌 인간과 달리 나이가 들어도 근력이 별로 줄지 않기 때문에 할머니를 파병해도 전력에 차질이 없다. 하지만 우리가 만일 할머니들만 전장에 내보낸다면 백전백패할 게 뻔하다. 이건 효율의 문제이지 효(孝)의 문제가 아니다.

천안함 침몰 사건이 일어났을 때 한반도에는 심상치 않은 전운이 감돌았다. 분명한 것은 평화를 유지하는 비용이 아무리 비싸더라도 전쟁으로 인한 희생과 견줄 수는 없다. 아들이 아버지를 묻는 것도 서러운데 더 이상 아버지로 하여금 아들을 묻게 하지 않았으면 좋겠다.

코다크롬

"코다크롬(Kodachrome)/온갖 멋진 화려한 색깔들을 가져다 주네/여름의 녹색도 가져다 주네/그래서 우리는 이 세상 모두가 화창한 날이라고 생각한다네/ […] /그러니 엄마, 제발 내 코다크롬을 뺏지 말아주세요." 가수 폴 사이먼이 1973년에 불러 빌보드 2위를 기록한 「코다크롬」의 가사 일부이다.

이 같은 사이먼의 애걸에도 불구하고 2010년 6월 22일 코닥회사는 코다크롬의 생산을 중단했다. 1935년에 출시되어 무려 74년간 사진애호가들의 사랑을 독차지하던 대표적인 컬러 필름이 우리 곁에서 영원히 사라진 것이다. 특별히 자연의 색을 정확하게 재현해주는 특성 때문에 1980년대 중남미 열대림에서 온갖 동식물의 사진을 찍던 나도 무척이나 애용했던 필름이다. 내가 필름에 담던 그 많은 동식물들의 상당수가 지금 멸종 위기에 처해 있는데, 그들을 기록해둔 필름이 먼저 멸종해버린 셈이다.

코다크롬을 역사의 뒤안길로 밀어낸 장본인은 말할 나위도 없이 디지털카메라이다. 아날로그 시대의 종막을 보는 마음이 못내 아리다. 사실 사진계의 아날로그 시대의 종언은 이미 오래 전에 시작되었다. 2001년에 이어 2008년에도 또다시 파산 신청을 낸 폴라로이드 회사는 이미 2007년부터 한때 우리 모두가 열광했던 폴라로이드 즉석카메라를 더 이상 만들지 않고 있다.

나는 미국에서 강의하던 시절 폴라로이드 카메라를 애용했었다. 나는 어느 수업이든 강의 첫 시간에 폴라로이드 카메라를 들고 들어가 학생들이 앉아 있는 모습을 찍었다. 그러곤 학생들에게 제발 일주일만이라도 꼭 같은 자리에 앉아달라고 간청했다. 그런 다음 나는 그 사진을 책상머리에 붙여놓고 일일이 한 학생씩 얼굴을 바라보며 이름을 외우곤 했다. 학생들은 학기가 시작된 지 얼마 되지도 않았는데 자기들의 이름을 부르며 질문을 하는, 어눌하지만 진지한 외국 선생에게 하릴없이 후한 점수를 매겨주었다.

사실 이런 일은 디지털카메라로 더 잘할 수 있다. 그런데도 무슨 까닭인지 나는 어느 순간부터 이 같은 지고지순(至高至純)의 노력을 멈췄다. 따지고 보면 디지털은 여전히 아날로그를 품고 있건만 우리가 너무 쉽게 아날로그의 컨텐츠를 포기하는 것 같다. 디지털 기반과 아날로그 정서가 융합하는 첨단기술을 의미하는 용어로 이어령 선생님이 만든 '디지로그(digilog)'는 바로 이 점을 지적하고 있는 것이리라.

창작의 뇌

2011년 1월 22일 박완서 선생님이 끝내 "못 가본 길이 더 아름답다"며 다시는 돌아오지 못할 먼 길을 떠나셨다. 남들은 조기 퇴직이라도 할 40세 늦은 나이에 등단했지만, 지난 40년간 그는 우리 문단 역사를 통틀어 그 어느 문인보다도 열정적으로 주옥 같은 작품들을 발표했다. 1970년 『나목』을 시작으로 『그 많던 싱아는 누가 다 먹었을까』, 『그 산이 정말 거기 있었을까』, 『아주 오래된 농담』 등 장편들은 물론, 수없이 많은 단편소설, 수필, 그리고 동화까지 참으로 많은 작품들을 쉴 틈 없이 쏟아냈다.

나는 선생님과의 첫 만남을 잊지 못한다. 2002년 『현대문학』에 '최재천의 자연에세이'를 연재하던 어느 날 난생처음 문인들 모임에 초대를 받아 참석했다. 그 당시만 해도 아는 문인이 몇 없던 터라 그나마 친분이 있는 최승호 시인 옆자리에 앉았다. 잠시 후 따님인 호원숙 작가와 함께 들어오신 선생님은 나보다 대여섯 줄 앞 좌석에 앉으시려다 말고 홀연 우리 쪽으로 다가오셨다. 나는 당연히 최승호 시인과 인사를 나누시려니 하고 상체를 뒤로 젖히며 비켜 앉았다. 하지만 선생님은 뜻밖에도 수줍은 듯 따뜻한 특유의 미소로 나를 바라보며 "선생님의 글을 잘 읽고 있습니다"라고 말씀하시는 것이었다. 나는 너무나 황망하여 벌떡 일어나 허리를 굽히며 "아, 예, 선생님"만 몇 번이고 반복했다.

나는 지난 한 달여 동안에 장인어른과 장모님을 차례로 떠나보냈다. 생명을 연구하는 생물학자에게도 숨이 멎음과 동시에 한 인간의 삶이 그처럼 간단하고 깨끗하게 막을 내릴 수 있다는 사실은 여전히 낯설다. 움직임을 멈춘 몸뿐 아니라 그분들의 말씀, 시선, 그리고 체취도 더 이상 이곳에 존재하지 않는다는 것 또한 서름하긴 마찬가지이다. 죽음은 어쩌면 이렇게 말끔히 삶의 흔적을 걷어내는 것일까?

박완서 선생님을 이제 다시 뵐 수 없게 되었다. 하지만 비록 몸은 떠나시더라도 뇌는 남겨두고 가시라고 말한다면 생물학자의 음울한 궤변일까요? 선생님의 그 기막힌 '창작의 뇌'를 잃은 건 인간 집단지능에 결정적 손실입니다. 곁에 계시지는 않더라도 선생님의 이야기는 계속 들을 수 없을까요? "이 세상에 태어나길 참 잘했다" 하시더니 왜 그리 서둘러 가셨습니까? 사랑하는 선생님, 안녕히 가세요.

책, 인류 최악의 발명품

책이 인류 최악의 발명품이라니? 책을 벌써 수십 권이나 써냈고 스스로 책벌(冊閥)이라 일컫는 자가 내뱉을 말은 아닌 듯싶다. 그러나 엄연한 사실인 걸 어쩌랴. 우리 눈은 입체를 보라고 진화했다. 그런데 책을 최초로 발명한 그자는 어쩌자고 글자를 평면에 박아버렸는가 말이다. 3차원에 익숙한 우리 눈이 2차원을 보도록 강요당하는 바람에 죄다 망가진 것이다. 현대인 중 눈이 성한 사람이 과연 몇이나 되는가? 나는 10여 년 전부터 우리 눈이 편안해할 '입체글자'를 만들기 위해 나름의 융합 연구를 진행해왔다. 전자책이 등장하기 전에 특허까지 받았더라면 그야말로 돈방석에 앉았을 텐데.

최근 출판계에 귀로 읽는 오디오북이 대세라는 기사(『조선일보』, 2012년 8월 4일자)를 접했다. 눈이 침침해진 노인과 시각장애인들이나 구매할 것이라던 예상을 깨고 판매량이 급격히 늘고 있단다. 게다가 책은 보통 남성보다 여성이 더 많이 사는 법인데, 오디오북은 여성 독자가 47.4퍼센트인 데 비해 남성이 52.6퍼센트로 더 많다. 그러자 기사에는 '여자는 보고 남자는 듣는다?'라는 소제목까지 등장했다. 하지만 동물행동학자인 나는 이 결론이 조금 성급하다고 생각한다.

남성과 여성의 감성 차이에 관한 흥미로운 실험 결과 하나를 소개하련다. 남자들에게 여성의 나체 사진을 보여주면 거의 모든 남성에게서 동공이 확대되는 현상이 나타난다. 남자 나체 사진에 대한 여성들의 반응은 사뭇 다양하다. 대신 여성들에게 남녀가 사랑을 나누는 장면을 노골적으로 묘사한 연애소설을 읽어주면 훨씬 많은 여성의 동공이 커진다. 적어도 행동실험의 결과에 따르면 남성은 시각적인 반면, 여성은 훨씬 청각적이다. 인터넷 야동에 탐닉하는 쪽은 단연 여성이 아니라 남성이다.

52.6퍼센트와 47.4퍼센트의 차이가 과연 통계적으로 유의한 수준인가를 우선 검증해야 한다. 이 정도의 차이는 아마 따로 책을 읽을 시간을 찾기 어려워하는 남성 직장인과 약간은 여유 있게 책장 넘기는 맛을 음미하고픈 여성 주부들의 구매 성향 차이에 기인할 것이라 생각한다. MP3에서 스마트폰을 거쳐 오디오북으로 이어지는 흐름에 영상의 짜릿함을 보태야 계속 남성 독자들을 붙들어둘 수 있다. 그렇다면 해답은 어떤 형태로든 '오디오비디오북'이 될 것이다.

인생 이모작

나는 2005년 『당신의 인생을 이모작하라』라는 책을 출간하며 이제 다시 은퇴 없는 삶으로 돌아가자고 호소했다. 예전에 농사를 짓고 살던 시절에 우리가 은퇴란 걸 했던가. 큰 밭을 갈다가 나이가 들어 힘에 부치면 텃밭에서 김을 맸고, 그것도 어려워지면 방에서 새끼를 꼬며 살았다. 은퇴라는 개념과 정년 제도는 새롭게 사회에 진입해야 하는 젊은 세대를 위해 자리를 비워주자는 취지에서 시작된 근대 직업사회의 발명품이다.

자손들로부터 회갑 잔치를 받으며 '장수'를 자축하던 시절과 달리 인생 100세 시대를 앞둔 요즈음 우리가 만일 현행 정년 제도를 고수하면 조만간 은퇴자의 숫자가 노동인구보다 커질 게 불을 보듯 뻔하다. 노동인구보다 부양인구가 비대한 인구 구도로 국가 경제가 유지될 수 있겠는가? 바야흐로 정년 퇴임 후에도 새로운 직업을 찾아야 하는 '인생 이모작 시대'가 우리 앞에 펼쳐져 있다.

중남미 열대우림에서 버섯농장을 경영하는 잎꾼개미는 이미 이모작 삶을 살고 있다. 잎꾼개미 사회의 대형 일개미들은 톱날처럼 생긴 턱으로 나뭇잎을 둥글게 썰어 집으로 물어 나른다. 그러면 소형 일개미들이 그 이파리들을 더 잘게 썰고 그 위에다 버섯을 길러 먹는다. 미국 오리건대학의 곤충학자들은 최근 평생 나뭇잎을 써느라 톱날이 무뎌진 늙은 잎꾼개미 일개미들은 젊은 일개미들보다 나뭇잎을 써는 데 훨씬 많은 시간과 에너지를 소모한다는 사실을 발견했다. 그러나 그들이 당장 퇴물 취급을 당하며 은퇴하는 건 아니다. 대신 동료들이 썰어놓은 나뭇잎을 집으로 운반하는 부서로 옮겨 여전히 사회에 기여한단다. 예로부터 '이가 아니면 잇몸'이라 했다.

미래학자들에 따르면 지금 대학생들은 평생 직업을 대여섯 번씩 바꾸며 살 것이란다. 그렇다고 해서 전공을 미리 대여섯 개씩 해둘 수는 없지만, 자연과학과 인문학의 기초를 잘 다져두면 인생의 고비마다 새롭게 공부하여 새 직장을 얻을 수 있다. 새롭게 공부할 수 있는 능력? 그걸 우리는 수학능력(修學能力), 즉 '수능'이라 부른다. 이담에 그나마 잇몸이라도 쓰려면 우리 모두 수능을 제대로 갖춰야 한다. 옥스퍼드나 하버드 같은 세계적인 명문 대학들이 수백 년 동안 전공에 상관없이 한결같이 인문학과 자연과학의 기초를 가르치는 까닭이 여기에 있다.

퓌투아 현상과 하인리히 법칙

노벨 문학상 수상작가 아나톨 프랑스(Anatole France)의 「퓌투아(Putois)」라는 단편소설이 있다. 저녁 초대를 거절하려 즉흥으로 지어낸 이야기의 주인공 퓌투아가 마을 사람들의 입을 거치며 점점 구체적인 실체로 변모해가는 과정을 해학적으로 그린 소설이다. 이 과정에서 허구의 인물을 만들어낸 장본인마저도 궁극에는 마치 그가 실존하는 인물인 것처럼 착각하게 된다. 거짓말이란 이처럼 마치 살아 있는 생명체처럼 일단 태어나면 자기만의 삶을 산다. 미확인 비행물체(UFO)는 퓌투아 현상의 전형을 보여준다. 잊을 만하면 터져 나오는 목격자들의 민망하리만치 구체적인 진술에 일단 믿기로 작정한 사람들의 신뢰도는 날이 갈수록 높아간다.

요즘 들어 부쩍 미래 예측에 관한 책들이 쏟아져 나온다. 새천 년을 맞던 지난 세기말보다 더 많아 보인다. 미래에 대한 우리 사회의 불안감이 크다는 확실한 증거이다. 나도 한 미래 연구 프로젝트에 참여하여 최근 『10년 후 세상』이라는 책을 펴냈다. 미래 예측은 정확한 미래 시점을 짚고 해야 한다. 그러지 않으면 기껏해야 사기 또는 소설에 지나지 않는다. 만일 어느 미래학자가 미래에는 로봇이 인간을 지배할 것이라는 예측을 내놓았다고 하자. 그로부터 수십 년이 지난 어느 날 도우미로봇은 많이 등장했어도 로봇이 인간을 지배하는 것은 아니잖느냐고 항의해도 그는 여전히 할 말이 있다. "기다리시라니까요. 언젠가 미래에는……" 그가 말하는 미래는 영원히 오지 않을 수도 있다.

'제비가 물을 차면 비가 온다'는 옛말이 있다. 옛사람들이 비가 오기 전 공기 중에 습기가 많아지면 잠자리들이 낮게 날기 때문에 그들을 잡아먹는 제비가 물을 차듯 나지막이 나는 걸 보고 한 말이다. 1931년 미국 해군장교 허버트 하인리히(Herbert Heinrich)는 각종 산업재해 관련 사망 사고 이전에는 평균적으로 동일한 원인으로 인한 부상 사고가 29건, 그리고 부상에 이를 뻔한 사고가 300건이나 발생한다는 흥미로운 관찰을 내놓았다. 미래는 어느 날 하늘에서 뚝 떨어지는 게 아니다. 미래는 과거의 관성으로 일어난다. 가랑비에 옷 젖는 줄 모를 뿐이다. 세상에 떠도는 많은 미래 예측들이 뛰투아 현상의 단면인지 하인리히 법칙의 경우인지 잘 살펴야 한다.

모델 T와 중용

1908년 10월 1일은 포드 자동차가 그 유명한 '모델 T'를 처음으로 출시했던 날이다. 1908년 처음 생산을 시작했을 때에는 한 달에 11대밖에 만들지 못하던 것이 헨리 포드가 세계 최초로 고안한 조립라인(assembly line) 분업 공정 덕택에 1914년에 이르면 93분 만에 한 대씩 만들 수 있게 되었다. 공정 효율이 절정에 이르렀던 1920년대에는 하루에 1만 대까지 만들어냈다고 한다. 1927년까지 총 1500만 대가 생산된 모델 T는 자동차 대중화 시대를 연 주역이었다.

포드 자신은 모델 T를 가리켜 최고의 기술자들이 최상의 재료로 만든 자동차라 했지만 실제 품질관리에 얽힌 일화는 극명한 대조를 이룬다. 어느 날 포드는 그의 기술자들에게 폐차장에 가서 별로 망가지지 않아 재사용할 만한 부품이 있는지 조사해보라는 지시를 내린다. 그러자 기술자들은 자동차 핸들과 관련된 부품인 킹 핀(king pin)을 가져와 자신들이 그 부품을 얼마나 잘 만들었으면 폐차에서 빼내어 그대로 새 차에 장착해도 아무런 문제가 없을 것이라며 자랑을 늘어놓았다. 그러자 포드는 "그렇다면 우리가 그 부품을 만드는 데 지나치게 많은 돈을 들이고 있다는 얘기이다. 그것도 다른 부품들과 비슷하게 망가지도록 만들라"고 지시했다고 한다.

이 일화는 다윈의 자연선택 메커니즘을 설명할 때 종종 인용된다. 천수를 누리고 돌아가신 어느 어르신이 장기를 기증하시겠다고 하여 건강검진을 했는데 뜻밖에도 심장만큼은 20대 젊은이의 심장이 부럽지 않은 상태였다고 하자. 언뜻 참 건강한 분이셨구나 생각할 수 있지만, 사실 그분은 건강한 심장을 유지하느라 지나치게 많은 영양분을 낭비하신 것이다. 보다 골고루 영양분을 분배하셨더라면 비록 심장은 그리 튼튼하지 않았더라도 몇 년 더 사실 수도 있었을 것이다.

자연선택은 중용(中庸)의 덕을 행한다. 자사(子思)는 중용을 부족함이나 지나침도 없고 어느 한쪽으로 치우치지도 않은 떳떳하고 알맞은 상태라고 설명했다. 인간이 만든 인위적인 것들에 비해 자연에 있는 것들은 대체로 훨씬 더 아름다운 중용의 미를 발휘한다. 실제로 『종의 기원』과 『중용』을 공부했는지는 모르지만 헨리 포드는 놀랍게도 다윈의 자연선택 이론은 물론 유교의 핵심 개념까지 꿰뚫고 있었던 것 같다.

애플과 새누리당

꿀벌이 춤을 추며 동료에게 꿀이 있는 곳을 알려준다는 사실을 발견하여 1973년 노벨상을 수상한 카를 폰 프리슈(Karl von Frisch)에게는 찰거머리처럼 들러붙어 사사건건 문제 제기를 하던 에이드리언 웨너(Adrian Wenner)라는 젊은 학자가 있었다. 꿀벌이 추는 일명 꼬리춤(waggle dance)에 꿀을 따 온 꽃밭까지의 거리와 방향에 관한 정보가 담겨 있다는 폰 프리슈의 주장에 웨너는 끈질기게 동료가 다녀온 꽃의 냄새를 맡고 그 방향으로 날아나가는 게 아니냐는 의문을 제기했다. 흥미로운 사실은 몇 차례 이 같은 논쟁을 거치면서 웨너는 단숨에 폰 프리슈와 마주 앉을 수 있는 지위로 뛰어올랐다는 점이다.

애플이 삼성전자를 캘리포니아로 끌고 가 유치할 정도로 편파적인 법정 모의를 연출해내곤 쾌재를 부르고 있다. 적지 않은 벌금을 내게 될지도 모르는 삼성으로서는 심기가 불편할 수 있겠지만, 길게 보면 삼성에 더할 수 없이 훌륭한 호재였다고 생각한다. 애플이 삼성을 가장 껄끄러운 상대라고 만천하에 공표함으로써 이제 삼성은 노키아나 소니를 확실하게 따돌리고 오로지 애플만 상대하면 되는 국면을 맞았다. 게임이 훨씬 쉬워진 것이다.

나는 개인적으로 애플의 집권이 그리 길지 않을 수도 있다고 생각한다. 어느덧 지킬 게 너무 많아진 애플은 그 옛날 그들을 성공의 길로 이끌어준 '유저 프렌들리(user friendly, 사용자 친화적인)' 정신을 내팽개친 지 오래다. 아이폰은 애플이 깔아준 멍석 위에서만 잘 놀 수 있다. 일등 자리에 오를수록 두루 품어야 하는데 고독해지기 시작하면 내려올 일만 남은 셈이다. 그리 멀지 않은 장래에 애플은 삼성을 애써 링 위에 올려준 걸 땅을 치고 후회할 것이다.

최근 새누리당이 안철수 교수에게 사뭇 어설프게 싸움을 건 것도 비슷한 맥락으로 이해할 수 있다. 조금만 더 영악하게 생각했더라면 안철수 교수는 슬쩍 모른 체하고 지금 여론조사에서 훨씬 뒤처져 있는 야권 후보 중의 다른 한 사람에게 싸움을 거는 척했어야 한다. 침팬지 사회의 으뜸 수컷은 아무리 버금수컷들이 날뛰더라도 좀처럼 먼저 집적거리지 않는다. 권좌를 넘볼 만큼 막강한 버금수컷을 건드리는 일은 어리석은 짓이다. 게다가 안철수 교수는 웨너가 아니라 삼성전자 급이다.

생활의 달인

TV를 볼 겨를이 별로 없지만, 나는 토요일마다 아내와 함께 약간 늦은 아침을 먹으며 SBS TV의 「생활의 달인」이라는 프로그램을 즐겨 본다. 나는 내 평생 보아온 모든 TV 프로그램 중 이보다 더 나은 것은 몇 개 없었다고 감히 말할 수 있다. 거친 삶의 현장에서 정직하고 열심히 살아가는 이들의 가슴 따뜻한 휴먼 드라마이다.

그동안 나는 저술과 강의를 통해 줄기차게 우리 인간도 엄연한 동물이며 진화의 산물이라고 주장해왔다. 자연계에서 우리와 가장 가까운 사촌인 침팬지와는 유전자의 거의 99퍼센트를 공유한다. 그래서 『총, 균, 쇠』로 퓰리처상을 수상한 진화생물학자 제레드 다이아몬드(Jared Diamond)는 우리 인간을 아예 침팬지와 보노보에 이어 '제3의 침팬지'라고 부른다. 이 제3의 침팬지가 다른 침팬지들로부터 분화된 시점은 지금으로부터 겨우

600만여 년 전이다. 이는 지구의 나이 46억 년을 하루로 환산할 때 불과 몇 초밖에 되지 않는 덧없는 시간이다.

우리말로 번역된 지 한 달도 채 되지 않아 영원한 베스트셀러의 반열로 뛰어오른 빌 브라이슨(Bill Bryson)의 과학교양서 『거의 모든 것의 역사』에는 지구의 역사에서 인간이 얼마나 최근에 등장했는지에 대해 다음과 같이 적혀 있다. "두 팔을 완전히 펴고, 그것이 지구의 역사 전체를 나타낸다고 생각해보는 것이다. 인간의 모든 역사는 손톱줄로 손톱을 다듬을 때 떨어져 나오는 중간 크기의 손톱 가루 한 알 속에 들어가버린다."

그러나 이제는 말하련다. 인간은 더 이상 침팬지가 아니라고. 겨우 1퍼센트 남짓의 유전자 차이가 만들어낸 생물학적 차이는 실로 엄청나다. 그 짧은 기간에 우리는 직립하여 아프리카에서 지구 전역으로 이주하며 침팬지는 상상도 하지 못할 눈부신 기계문명을 일으켰다. '생활의 달인'들은 한결같이 창의적으로 사고하며 끊임없이 새로운 기술을 개발하려 애쓰는 위대한 인간 동물들이다.

진화가 낳은 가장 탁월한 걸작품이 바로 우리 인간이라는 점에 겸허히 동의한다. 인간은 누가 뭐래도 진화의 역사를 통틀어 가장 창의적이고 혁신적인 동물이다. 삶의 굴레를 긍정적으로 받아들이고 열정을 다하는 달인들을 보고 있노라면 내가 인간임이 자랑스럽다. 모두 자신의 분야에서 달인이 되도록 노력했으면 좋겠다.

석양

예년보다 좀 이른 추석도 지나고 억수 같은 비를 토해낸 다음이라 그런지 하늘이 유달리 창백해 보인다. 마냥 뜨겁기만 하던 햇살도 가슴팍에 내리쬐는 느낌이 다르다. 폭염이라는 표현이 전혀 어색하지 않았던 여름도 이젠 슬그머니 산모퉁이를 돌아선다. 여태껏 살면서 깨달은 한 가지 분명한 진리가 있다면, 그건 제아무리 난리를 쳐도 시간이 가면 시간이 온다는 사실이다.

고형렬 시인이 “까마득한 기억의 한 티끌과 영원 저 바깥을 잇는 통섭의 시”라고 평한 황지우 시인의 「아주 가까운 피안」이라는 시가 있다. “어렸을 적 낮잠 자다 일어나 아침인 줄 알고/학교까지 갔다가 돌아올 때와/똑같은, 별나도 노란빛을 발하는 하오 5시의 여름 햇살이/아파트 단지 측면 벽을 조명할 때 단지 전체가 피안 같다/ […] /어디선가 웬 수탉이 울고, 여름 햇살에 떠밀리며 하교한 초등학생들이/문방구점 앞에서 방망이로 두더지들을 마구 패대고 있다." 나는 하루 중 해질 무렵을 제일 좋아한다. 어릴 적 시골에서 삼촌들과 함께 밭일을 마치고 할머니가 감자밥을 해놓고 기다리는 집으로 돌아오던 기억이 아른하다. 늘 바삐 돌아가는 삶이지만 눈에 드는 사물들의 윤곽이 아스라해지기 시작할 무렵이면 왠지 모르게 마음도 절로 차분해진다. 툭하면 괜스레 우수에 젖는 걸 즐기는 나만 그런가 했는데 주변에 물어보니 해질 무렵을 좋아한다는 이들이 뜻밖에 적지 않다. 시간을 내어 가까운 동산에 오르거나 강변을 거닐며 지는 해를 바라보라. 석양을 바라보며 숙연함을 느끼는 것은 인간 모두의 보편적인 감성일 것이다.

『인간의 위대한 스승들』이라는 책에 소개되어 있는 어느 동물학자의 이야기이다. 어느 날 그는 아프리카 하늘을 온통 붉게 물들이며 꺼져가는 석양을 지켜보고 있었다. 그때 숲 속에서 홀연 파파야 한 무더기를 들고 침팬지 한 마리가 나타났다. 침팬지는 슬그머니 파파야를 내려놓더니 시시각각으로 변하는 노을을 15분 동안이나 물끄러미 바라보다가 해가 완전히 사라지자 터덜터덜 숲으로 돌아갔다고 한다. 땅에 내려놓은 파파야는 까맣게 잊은 채. 침팬지의 삶도 피안의 순간에는 까마득한 저 영원의 바깥으로 이어지는가? 그 순간에는 그도 생명 유지에 필요한 먹을 것 그 이상의 무언가를 찾고 있었으리라. 가을이다.

책벌

'벌(閥)'이란 본래 명사 아래 붙어서 그 방면의 지위나 세력을 뜻하는 말이다. 그 자체로는 결코 나쁜 말이 아니건만 언제부턴가 우리 사회에서는 재벌(財閥)이나 학벌(學閥) 등이 영 호감이 가지 않는 말로 전락해버렸다. 곧 죽어도 선비를 자처하는 내가 절대로 들을 염려 없는 소리는 아마 재벌일 것이다. 그럼에도 불구하고 나는 오늘 내가 한때 '추악한' 재벌이었음을 고백하려 한다.

중학생 시절 나는 남산 해방촌 골이 떠들썩한 구슬 재벌이었다. 당시에는 설탕이 귀한지라 명절이면 커다란 양철통에 가득 담긴 설탕을 귀한 선물로 주고받았다. 허구한 날 양지바른 길목에 쪼그리고 앉아 구슬 따먹기를 해서 긁어 모은 구슬이 그런 큰 설탕 통 대여섯 개를 채우고도 남았다.

그 당시 구슬에 대한 나의 탐욕은 여느 재벌의 시장독점욕 못지않았다. 나의 부를 넘볼 만한 '준재벌'이 나타나면 그 상대가 누구든 기어코 맞대결을 벌여 무너뜨려야 직성이 풀렸다. 그가 가진 구슬의 마지막 한 개마저 몽땅 빼앗을 때까지 악착같이 공략했다. 그야말로 피도 눈물도 없는 기업합병을 단행한 것이다. 물론 상대를 완벽하게 제압한 다음에는 그가 다시 재기할 수 있도록 구슬 몇 개를 그의 손에 쥐여주는 배려도 잊지 않았다. 그래야 시장이 계속 유지된다는 걸 나는 본능적으로 알고 있었다. 그래야 그 친구가 또 다른 친구들과 경기를 벌여 얼마간의 재산을 축적한 다음 내게 또 속절없이 갖다 바칠 것임을 나는 치밀하게 계산하고 있었다.

언제부턴가 나는 구슬을 버리고 책을 모으는 책벌(冊閥)이 되었다. 연구실과 집의 벽이란 벽은 다 책으로 두른 지 오래건만 나는 여전히 책을 긁어 모으며 산다. 다 읽을 시간이 없다는 것을 뻔히 알면서도 끊임없이 주워 나른다. 책 때문에 더 큰 아파트로 이사하는 사람들의 마음을 충분히 이해한다. 돈과 달리 책은 내가 긁어 모은다 해서 세상의 책이 다 없어지는 것도 아닌 만큼 죄책감을 느낄 필요도 없다. 방 안 그득한 책을 바라보면 마냥 행복하다. 하지만 진정한 책벌은 책을 몇 권이나 가지고 있는지 자랑하지 않는다. 얼마나 많이 읽었는지 흐뭇해할 뿐이다. 책 읽기 좋은 계절이다. 이 가을 책 읽는 행복에 푹 빠져 사는 실속 있는 책벌이 되시기 바란다.

걷기 예찬

과학저술가 케이티 앨버드는 2000년 벽두에 『당신의 차와 이혼하라』라는 도발적인 제목의 책을 냈다. 사람들은 자동차의 등장으로 길바닥의 말똥이 사라지고, 멀리 떨어진 가족들이 더욱 가까워지며, 도시의 혼잡과 오염이 해소되고, 계급 차별이 없어질 것이라고 믿었다. 심지어 뉴욕 시의 보건 담당 공무원은 "핸들을 돌리는 데 드는 가볍지만 의도적인 노력" 덕택에 "활발한 신체 운동"을 할 수 있다고 주장하기도 했다.

5년 전 어느 날 아침 나는 대문을 나서다 갑작스러운 현기증 때문에 길바닥에 나뒹굴었다. 몸을 추스르고 대문 앞 층계에 걸터앉아 나는 문득 '과로사'를 떠올렸다. 타고난 오지랖 때문에 하루에도 열댓 가지 일을 하며 사는 나 자신을 돌이켜보았다. 그래서 그길로 병원에 가서 난생처음 종합진단을 받았다. 피도 10 튜브 이상 뽑고 둥근 통 안에 누워 사진도 찍었다. 며칠 후 결과를 보러 병원에 들렀을 때 의사 선생님은 한참 모니터를 응시하더니 딱 한마디를 던졌다. “최 교수님, 운동 좀 하세요?” 그 모든 증상은 오로지 운동 부족에서 온 것이란다.

박원순 서울 시장은 아름다운재단 이사장 시절에 가진 어느 인터뷰에서 시민을 위해 과로사를 하는 게 평생 꿈이라고 대답했다지만, 나는 그럴 용기는 없다. 하지만 내 하루 일과 중 두세 시간씩 헬스센터를 찾는 일은 지나친 사치란 걸 잘 알기에 그다음 날부터 나는 걸어서 등교하기 시작했다. 나는 걸음이 무척 빠른 편이다. 그런 빠른 걸음으로 35분쯤 걸린다. 모든 전문가 말씀에 최고의 운동이란다. 연세대 교정에는 150미터쯤 되는 걸어서 통과하기에 매우 훌륭한 숲이 있다. 하루에 두 차례씩 나는 그 숲에서 산림욕을 한다. 걷기 시작하며 내 건강은 30대로 되돌아간 듯싶다. 연세대에 감사기부라도 해야 할까 보다.

다비드 르 브르통(David Le Breton)의 『걷기예찬』을 번역한 김화영 선생님은 걷기예찬은 곧 “삶의 예찬이요 생명의 예찬인 동시에 깊은 인식의 예찬”이라고 예찬하신다. 걷기 시작하며 나는 자연스레 내 차와 이혼 수속을 밟고 있다. 그런데 이놈의 도시에서는 차와 완전히 이혼하고 살기가 영 쉽지 않다. 그래서 이혼 숙려 기간이 벌써 5년을 끌고 있다. 생명과 인식을 예찬하려는데 삶이 자꾸 내 발목을 잡는다.

화이트헤드

2011년 2월 15일은 20세기 논리학과 과학철학에 심대한 영향을 미친 화이트헤드의 탄생 150주년이 되는 날이다. 제자인 러셀과 함께 『수학의 원리』를 저술하며 수학자로 출발했지만 그는 지금 우리 곁에 여러 다양한 주제에 대해 참으로 독특한 관점을 제시한 흥미로운 철학자로 남아 있다. 이번 기회에 그를 그저 이름으로만 기억하지 말고 그의 책을 한 권 탐독할 것을 권한다. 평생을 화이트헤드 연구에 바친 연세대 철학과 오영환 명예교수님과 한국화이트헤드학회 덕택에 그의 글들은 대부분 우리말로 번역되어 있다.

나는 유학 시절 수업 시간에 그의 『과학과 근대세계』를 읽었고 내친김에 『과정과 실재(*Process and Reality*)』도 조금 들여다보았다. 솔직히 고백하면 후자를 집어 든 이유는 제목이 그냥 맘에 들었기 때문이었다. 나는 '무엇과 무엇' 식의 책 제목에 속절없이 무릎을 꿇는다. 이른바 오페론 이론으로 1965년 노벨 생리의학상을 함께 수상한 프랑스의 생물학자 자크 모노의 『우연과 필연(*Chance and Necessity*)』과 프랑수아 자콥의 『가능과 실제(*The Possible and the Actual*)』는 내가 정말 감명 깊게 읽은 과학책들이다. '무엇과 무엇' 식의 책 제목에는 마침표를 찍는 듯한 지적 단호함이 묻어난다. 과정, 실재, 우연, 필연, 가능, 실제—대충 이 정도면 거의 모든 학문을 망라하리라.

화이트헤드는 실존하는 모든 것은 그저 물질로만 존재하는 것이 아니라 끊임없이 변화하는 과정으로 이해해야 한다며 '실재는 과정이다'라는 유명한 언명을 남겼다. 그를 연구하는 학자들은 한결같이 그에게 특별한 영향을 끼친 학자를 찾기 어렵다고 말한다. 하지만 과정철학 또는 유기체철학으로 규정되는 그의 설명을 따라가다 보면 군데군데 다윈의 냄새가 진동한다. 나는 실재하는 변이(variation)의 중요성으로 플라톤의 이데아(idea) 사상에서 우리를 구원해준 다윈이 없었더라면 아인슈타인의 상대성 원리도 없었을지 모른다고 떠들어대며 산다. '무지가 용맹이다'라는 세속 언명에 기대어 용기를 내어 말하자면 내 눈에는 자꾸만 다윈에서 아인슈타인으로 이어지는 길목에 우뚝 서 있는 화이트헤드가 보인다. 아무래도 그의 다른 책들도 마저 읽어야겠다.

애덤 스미스의 『도덕감정론』

2009년은 찰스 다윈이 탄생한 지 200년이자 『종의 기원』이 출간된 지 150년이 되는 해라서 세계적으로 '다윈의 해'를 기념하는 온갖 행사들이 벌어졌다. 이처럼 딱 떨어지는 숫자의 해를 기념할라치면 꼭 기념해야 할 게 하나 더 있다. 『종의 기원』이 출간되기 100년 전 근대 경제학의 아버지라 불리는 애덤 스미스의 『도덕감정론』이 출간되었다. 그는 우리에게 『국부론』으로 더 잘 알려져 있지만 정작 본인은 『도덕감정론』을 자신의 최고 역작으로 꼽았다고 한다.

『국부론』보다 무려 17년 전에 쓰인 이 책에서 그는 이미 그 유명한 '보이지 않는 손(invisible hand)'의 개념을 가지고 부의 분배 과정을 설명했다. 그는 구성원 각자가 자기 이익을 위해 행동하되 남과의 공감(sympathy)을 잃지 않는 사회가 바로 도덕적인 사회라고 역설했다. 그런 그가 훗날 『국부론』에서는 사뭇 철저하게 이기심(self-interest)을 강조하자 혹자는 그가 일구이언(一口二言)의 우를 범했다고 비난했다. 하지만 진화생물학자인 내게 스미스는 결코 이부지자(二父之子)가 아니다. 그의 도덕철학은 하나도 버릴 것 없이 그대로 도킨스의 '이기적 유전자' 개념으로 이어진다.

꿀벌 사회의 일벌들은 자기 영토를 침입한 적의 몸에 가차없이 독침을 꽂는다. 그러나 독침 표면의 날카로운 돌기들 때문에 결국 일벌은 독침과 함께 내장의 대부분을 적의 몸에 남겨둔 채 날아가고, 그 결과 두어 시간 후면 목숨을 잃고 만다. 사회를 위해 기꺼이 자기 목숨을 바치는 일벌의 자기희생 행동은 실제로 다윈의 자연선택론에 가장 큰 도전이었다. 먼 훗날 유전자의 존재를 알고 난 다음에야 우리는 이 같은 이타적 행동도 유전자의 전파에 이득이 되기 때문에 진화했다는 사실을 깨달았다. 유전자의 관점에서 보면 결국 이기적 행동이란 말이다.

스미스는 우리에게 '현명한 이기주의자'가 되라고 가르친 것이다. 2008년 세계를 뒤흔든 미국발 금융 위기는 아마도 『도덕감정론』은 덮어두고 『국부론』만 탐독한 영악한 수전노들이 저지른 일이리라. 박세일, 민경국 교수의 노력으로 1996년에야 겨우 번역된 『도덕감정론』이 오랜 절판 끝에 다시 나왔지만 그마저 읽지 않는 우리나라의 상황은 더욱 암담할 뿐이다.

마크 트웨인과 핼리 혜성

올해(2010년)는 마크 트웨인이 서거한 지 100년이 되는 해이며 오늘(11월 30일)은 175년 전 그가 태어난 날이다. 내가 이렇게 정확하게 햇수를 세는 까닭은 그의 생애가 절묘하게 핼리 혜성의 주기와 맞아떨어졌기 때문이다. 핼리 혜성은 우주에 조금이라도 관심이 있는 사람이라면 누구나 잘 아는 혜성이다. 18세기 초 영국의 천문학자 에드먼드 핼리는 뉴턴의 만유인력 법칙을 적용하여 혜성들의 궤도를 계산하던 중 1456년, 1531년, 1607년, 1682년에 출현한 것으로 기록되어 있는 네 개의 혜성이 거의 같은 궤도를 돌고 있다는 사실을 발견하곤 이들이 약 76년을 주기로 하여 태양의 주위를 도는 동일한 혜성이라고 주장했다. 자신의 계산을 확신한 그는 대담하게도 1758년에 이 혜성이 다시 태양계를 찾을 것이라고 예언했고, 혜성은 그해 크리스마스에 말 그대로 '혜성처럼' 나타났다. 안타깝게도 핼리는 1742년에 세상을 떠나는 바람에 혜성의 귀환을 보지 못했지만 그의 이름은 혜성과 함께 지금도 우주를 돌고 있다.

물론 우연이겠지만 마크 트웨인은 1835년 핼리 혜성이 또다시 지구를 찾은 지 2주일 만에 태어났다. 우리에게는 『톰 소여의 모험』과 『허클베리핀의 모험』으로 인해 '자연으로 돌아가라' 식의 루소풍 소설가로 잘 알려져 있지만 그는 사실 첨단과학과 기술 개발에 상당한 관심을 보였다. 여러 차례 영화로도 만들어진 그의 소설 『아서 왕궁의 코네티컷 양키』는 타임머신을 주제로 한 공상과학 소설의 전형이었고 당시 이미 인기 작가였던 그는 인세로 상당한 돈을 벌었지만 새로 개발된 식자기(植字機) 사업에 엄청난 돈을 투자했다가 파산하기도 했다.

1909년 마크 트웨인은 다음과 같은 말을 남겼다고 한다. "나는 1835년 핼리 혜성과 함께 왔다. 내년에 다시 온다고 하니 나는 그와 함께 떠나려 한다. 내가 만일 핼리 혜성과 함께 가지 못한다면 그것은 내 인생에서 가장 실망스러운 일이 될 것이다. 신은 분명 이렇게 말씀하셨다. 여기 설명하기 어려운 두 현상이 있다. 그들은 함께 왔고 함께 갈 것이다." 그는 1910년 핼리 혜성이 다시 지구를 찾은 바로 이튿날 세상을 떠났다. 지난 1986년에 또 왔었으니 다음 핼리 혜성은 2061년에 오리라. 그땐 또 어떤 위대한 작가가 태어나려나?

혼화의 시대

역사학을 전공하시는 분들에게 묻고 싶다. 인류 역사를 통틀어 지금처럼 대대적으로 피가 섞여본 적이 있는지. 예전에는 핀란드 사람들은 대체로 핀란드 사람들끼리 피를 섞었고, 한반도에 사는 우리들은 그저 우리들끼리 결혼하여 애 낳고 살았다. 그런데 언제부터인가 종족 간 결혼이 엄청나게 빈번해지기 시작했다. 전쟁 통에 억지로 피가 섞이긴 하지만 지금처럼 대규모의 피 섞임이 일어난 적은 없었던 것 같다.

나는 가끔 그저 넉넉잡고 한 500년만 살게 해달라고 기도한다. 삶에 대한 애착이 특별히 남달라 그런 것은 아니다. 다만 보고 싶다. 도대체 인류가 어떻게 변할지 내 눈으로 확인하고 싶다. 지금으로부터 약 5만 년 전 우리 인류가 아프리카를 빠져나와 지구 여러 곳에 흩어져 독립된 개체군(population)으로 살다가 다시금 하나의 거대한 개체군으로 묶이고 있다.

이 같은 피 섞임은 각각의 개체군에는 당장 새로운 유전적 변이를 제공하지만 인류 전체를 놓고 보면 그동안 개별적으로 구축해온 변이의 다양성을 희석시키는 결과를 빚을 것이다. 도대체 우리가 어떤 모습의 '신인류'로 변화할지 정말 궁금하다. 그렇다고 다짜고짜 천년만년 살게 해달라고 빌 수는 없고, 한 500년이면 변화의 조짐 정도는 엿볼 수 있지 않을까 하여 빌어본다.

지금 우리 농촌의 결혼은 거의 절반이 국제결혼이다. 우리나라는 지금 상당히 빠른 속도로 다민족 국가로 변하고 있다. 대원군의 자손입네, 단일민족이네 하는 편견을 고수할 때가 아니다. 섞이는 피에 문화가 묻어와 한데 뒤섞이고 있다. 문화와 과학이 섞이고 예술과 기술이 섞인다. 동양과 서양 음식이 섞여 퓨전 음식 천지이다.

언제 정말 한가한 시간이 나면 백지 위에 지금 이 순간 우리 주변에서 절대로 섞이지 않는 것들의 목록을 만들어보라. 몇 개 못 적을 것이다. 우리는 지금 거대한 섞임의 급류에 휩싸여 어디론가 마구 흘러가고 있다. 그래서 나는 21세기 초반 이 시대를 '혼화(混和)의 시대'로 규정해본다. 다름이 어우러져 새로움으로 거듭나고 있다. 섞임을 거부하는 우를 범하지 말고 섞임의 선봉에 서야 한다. 우리와 가족이 되기 위해, 우리와 함께 일하기 위해, 왠지 우리 곁에 있고 싶어 이 땅에 온 이들을 우리 가족으로 보듬어야 한다.

국격

최근 들어 부쩍 국격(國格)에 대한 논의가 활발하다. 정부에서는 2009년 국가브랜드위원회라는 것까지 만들어 세계시장에 내놓을 매력적인 국가 이미지를 창출하느라 애쓰고 있다. 나 역시 나름대로 우리나라의 새로운 국가 브랜드 이미지를 '대한민국, 대학문국(大韓民國, 大學問國)'으로 세우고 여기저기 강의를 다니느라 분주한 한때를 보냈다. 한마디로 '학자의 나라, 대한민국'을 만들어보자는 얘기이다.

우리나라가 어디 파기만 하면 시커먼 액체가 콸콸 쏟아져 나오는 곳인가? 깊은 산중 이곳저곳에 조상님들이 우리 후손들을 위해 금괴라도 묻어주셨던가? 불과 반세기여 전에 전쟁으로 거의 완벽하게 쑥대밭이 되었던 나라가 아니던가? 세상 다른 나라들은 그동안 전부 뒷짐 지고 놀았더냐? 어떻게 우리가 그 짧은 기간 동안에 찢어지게 가난한 나라에서 세계 10위권의 경제 대국으로 성장할 수 있었단 말인가?

사람들은 기적을 믿고 싶어한다. 기독교인들은 모세가 홍해의 물을 가르고 이스라엘 민족을 구한 기적을 믿는다. 나는 과학자이지만 모세의 기적은 믿어볼 용의가 있다. 그러나 지난 반세기 동안 우리나라가 이룩한 경제 기적은 정말 믿기 어렵다. 우리 정부가 국민의 사기를 북돋우려 지어낸 얘기 같다. 여전히 기적으로 믿지 않으면서도 나는 그 기적이 어떻게 일어났는지는 확실히 안다. 그리 좋지도 않은 교육제도 속에서도 그저 죽어라고 공부해서 이룬 기적이라는 것을.나는 가진 것 없고 물려받은 것 없는 이 나라가 기댈 곳은 오로지 교육밖에 없다고 생각한다. 그런데 지금 이 나라의 교육은 그야말로 고사 직전이다. 당장 돈이 될 듯한 개발 사업에만 쏟아붓지 말고 수십 조의 예산을 교육에 투자하여 대한민국을 '대학문국'으로 만들어보자. 이 나라에게 머리로 먹고 사는 것 외에 진정 다른 대안이 있다고 생각하는가.

세계인의 머릿속에 '은자(隱者)의 나라'였던 대한민국이 '학자의 나라'로 각인되기만 하면 우리가 만드는 모든 제품들이 홀연 날개를 달고 훨훨 날 것이다. 독일, 이스라엘, 인도 등이 머리 좋은 사람들의 나라라는 명성을 얻었지만 그들에게는 약간의 부정적인 이미지도 따라다닌다. '대한민국은 머리도 좋고 정직하며 따뜻하기까지 한 나라'라는 평판보다 더 훌륭한 국격이 어디 있으랴.

연해주 농장

현대중공업은 2009년에 러시아 연해주에 서울 여의도 면적의 33배(1만 헥타르)나 되는 농장을 인수했다. 이어 6700헥타르를 추가로 인수해서 해마다 1만6000톤 규모의 콩, 옥수수, 밀, 귀리 등을 생산한다. 배나 기계를 만들다가 홀연 농업으로 영역을 확대하겠다는 현대중공업 경영진의 혜안에 큰 박수를 보낸다.

이렇게 한 기업에 대놓고 노골적인 찬사를 보내는 까닭은 조만간 불어닥칠 세계적인 식량 위기 때문이다. 내가 몇 년 전부터 공개적으로 동네방네 소문을 내고 쓰고 있는 책이 있다.

바로 'FEW'라는 제목의 책이다. 모두 합하면 세계 인구의 거의 절반에 육박하는 인구 대국들인 '브릭스(BRIICs: 브라질, 러시아, 인도, 인도네시아, 중국)'가 이제 경제 대국이 되겠다며 이른바 '제2의 산업혁명'을 일으키고 있는 바람에 세계가 심각한 자원 고갈의 수렁에 빠져들고 있다. 자원 전문가들은 앞으로 가장 부족해질 자원으로 식량(food), 에너지(energy), 물(water)을 꼽는다. 공교롭게도 이 세 영어 단어의 첫 글자들을 한데 엮으면 '부족하다' 혹은 '거의 없다'라는 뜻인 'few'가 된다.

이번 세기에 세계가 물 전쟁에 휩싸일 것이라고 전망하는 이들이 많다. 다뉴브, 나일, 메콩 등의 강에 함께 입을 대고 사는 나라들의 근심이 날로 깊어지고 있다. 에너지가 고갈되고 있음은 하도 들어 귀에 못이 박힐 지경이다.

나는 우리나라에 가장 심각한 고민을 안겨줄 자원이 식량이라고 생각한다. 우리나라는 좀 산다는 나라 중에서 식량의 해외의존도가 가장 높은 나라의 하나이다. 농산물은 각종 해외교역협약에서 예외조항에 해당한다. 자국민을 먼저 먹이고 난 다음에 수출해도 된다는 핑계가 가능하다는 얘기다. 식량 대국들이 만일 곳간 가득 먹을 걸 쌓아놓고도 자국민 보호를 내세우면 떼돈을 짊어지고 가도 살 수 없게 된다. 나는 예전에 학교에서 우리나라가 농업국가라고 배웠다. 그런 나라가 쌀과 달걀 정도를 제외하곤 거의 모든 농산물을 수입에 의존하여 살고 있다. 어쩌다 우리가 이 지경에 이르렀는지 생각할수록 한심하다.

현대중공업이 경영하는 연해주의 농장은 현대그룹의 창업주 고(故) 정주영 회장이 일군 충남 서산농장보다도 훨씬 넓다. 북녘의 동포들을 찾아가던 소떼의 상징성을 연해주로부터 기대해 본다.

해거리의 자유

앞뜰 모과나무가 작년에 이어 금년에도 해거리를 할 참이다. 식물의 해거리는 어느 해 현저히 적게 또는 아예 열매를 맺지 않는 현상으로, 늘 같은 장소에서 영양분을 얻어야 하는 속성 때문에 때로 특정 영양소가 결핍되어 일어난다. 과일나무가 해거리를 하는 것은 종종 있지만 이태를 거푸 하는 건 드문 일이다. 식물들도 요즘 나름대로 혹독한 경제 위기를 겪고 있는 모양이다.

생물학에는 기본적으로 두 가지 질문이 있다. '어떻게(How) 질문'과 '왜(Why) 질문'이 그들이다. 특정 영양소의 결핍으로 해거리가 일어난다는 따위의 설명은 전형적인 '어떻게 질문'에 대한 답이다. 현상의 메커니즘, 즉 '근접적 원인'을 규명하려는 노력이다. 하지만 이 같은 근인(近因) 설명을 찾은 후에도 생물학자들은 여전히 도대체 식물이 왜 해거리라는 극단적인 선택을 하도록 진화했는지 그 '궁극적인 원인'을 알고 싶어한다. 근인과 더불어 원인(遠因)을 알아야 비로소 생물학적 설명이 완결되는 것이다.

식물은 자신의 에너지 예산을 생육과 번식의 두 분야에 할당한다. 해거리는 훗날 더 큰 번식을 위해 예산의 대부분을 생육에 투자하는 전략이다. 식물에게 결코 쉽지 않은 결정인 해거리는 쥐꼬리만 한 번식에 해마다 무작정 예산을 탕진하는 식물에 비해 보다 밝은 미래를 위해 과감히 해거리에 투자한 식물이 궁극적으로 더 많은 자손을 남겼기 때문에 진화한 적응 현상이다.

우리 집 모과나무는 아예 꽃부터 제대로 피우지 않았지만 옆집 감나무는 애써 만든 열매들을 뚜욱 뚝 떨구고 있다. 이처럼 해거리는 일찍 결정할수록 에너지 낭비가 적지만 뒤늦게라도 길게 보아 유리하다면 냉정하게 판단해야 한다.

카이스트의 서남표 총장은 신임교수에게 박사학위 논문을 집어던질 용의가 있느냐고 묻는단다. 박사학위 연구야 어차피 지도교수가 하라고 해서 했거나 마침 연구비가 있어서 한 게 아니냐며 평생 그 연구를 하려고 학자의 길로 들어섰느냐고 다그친단다. 꼭 하고 싶은 연구를 하기에도 인생은 그리 길지 않다며 본인만 결심한다면 학교는 몇 년간 업적을 묻지 않고 기다려주겠노라고 제안한단다.

이 땅의 모든 교수들과 연구원들에게 모과나무의 해거리 자유를 허하라! 그래야 비로소 추격형 연구를 떨쳐내고 선도형 연구를 시작할 수 있을 것이다.

노인 인권

몇 해 전 서울대에서 이화여대로 자리를 옮길 때 계약서를 작성하며 있었던 일이다. 그때 내가 요구한 조건 중에서 대학 당국이 가장 충격적으로 받아들인 것은 아마 정년을 없애달라는 것이었을 게다. 어떻게 관(棺)에 들어갈 때까지 월급을 받아먹으려고 하는가 하며 어이없어 하기에 나는 실제로는 다른 모든 교수처럼 65세에 퇴임하겠다는 이면계약서를 따로 만들자며 표면적으로나마 대한민국 최초의 정년이 없는 교수로 발표해달라고 거듭 간청해보았지만 끝내 뜻을 이루지 못했다.

미국의 대학교수들에게는 원칙적으로 정년이 없다. 다만 적당한 시기에 기여도가 떨어진다고 판단되면 학교와 합의하여 스스로 물러난다. 나는 그 당시 이미 『당신의 인생을 이모작하라』라는 책을 내며 정년제도를 없애자고 목청을 높이고 있었다. 인류의 역사를 돌이켜보라. 그 옛날 석기시대에 정년제도가 있었는가? 농경시대만 해도 은퇴란 건 없었다. 큰 밭 매다 힘이 부치면 텃밭을 매고, 그것도 어려워지면 길쌈이나 새끼를 꼬다 돌아가셨다. 은퇴란 근대 직업사회의 산물이다. 나는 아직 일할 능력이 있고, 건강도 받쳐주고, 정말 일하고 싶은데, 사회가 나더러 새로 진입하는 젊은이들을 위해 비켜달란다. 나는 일찌감치 이건 인권의 문제라고 생각했다.

『인권을 외치다』의 저자 류은숙은 우리 사회에서 여전히 개인의 문제로 치부하도록 '통제'당하는 인권의 문제들을 발견해야 한다고 말한다. 현대사회에서 노인의 지위는 은퇴라는 사건과 너무도 밀접하게 연결되어 있다. 농경시대의 노인들은 지금처럼 극적으로 추락하지 않았다. 일찍이 인류가 한 번도 경험해보지 못한 가공할 고령화의 격랑 속에 매일 어마어마한 숫자의 노인들이 태어나고 있건만 우리는 아직 그들이 '인간답게 살기 위한 최소한의 권리'에 대해 말하지 않는다.

10월 2일은 우리 정부가 1997년에 법정기념일로 제정한 '노인의 날'이다. 2009년부터 우리 인권위원회가 노인 인권 문제를 본격적으로 연구하기 시작한 것은 세계에서 가장 빠른 속도로 고령화하고 있는 나라로서 매우 시의적절한 일이라고 생각한다. 1923년 소파 방정환 선생을 중심으로 시작한 어린이날이 언제부턴가 존폐 논란에 휩싸인 것처럼 노인의 날도 곧 불필요한 기념일이 되길 기대해본다.

책임의 소재

운전을 하다 가끔 옆의 차를 건너다보며 섬뜩 놀랄 때가 있다. 너무도 천연덕스럽게 아이를 품에 안고 앞좌석에 앉아 있는 사람을 보면 아무리 무지해도 어쩌면 저럴 수 있을까 안타깝기 그지없다. 정작 본인은 안전띠를 매고 있는지 모르지만 안겨 있는 아이는 그야말로 에어백 신세이다. 아무리 천천히 달리더라도 웬만한 충돌 또는 추돌 사고만 일어나면 그 아이는 거의 백발백중 자기를 안고 있던 어른의 목숨을 구하고 장렬한 죽음을 맞는다. 스스로 선택의 권리를 행사할 수 없는 어린 생명은 마땅히 법으로 보호받아야 하고 어른에게 그 책임을 물어야 한다.

아이를 뒷좌석에 앉히더라도 안전띠를 매지 않은 채 사고를 당하면 사망률이 무려 다섯 배나 높다는 실험 결과가 나왔다. 하지만 최근 버스나 택시 등 사업용 차량에서 승객의 안전띠 착용 책임을 운전자에게 묻겠다는 계획을 내놓은 국토부의 발상은 아무리 생각해도 어색하기 짝이 없다. 미성년자라면 모를까 성인의 경우 타인의 행위에 대해 대신 책임을 지라는 논리는 어떤 경우에도 설득하기 쉽지 않다.

1988년 미국 민주당 대선 후보였던 마이클 두카키스는 매사추세츠 주지사 시절 안전띠 착용을 의무화하는 제도를 채택하려다 주민들의 반대로 좌절당한 적이 있다. 당시 매사추세츠 주민들은 개인의 '죽음을 선택할 권리'를 주 정부가 간섭하려 든다며 강하게 반발했다. 이 사건은 훗날 대통령 선거에서도 그의 발목을 잡고 말았다. 공화당 진영은 '바른 생활' 두카키스가 국민을 가르치려 한다는 기상천외한 부정적 선거 공략으로 상당한 성공을 거뒀다. 어려서 '국민교육헌장'까지 외우며 자란 한국인 유학생으로서는 참으로 이해하기 힘든 일이었다.

하지만 어언 20여 년의 세월이 흐른 지금 개인의 권리를 침해한다고 안전띠 착용을 거부하던 미국 사회와 타인의 안전띠 착용까지 책임져야 하는 우리 사회를 비교하며 나는 야릇한 격세(隔世)를 느낀다. 인간을 제외한 다른 동물의 세계에는 남을 대신하여 책임을 지는 행동이란 아예 존재하지 않는다. 생텍쥐페리는 일찍이 "사람이 사람이라는 사실은 책임을 진다는 걸 의미한다"고 했지만 인간의 책임은 그 범위가 다른 동물들에 비해 훨씬 넓은 것 같다. 얼마나 넓어야 하는가를 결정하는 게 쉽지 않을 뿐이다.

상생과 공생

요즘 상생(相生)이란 말이 남용되고 있다. 원래 "나무(木)는 불(火)을, 불은 흙(土)을, 흙은 쇠(金)를, 쇠는 물(水)을 생(生)한다"는 오행설(五行說)의 개념인데 언제부터인가 슬그머니 "서로 돕고 산다"는 뜻으로 쓰이고 있다. '서로'라는 훈을 너무 곧이곧대로 받아들여 오히려 본뜻을 곡해하게 된 것이다. 하지만 언어란 본래 법칙보다 쓰임이 더 무서운 만큼 잘못된 용례들이 너무 굳어지기 전에 이쯤에서 한번 짚고 갈 필요가 있어 보인다.

상생은 양자가 서로 도움을 주고받는 쌍방행위가 아니다. 상생이란 목생화(木生火), 화생토(火生土), 토생금(土生金), 금생수(金生水)에서 다시 수생목(水生木)으로 이어지는 삶의 순환을 의미한다. 즉, 내가 누군가를 도우면 그가 또 누군가를 돕고 또 그가 다른 누군가를 돕는 가운데 우리 사회 전체가 풍요로워지며 그게 결국 나에게도 도움이 된다는 삶의 이치이다. 대기업더러

무턱대고 중소기업과 상생하라고 윽박지르거나 그리하면 대기업에도 곧바로 도움이 된다고 꼬드긴들 별 효력이 없는 까닭이 여기에 있다.

상생에는 반드시 상극(相剋)이 따라온다. 상극 관계를 모르면서 어쭙잖게 상생을 꾀한다면 큰 화를 입을 수 있다. 상생과 상극을 너무 단순하게 선과 악으로 분류하는 것도 옳지 않다. 때론 적절한 상극 상황이 화끈한 상생을 불러일으킨다. 그래서 너무 쉽게 상생과 공정(公正)을 연계하는 것도 부당하다. 상생은 삶의 원리이지 갑자기 외쳐댈 규범이 아니기 때문이다.

'상생'이 남용되기 전에 우리가 늘 쓰던 단어가 있다. 바로 공생(共生)이다. '공동의 운명을 지닌 삶'이란 뜻인데, 내가 몸담고 있는 학문인 생태학에서 아주 자주 쓰는 용어이다. 영어로는 심비오시스(symbiosis)라고 하는데, 서로에게 이득이 되는 상리공생(相利共生, mutualism)과 한쪽에만 이득이 되는 편리공생(片利共生, commensalism) 모두를 포괄한다. 개미와 진딧물은 상리공생을 하고 밭을 가는 황소와 그 뒤를 따르며 벌레를 잡아먹는 황로는 편리공생을 할 뿐, 어쭙잖게 상생을 말하지 않는다. 상생은커녕 딱히 얻는 것도 없으면서 남에게 해나 끼치는 편해공생(片害共生, amensalism)만 저지르지 않아도 좋으련만.

당근과 채찍

이언 에어즈의 책 『당근과 채찍』에는 '목표로 유인하는 강력한 행동전략들'이라는 부제에 걸맞게 당근으로 유혹하고 채찍으로 다스리는 다양한 아이디어가 담겨 있다. 주마가편(走馬加鞭)이란 '달리는 말에 채찍을 가한다'는 뜻이지만 채찍을 너무 가혹하게 휘두르면 말이 주저앉을 수도 있다. 또한 말이 아무리 당근을 좋아한다 하더라도 때론 당근을 꼭 먹으라고 주는 게 아닐 수도 있다.

1999년에 설립되어 10년 만에 1년 매출 10억 달러를 돌파한 인터넷 쇼핑몰 회사 자포스(Zappos)는 4주간의 입사 교육을 마친 신입사원에게 그대로 회사를 그만두면 아무런 조건 없이 그때까지의 급여에 2000달러를 보태주겠다고 제안한단다. 하지만 신입사원들은 회사가 제안한 보너스를 거부함으로써 회사에 '충성'하겠다는 맹세를 하며 실제로도 훨씬 책임감 있게 일한다고 한다. 이 경우에 회사가 내민 당근은 정말 먹으라고 주는 게 아니다.

여러 실험 결과를 종합해보면 대체로 당근 효과보다 채찍 효과가 더 효율적이다. 대학생들에게 학교 로고가 박힌 컵을 나눠주고 얼마에 파는 게 좋겠느냐고 물었더니 평균 7달러를 약간 넘었다. 그러나 학생들에게 먼저 돈을 나눠 준 다음 그 컵을 얼마에 사겠느냐고 물었더니 평균 3달러 50센트를 내겠다고 대답했다. 에어즈는 이를 손실을 회피하려는 일종의 채찍 효과라고 설명한다.

미국 오리건대 심리학자 샤리프(Azim Shariff)가 세계 67개국의 종교 활동과 범죄 발생률의 관계를 분석해보았더니 지옥을 강조하는 종교를 믿는 나라에서 범죄가 훨씬 적었다. 대학생들을 상대로 실시한 실험에서도 '용서하는 신'이 아니라 '엄벌하는 신'이 있는 학급에서 부정행위가 훨씬 적게 나타났다. 지옥 효과가 천당 효과보다 대체로 훨씬 강력하기 때문이다.

칭찬은 고래도 춤추게 한다는 말이 있지만, 고래들이 쇼에서 보여주는 묘기는 모두 그들이 자연에서 늘 하는 행동이다. 그걸 약간의 당근을 주어 사람들이 올 때마다 자주 하도록 만드는 것뿐이다. 아무리 큰 당근을 준들 그들은 자연에서 하지 않는 새로운 묘기를 보여주지 못한다. 한계효용의 법칙에 따르면 이미 경쟁력을 갖춘 개인이나 단체에는 격려의 채찍을 주는 게 좋고 당근은 될 성싶은 꿈나무들에게 주는 게 옳다.

생태 복지

여야를 막론하고 대권 예비주자들의 마음에 복지가 중요한 의제로 자리를 잡은 듯싶다. 그동안 우리는 복지를 그저 가난한 이웃에게 철 맞춰 연탄이나 넣어드리고 아플 때 병원비 좀 보태드리는 것쯤으로 생각해왔다. 이는 일이 다 벌어지고 난 다음 적당히 뒷마무리를 하는 이른바 '후대응 복지(reactive welfare)'의 전형이다. 하지만 이제 복지의 개념이 바뀌고 있다. 선진국들은 이미 모두가 풍요롭게 살 수 있도록 건전한 사회 인프라를 구축하고, 보다 건강한 삶을 살 수 있도록 깨끗한 생태환경을 만들어주는 '선대응 복지(proactive welfare)'에 투자하고 있다.

길게 보면 선대응 복지가 후대응 복지보다 훨씬 경제적이다. 자연환경을 보전하여 수질과 대기질을 깨끗하게 유지하는 비용은 환경오염으로 인해 발생하는 끝도 모를 의료 비용과는 비교도 되지 않는다. 그래서 유엔은 2001년부터 세계 95개국의 생태학자 1360명을 동원하여 '밀레니엄 생태계 평가(Millenium Ecosystem Assessment)' 사업을 시작했다. 이 사업의 일환으로 진행된 '국가들의 웰빙(The Well-being of Nations)' 프로젝트에서는 전 세계 180개국을 대상으로 전통적인 의미의 '인간 복지'와 더불어 '생태계 복지'를 평가하여 순위를 매겼다.

이 평가에서 우리나라는 인간 복지 부문에서는 28위로 매김되어 어느 정도 체면을 유지했지만 생태계 복지 부문에서는 180개국 중에서 162위라는 치욕적인 불명예를 얻었다. 우리 밑에 깔려 있는 여남은 나라들은 솔직히 나라 꼬락서니가 제대로 갖춰지지 않은 나라들이다. G20 국가 중에 우리처럼 열악한 생태 복지 국가는 없다.

반도체나 자동차는 어떤 공장에서 만들었는지 묻지 않는다. 성능만 좋으면 산다. 우리 정부의 녹색성장 비전은 분명히 탁월한 선택이었지만 녹색기술은 이미지 기술임을 명심해야 한다. 우리 강산과 삶 자체가 녹색이 되어야 우리의 녹색기술이 세계를 감동시킬 수 있다. 녹색 후진국이 어쭙잖은 녹색기술을 선보이면 몇 년 전 유행했던 영화 「친절한 금자씨」의 명대사를 듣지 않을까 두렵다. "너나 잘하세요." 너나 잘해서 생태계 복지 162위에서 20위 정도로 끌어올린 다음에 팔아먹으라고.

어감

아 다르고 어 다르단다. '아 해 다르고 어 해 다르다'라고도 하는데, 우리말은 정말 같은 말이라도 어떻게 하느냐에 따라 그 느낌이 확연히 달라진다. 알록달록 예쁜 색동저고리를 얼룩덜룩하다고 하면 졸지에 지저분해진다. 추녀 끝에 풍경이 찰랑이는데 가슴이 철렁 내려앉을 리 없다. 늠름한 산봉우리를 '산봉오리'라 부르면 별로 오르고 싶지 않을 것이고, 반대로 꽃봉오리를 '꽃봉우리'라고 하면 예쁜 맛이 싹 사라진다.

할리우드의 여배우 조디 포스터는 아이를 둘씩이나 키우면서 아빠가 누구인지 밝히지 않는다. 남의 도움 없이도 홀로 너끈히 키울 수 있기 때문에 골치 아프게 지아비를 섬기는 일은 사양하고 엄마로서의 행복만 만끽하는 것이다. 그를 미혼모라고 부르면 왠지 어색하다. 미혼모라는 단어는 어딘지 모르게 결혼을 하고 싶으나 능력이나 여건이 되지 않아 못한 여성만을 일컫는 것 같다. 미혼모보다 '비혼모'라고 부르면 혹시 여성의 의지가 좀 더 중요하게 부각되지 않을까 생각해본다.

대한민국 현행법은 이중국적자를 허용하지 않는다. 병역 문제가 국민 모두에게 초미의 관심사가 되어버려 만 18세가 되었어도 외국 국적을 보유하면 거의 이중간첩 수준의 눈총을 받는다. 전례 없는 저출산 시대에 선진국들은 국가경쟁력을 확보하기 위해 범국가적으로 인재를 영입하고 있는데, 우리는 세계 유일의 분단국가로서 어쩔 수 없는 운명이라며 체념하는 것 같다. 우리는 언제나 당당하게 '복수국적자'를 품을 수 있으려나?

이른바 '반값 등록금' 문제는 여전히 큰 이슈이다. 누가 작명했는지 모르지만 나는 '반값 등록금'이란 표현이 영 맘에 들지 않는다. 장사하는 사람들이 '통 큰' 어쩌고 하며 물건값을 깎아주는 것 같은 느낌이 들어 싫다. 나는 반값 정도가 아니라 학생들은 아예 등록금 걱정일랑 하지 않았으면 좋겠다. 하버드대학은 학생들을 일단 성적과 재능으로만 선발한 후 가정의 재정 능력을 감안하여 학교와 부모가 등록금 부담을 어떻게 분담할 것인지 결정한다. 부모는 휘는 허리가 꺾이지 않도록 버텨주고 학생은 오로지 학업에만 매진하면 된다. '반값'이라는 달콤한 어감에 휘둘려 교육의 가격만 운운할 게 아니라 우리 대학 교육의 진짜 값어치에 대한 진지한 고민이 필요하다.

도덕

예전에는 선생님 그림자도 밟지 않는다 했다. 그러나 요즘 우리 중학교 교실에서는 남학생들이 여교사의 어깨를 감싸며 사귀자고 하질 않나, 심지어는 '첫 경험'을 언제 했느냐며 성희롱을 한단다. 최근에는 지하철에서 자기 아이를 만졌다는 이유만으로 할머니의 얼굴을 때린 어느 젊은 엄마와 다리를 꼬면 바지에 신발이 닿으니 치워달라는 할아버지에게 심한 욕설을 퍼부으며 위협하는 20대 청년의 동영상이 인터넷에 공개되어 많은 사람들을 경악하게 만들었다. 도덕이 땅에 떨어졌다.

그런데 사실 도덕이 땅에 떨어졌다는 얘기는 어제오늘 들은 게 아니다. 시대를 불문하고 어른 세대는 늘 젊은 세대의 무례함과 모자람을 꾸짖는다. 만일 우리 역사에서 늘 아랫세대의 도덕성이 윗세대의 도덕성보다 못했다면, 지금 우리는 역대 최고로 부도덕한 시대를 살고 있어야 한다. 우리가 진정 한밤중에 이웃

마을을 급습하여 남자들의 목을 베고 여자들을 겁탈하던 그 옛날 오랑캐 시절보다 도덕적으로 못하단 말인가. 나는 감히 우리가 살고 있는 지금 이 순간이 인류 역사상 가장 도덕적인 시대라고 주장하련다.

그 옛날에도 패륜아는 있었다. 다만 지금처럼 누가 한 번만 잘못해도 국민 전체가 알아버리는 일이 없었을 뿐이다. 보는 눈이 엄청나게 많아진 것이다. 하지만 이 엄청나게 많은 눈들이 오히려 우리를 도덕적인 동물로 지켜줄지도 모른다. 할아버지뻘의 노인에게 차마 입에 담지 못할 욕을 해댄 남자의 신상이 누리꾼들에 의해 낱낱이 파헤쳐져 인터넷에 공개되었다.

돌고래 수컷들은 망망대해에서 짝짓기하고픈 암컷을 몰기 위해 종종 두세 마리가 동맹을 맺는다. 동맹군의 협공이 성공하여 암컷이 짝짓기를 허락하면 그들 중 한 마리의 수컷이 먼저 기회를 얻는다. 그런 다음 또 다른 암컷을 공략하여 성공하면 그 다음 수컷의 차례가 된다. 그런데 돌고래 사회에도 얌체가 있다. 일단 암컷을 취하고 나면 다른 수컷들을 돕지 않고 곧바로 다른 패거리로 옮겨 짝짓기 기회만 노리는 수컷들이 있다. 하지만 이 같은 얌체 행각이 발각되면 다시는 짝짓기 기회를 얻지 못한다. 어느 사회건 남의 눈처럼 무서운 건 없다.

교육이 문제이다. 잘못 배운 게 아니라 아예 배워보지도 못한 젊은이들이 너무 많다. 예의범절을 가르쳐야 한다.

전당포의 추억

이 땅의 50~60대라면 누구나 전당포의 추억 하나쯤은 다 갖고 있을 것이다. 시계가 손목에 채워져 있던 시간보다 전당포에 잡혀 있던 시간이 더 길었던 그런 추억 말이다. 최근 사양 일로에 있던 전당업이 IT 덕택에 되살아나고 있단다. 용산 전자상가에 요즘 전자제품을 담보로 돈을 빌려주는 'IT 전당포'가 성업 중이라는 얘기를 들으며 묘한 격세지감을 느낀다. 1970년대 중반에 등장하여 당시 젊은이들 사이에서 선풍적인 인기를 끌었던 카시오 전자시계를 전당포에 맡기려다 낭패를 본 친구가 떠올랐기 때문이다. 그 친구가 전자시계를 건네자 전당포 아저씨는 그걸 귀에 대보더니 가지도 않는 시계로 돈을 빌리려는 나쁜 놈들이라고 우릴 매몰차게 꾸짖었다. 재깍재깍 아날로그 시계만 취급하던 그로서는 갑자기 들이닥친 디지털 시대가 그리 만만치 않았으리라.

전당업은 퍽 오랜 역사를 지니고 있다. 우리 역사에서는 전당이라는 용어가 15세기 중반에 편찬된 『고려사』에 처음 등장하지만, 중국에서는 당나라 시절에 이미 채무 담보를 일컫는 명칭이 17개나 있었다고 한다. 1876년 조선의 개항과 더불어 이주하기 시작한 일본인들이 질옥(質屋)을 만들어 수십 년 동안 우리의 토지와 재산을 갈취하던 시절은 가히 전당업의 전성기라고 할 수 있다. 하지만 전당업은 원래 물품이 아니라 사람을 담보로 하는 인질 또는 인신매매로 시작된 사금융업이다. 생계유지를 위해 처자식을 전질(典質)로 잡히던 시절이 있었다.

이런 관점에서 보면 학자금 대출제도도 사람 또는 그 사람의 미래를 담보로 돈을 빌려주는 일종의 '인질 전당업'이다. 대책 없는 진보주의자라고 욕먹을지 모르지만, 나는 오랫동안 돈이 공부의 걸림돌이 되지 않는 사회를 꿈꿔왔다. 물론 부모를 비롯한 가족에게 학비 조달의 우선 책임이 있지만 누구든 공부하려는 의지만 있으면 어떻게든 뒷바라지해주는 그런 사회를 만들 수 없을까 꿈꾸며 산다. 아무리 저금리라지만 취업하자마자 갚기 시작해야 하는 삶이 왠지 전당포에 잡혀 있는 시계나 노트북 같아 서글프다. 가진 것 없고 물려받은 것 없는 이 나라가 기댈 데는 오로지 교육밖에 없다. 나는 우리의 목표가 학자금의 대출이 아니라 지원이어야 한다고 생각한다. 모름지기 복지의 종결은 교육이기 때문이다.

바다의 날

5월 31일은 우리 정부가 지정한 '바다의 날'이다. 그러나 세계적으로는 6월 8일을 '세계 바다의 날(World Oceans Day)'로 기념한다. 세계 바다의 날은 1992년 리우 환경회의에서 처음 결정되었지만 2008년 12월에야 유엔의 공인을 얻어 2009년부터 정식으로 출범했다. 우리나라는 1994년 12월 유엔 해양법협약 발효에 발맞춰 1996년에 이미 바다의 날을 법정기념일로 제정하고 벌써 15년이 넘게 다양한 행사들을 열어왔다. 우리가 5월 31일을 바다의 날로 정한 것은 그날이 바로 통일신라 시절 장보고가 완도에 청해진(淸海鎭)을 설치한 날이기 때문이다.

앞으로 세계 바다의 날과 우리 바다의 날 사이의 간극이 자칫 껄끄러운 행정상의 어려움을 초래할지 모른다. 나는 이 문제에서 우리 정부가 너무 쉽사리 국제적인 흐름에 굴복하지 않았으면 한다. 그동안 5월 27~31일이던 장보고 축제 기간을 6월 8일까지 연장하여 좀 더 성대하게 열 것을 제안한다. 삼면이 바다로 둘러싸여 있고 국토해양부라는 독립적인 정부 부처를 갖고 있는 나라에서 열흘 남짓의 바다 축제는 그리 지나친 게 아니라고 생각한다.

선진국에서는 출산율 저하로 때아닌 골머리를 썩이고 있지만 세계 인구는 여전히 빠른 속도로 늘고 있다. 이에 따른 자원 고갈의 문제는 21세기 내내 우리를 옥죌 것이다. 가축의 사료로 써야 할 옥수수로 바이오 에탄올을 생산하지 말고 그 대안을 바다에서 찾아야 한다. 날로 심각해지는 식량 문제를 해결하기 위해 이미 경작 가능한 농지의 80퍼센트를 사용하고 있는 육지로부터 이제 바다로 눈을 돌려야 한다. 저 푸른 바다야말로 경영학에서 얘기하는 '블루 오션' 그 자체이다.

비록 부산저축은행 사태로 연기되었지만 포항공대는 경북 울진에 해양대학원을 설립하려고 했다. 울진 바닷가에는 보전 상태가 특별히 양호하여 환경부 국가장기생태연구가 진행 중인 '고래불' 사구가 있고, 그 앞바다에는 무려 23킬로미터에 달하는 '왕돌초'라는 해저산맥이 있다. 금강송 군락에서 고래불 사구를 거쳐 왕돌초에 이르는 천혜의 생물다양성 보고(寶庫)에 대한 생태학 연구를 바탕으로 해양환경, 해양에너지, 해양자원에 관한 본격적인 연구가 시작되는 것이 미루어졌다. 미국의 우즈홀 또는 스크립스 해양연구소에 견줄 수 있는 해양 연구의 세계적 메카를 이 땅에서 볼 수 있는 날은 언제가 될까?

국립자연박물관

내가 살고 있는 서대문구에는 훌륭한 자연사박물관이 둘이나 있다. 내가 몸담고 있는 이화여대 자연사박물관은 우리나라 최초의 자연사박물관이고, 서대문자연사박물관은 지방자치단체가 직접 설립하여 운영하는 우리나라 최초의 공립 자연사박물관이다. 이화여대 자연사박물관은 '벌레들의 행성', '생명의 약속, '씨앗', '개미제국을 찾아서', '생물다양성', '동물의 소리', '자연의 색'과 같이 흥미로운 특별전을 계속해서 열고 있고 서대문자연사박물관은 '새들의 집들이', '땅 위의 별, 보석', '갑옷 입은 연체동물', '지구의 정복자, 딱정벌레', '상어의 신비', '한국의 광물자원'과 같은 기획 전시를 꾸준히 열고 있다.

나는 성인이 되어 산 삶의 거의 전부를 자연사박물관에서 보냈거나 그에 관련된 일을 하며 살았다. 20대 중반에 도미하여 펜실베이니아주립대학 프로스트곤충학박물관에서 석사학위를 한 다음 하버드대학 비교동물학박물관에서 박사과정을 거쳤다. 미시간대학에서 교편을 잡던 시절에는 아예 그곳 동물학박물관 건물 안에 내 연구실이 있었다. 1994년에는 자연사박물관이 없는 서울대학교로 부임하여 잠시 허전했지만, 그 이듬해인 1995년 김영삼 정부가 국립자연사박물관 건립계획을 공표하는 바람에 지난 15년을 하염없는 기다림의 세월로 보냈다. 그러다가 2006년부터는 이화여대 자연사박물관장 일을 맡고 있다.

국립자연사박물관 건립을 위해 초창기부터 애써오신 원로 생물학자 이병훈 교수님은 자연사박물관이라는 이름 대신 '자연박물관'이라 부르자고 제안하신다. 자연사(自然史)박물관은 이제 더 이상 죽은 생물의 표본이나 전시하는 '자연사(自然死)' 공간이 아니다. 자연박물관은 생명의 신비를 파헤쳐 BT산업의 기반을 마련할 21세기 최첨단 생명과학 연구의 메카가 될 것이다.

G20 국가 중에서 국립자연사박물관이 없는 나라는 우리밖에 없다. 기후변화와 자원고갈의 문제가 날로 심각해지면서 생물다양성의 보고인 자연사박물관의 가치가 이루 말할 수 없이 중요해지고 있다. 세계 굴지의 자연사박물관장들은 한결같이 내게 후발주자의 이점을 강조한다. 그들이 비록 우리보다 먼저 뛰기 시작했지만 두터운 전통의 굴레를 벗어던지기 힘들어할 때 우리는 생물다양성 연구를 기반으로 한 BT, NT, IT가 어우러진 21세기형 최첨단 국립자연박물관을 만들 수 있다. 우리도 이제 뛸 때가 되었다.

윌리엄 휴얼

1866년 3월 6일 영국의 자연철학자 윌리엄 휴얼(William Whewell)이 말에서 떨어져 세상을 떠났다. 휴얼은 내게 각별한 사람이다. 10여 년 전 내가 우리 사회에 화두로 던져 이제는 거의 일반용어처럼 널리 쓰이고 있는 '통섭(統攝)'의 영어 단어인 'consilience'를 처음으로 고안해낸 장본인이기 때문이다. 그는 새로운 용어를 만드는 일을 무척 즐겼다고 한다. 물리학자 패러데이(Michael Faraday)에게 '양극(anode)'과 '음극(cathode)'이라는 용어를 만들어주기도 했다.

통섭의 개념을 처음으로 소개한 학자에 걸맞게 휴얼은 전형적인 통섭형 인재였다. 케임브리지대학에 재학하던 시절 시를 써서 총장으로부터 금메달을 받았으며, 광물학 전공으로 시작한 오랜 교수 생활을 통해 철학, 물리학, 수학에서 과학사와 신학에 이르기까지 참으로 다양한 학문 분야를 섭렵했다. 그는

consilience를 강에 비유하여 설명했다. 작은 지류들이 한데 모여 큰 강을 이루듯이, 서로 다른 학문 분야의 지식과 이론이 한데 모여 결국 하나의 거대한 통합 이론이 되는 것이라고 설명했다.

1998년 『*Consilience*』를 출간한 하버드대학의 생물학자 에드워드 윌슨은 학문 간의 넘나듦을 표현할 적절한 단어를 찾다가 이미 잊힌 휴얼의 조어를 발굴해 사용했다. 그러나 윌슨은 단어만 빌렸을 뿐 휴얼의 다분히 전일적이고 지나치게 귀납적인 개념은 취하지 않았다. 대신 그는 자연과학적 방법론에 입각한 환원주의적 통섭을 채택했다. 하지만 그의 책을 번역한 나는 휴얼과 윌슨의 접근법을 모두 아우르는 호상적 통섭을 선호한다.

통섭으로 엮인 우리 셋에게는 적지 않은 공통점이 있다. 학문적 오지랖이 넓은 점은 말할 나위도 없거니와 윌슨 교수 역시 신조어 제작을 매우 즐긴다. '사회생물학(sociobiology)', '생물다양성(biodiversity)', '생명 사랑(biophilia)' 등이 다 그가 만든 말이다. 그런가 하면 문학에서 출발한 휴얼과 나와 달리 윌슨 교수는 몇 년 전부터 드디어 소설을 쓰기 시작했다. 그의 첫 소설 『앤트힐(*Anthill*)』이 곧 우리말로 번역되어 나온단다.

통합, 융합, 통섭

나는 그동안 주로 '개미박사'나 '생태학자'로 불렸는데 최근에는 종종 '통섭학자'라고 소개된다. 통섭(統攝)이라는 말은 어느덧 지하철에서도 들을 수 있는 일상용어가 되었다. 통섭이 등장하자 기존에 우리가 사용하던 통합이나 융합과 어떻게 다르냐는 질문이 이어졌는데, 고맙게도 2005년 서울대학교 개교 60주년 기념 학술대회에 모인 여러 분야의 학자들이 마치 인터넷 백과사전 위키피디아를 만들듯 다음과 같이 정리해주었다.

통합은 둘 이상을 하나로 모아 다스린다는 뜻으로 다분히 이질적인 것들을 물리적으로 합치는 과정이다. 전쟁 때 여러 나라의 군대를 하나의 사령부 아래 묶어 연합군 또는 통합군을 만들어보지만 병사들 간의 완벽한 소통은 기대하기 어렵다. 통합보다 더 강한 단계가 통폐합인데 껄끄럽기는 마찬가지이다. 융합은 핵융합이나 세포융합에서 보듯이 아예 둘 이상이 녹아서 하나가 되는 걸 의미한다. 통합이 물리적인 합침이라면 융합은 다분히 화학적 합침이다. 이와 달리 통섭은 생물학적 합침이다. 합침으로부터 뭔가 새로운 주체가 탄생하는 과정을 의미한다. 남남으로 만난 부부가 서로 몸을 섞으면 전혀 새로운 유전자 조합을 지닌 자식이 태어나는 과정과 흡사하다.

나이가 조금 지긋한 이들은 학창시절 「가지 않은 길」이라는 시를 외던 기억이 날 것이다. 프로스트가 쓴 또 다른 시 「담을 고치며」에는 다음과 같은 구절이 있다. "좋은 담이 좋은 이웃을 만든다." 담이 없으면 이웃이 아니라 한집안이다. 한집안이라고 해서 늘 화목한 것은 아니다. 학문의 구분과 사회의 경계는 나름대로 다 필요한 것이다. 다만 지금처럼 담이 너무 높으면 소통이 불가능하다. 통섭은 서로의 주체는 인정하되 담을 충분히 낮춰 소통을 원활하게 만들려는 노력이다.

통합이든, 융합이든, 통섭이든 우리가 원하는 것은 서로 어울려 갈등을 없애고 화목해지는 것이다. 소통은 세 가지 덕목을 필요로 한다. 비움, 귀 기울임, 그리고 받아들임이다. 결론을 손에 쥐고 남을 설득하려 들면, 그건 통치 또는 통제에 가깝다. 우선 나를 비워야 한다. 그리고 상대의 말에 귀를 기울이며 좋은 것은 받아들여야 한다. 유난히도 소통이 아쉬웠던 한 해가 저문다.

숙제하는 사람, 출제하는 사람

2011년 9월 15일 유튜브에 매우 흥미로운 동영상이 올라왔다. 그 무렵 독일 프랑크푸르트에서 열리고 있던 자동차 전시회에서 폴크스바겐 회장이 거기 전시되어 있던 현대 i30에 올라타 호통을 치는 모습을 누가 촬영하여 올린 것이었다.

지금도 유튜브에 떠 있는 4분 남짓한 이 동영상에는 그가 부하 직원들에게 i30의 탁월함을 조목조목 지적하며 직접 줄자를 가지고 여기저기를 재기도 하는 장면들이 담겨 있다. 현대자동차는 단돈 1원도 들이지 않고 엄청난 광고 효과를 얻었다.

이제 우리는 숙제는 제법 잘한다. 자동차를 잘 만들어보라는 숙제가 떨어지면 쓸 수 있는 세상의 모든 기술을 다 동원하고 세련된 디자인을 얹어 국제 시장에 내놓고 팔 만한 자동차를 만들어낸다. 그러나 우리가 아직 못하는 게 있다. 그건 바로 출제이다. 우리가 문제를 내고 다른 나라들로 하여금 숙제를 하며 따라오게 하는 일 말이다.

이제는 고인이 되었지만 스티브 잡스가 살아 있을 시절 우리는 늘 허겁지겁 그가 내주는 숙제를 하기 바빴다. 그가 먼저 무언가를 만들어내면 그제야 우리 LG와 삼성도 비스름한 걸 꺼내 놓고 구시렁거렸다. 속도는 우리가 더 빠르다는 둥 화면은 우리가 더 선명하다는 둥.

우리는 왜 시장을 인도하지 못하는 것일까? 잡스가 처음 아이폰을 소개하던 무대를 기억하는가? 검정 티셔츠에 청바지를 입은 그의 곁에는 커다란 이정표 하나가 서 있었다. 자신의 아이폰은 과학기술(technology)과 인문학(liberal arts)이 교차하는 지점에서 탄생했다며 너스레를 떨던 그의 모습이 잊히지 않는다. 아이폰은 분명히 과학기술의 산물인 기계일 뿐이다. 하지만 사람들은 자발적으로 그 속에 들어가 제가끔 무언가를 만들어 올리며 그들만의 새로운 사회를 구축하고 있다.

인문학과 자연과학의 경계를 두려워하지 않고 유연히 넘나드는 '통섭형' 인재들이 지금 세상을 주무르고 있다. 그들이 출제를 하면 그저 성실하기만 한 우리는 밤낮없이 문제풀이에만 열중하며 그 뒤를 따른다.

최근 지식경제부 황창규 R&D 단장의 주도로 '기술인문융합 창작소'가 출범했다. 드디어 우리도 출제하는 사람을 길러낼 수 있을까? 그곳에 늘 농익은 김치와 상큼한 비빔밥 냄새가 가득하기 바란다.

토미 리 존스와 앨 고어

2012년 하버드예술상(Harvard Arts Award)은 「맨 인 블랙」으로 우리 영화 팬들에게도 친숙한 토미 리 존스에게 돌아갔다. 50여 편의 영화에 출연하며 세 번이나 오스카상 후보에 오른 그는 1993년 「도망자」에서 제라드 형사 역을 열연하여 오스카 남우조연상을 수상했다. 1982년에는 미국 역사상 처음으로 교수형을 당한 살인자 개리 길모어의 삶을 다룬 TV영화로 에미상을 받기도 했다.

거친 외모 덕에 주로 터프가이 역을 도맡아 하는 그가 하버드대를 나온 엘리트라는 걸 아는 사람은 그리 많지 않은 것 같다. 또한 그가 앨 고어 전 미국 부통령과 기숙사 룸메이트였다는 사실을 아는 사람은 더욱 드물다. 앨 고어는 2000년 미국 대선에서 조지 부시보다 무려 50만 표를 더 얻고도 미국의 독특한 선거제도 때문에 낙선하고 말았지만, 훗날 '불편한 진실'이라는 제목의 책과 다큐멘터리로 기후 변화의 심각성을 널리 알린 공로를 인정받아 2007년 노벨평화상을 수상했다. 영화「러브 스토리」의 작가 에릭 시걸은 실제로 존스와 고어를 보며 남자 주인공 올리버를 구상했다고 한다.

위키피디아에서 하버드대를 찾아보면 미국 최초의 코퍼레이션(corporation, 법인 또는 기업)이라는 설명이 나온다. 하버드 법인은 실제로 어마어마한 기금을 운용하며 상당한 이윤을 남기는 기업이다. 하버드대는 금년(2012년)으로 개교 376주년을 맞는다. 이 세상에 거의 400년 동안 최고의 위치를 고수한 기업이 몇이나 있을까? 도대체 하버드의 성공 비결은 무엇일까?

하버드대 기숙사 사감으로 일하던 7년 동안 나는 존스와 고어 같은 룸메이트 조합을 수없이 많이 보았다. 미식축구와 연극에 미친 존스와 상원의원의 아들로서 정계 입문을 위한 준비를 해야 했던 고어가 한방을 쓰기는 그리 쉽지 않았을 것이다. 나는 하버드의 성공 비결은 바로 존스와 고어처럼 엄청나게 다른 성향과 능력을 소유한 학생들을 고루 선발하여 함께 부대끼며 서로에게 배울 수 있도록 해주는 다양성 전략이라고 생각한다. 요즘 우리 대학들도 입학사정관제도를 도입하여 다양한 학생을 뽑는다고는 하는데, 그 다양성의 폭이 어느 정도인지 궁금하다. 수능 만점자와 비보이가 한 교실에 앉아야 하는데.

과학기술 추경예산

생태계의 안정성을 가늠하려면 대체로 두 가지 속성을 분석한다. 저항력(resistance)과 회복력(resilience)이다. 저항력이란 자연재해, 질병, 경쟁 등 외부의 압력으로부터 생태계가 얼마나 잘 버티는가를 나타내며, 회복력은 일단 피해를 입고 난 다음 얼마나 빨리 안정 상태로 되돌아가는가를 의미한다.

강원대 생명과학부 정연숙 교수는 환경부 국가장기생태연구사업의 일환으로 지난 1996년에 일어난 강원도 고성 산불 피해지역의 생태계 복원 과정을 연구하고 있다. 그의 관찰에 따르면 일부 지역의 회복은 놀랍도록 빠르다. 건강한 숲일수록 토양 속에 풍부한 씨앗은행을 갖고 있어 언제든지 힘차게 새로운 생명의 싹을 틔울 수 있는 법이다.

나는 기업 생태계의 안정성을 결정하는 요소들도 자연 생태계와 그리 다르지 않으리라 생각한다. 국제유가, 환율, 천재지변

등의 외부 변화에 대한 산업계의 적응도 결국 저항력과 회복력의 문제일 것이다. 맥킨지의 분석에 따르면 경제침체를 겪으며 상위 25퍼센트의 기업 중 40퍼센트가 순위에서 밀려나는 반면, 후발업체가 선두업체로 올라설 확률은 호황기보다 불황기에 20퍼센트나 더 높다고 한다. 그런데 이런 순위 변동은 정작 불황기에 일어나는 게 아니라 위기를 극복하고 본격적으로 새로운 경쟁을 시작할 때 벌어진다는 것이다. 위기 속에서도 누가 새로운 씨앗을 더 많이 비축하는가에 승패가 달려 있다.

오바마 대통령은 2012년 2월 17일 미국과학재단에 30억 달러(약 4조 원)의 추경예산을 배정했다. 재단의 예산을 무려 50퍼센트나 올려주는 통 큰 결정을 내리며 그는 "이 투자가 경제를 더욱 강하게, 나라를 더욱 안정적으로, 그리고 우리 아이들을 위해 이 지구를 더욱 안전하게 만들어주기 바란다"고 말했다. 미국과학재단은 이중 20억 달러를 예산 부족으로 탈락시켰던 수많은 프로젝트에 다시금 지원하기로 했단다.

그 무렵 우리 국회는 지금 쥐꼬리만 한 과학기술 추경예산을 놓고 그나마 누굴 줄까 저울질하고 있었다. 나는 어느 해 정초에 읽은 어느 대학 총장님의 간절한 호소를 기억하고 있다. 그는 정부가 공공 부문에 투자하기로 한 재원의 단 10퍼센트라도 새로운 기술과 기초과학 발전을 위한 R&D 부문에 투자하자고 제안했다. 그의 호소를 엉뚱하게도 오바마 대통령이 엿들은 것 같다.

경제학 문진

나는 2008년부터 여러 다양한 분야의 학자들과 함께 교육과학기술부의 지원을 받아 '문진(問津)포럼'이란 걸 꾸리고 있다. '문진'은 공자가 제자 자로(子路)에게 "나루터가 어딘지 물어 오라"며 한 말로 『논어』의 「미자(微子)」편에 나오는 표현이다. 강 건너에 있는 목적지에 가려면 반드시 거쳐야 하는 나루터는 이 시대의 인문사회학과 자연과학이 꼭 함께 찾아야 할 길목이다.

최근 정말 진지하게 나루터를 묻는 학문이 있다. 바로 경제학이다. 2007년 미국을 진원으로 하여 일어난 세계 금융 위기는 경제학을 심각한 주체성의 위기에 빠뜨렸다. 노벨 경제학상 수상자들을 비롯한 대부분의 경제학 대가들조차 전혀 예상하지 못한 세계경제의 총체적인 붕괴 앞에서 경제학은 학문의 뿌리부터 다시 생각할 수밖에 없게 되었다. 2010년 제40회 다보스 세계경제포럼의 주제도 '더 나은 세계: 다시 생각하고, 다시 디자인하고, 다시 건설하자'였으며, 같은 해 1월 초 애틀랜타에서 열린 미국경제학회의 연례총회에 모인 학자들도 경제학을 근본부터 다시 생각하자고 입을 모았다. '시장이 가장 잘 안다'는 믿음을 기반으로 한 시카고 학파의 시대가 저물고 있다.

그동안 경제학은 인간을 지극히 합리적인 동물로 간주하고 모든 이론 모델들을 세워왔다. 하지만 우리가 제법 그런 존재이던가? 불과 몇 푼 싼 기름을 넣겠다고 먼 주유소까지 가느라 돈은 물론 시간까지 허비하며, 재래시장에서는 콩나물값 10원을 깎느라 승강이를 벌이곤 윤리적 기업이 만든 제품이라면 기꺼이 두둑한 웃돈까지 얹어 사는 게 우리들이다. 경제학이라면 모름지기 경제활동의 주체인 인간이라는 동물의 행동과 본성을 들여다봐야 한다.

그래서 길을 찾는 경제학이 제일 먼저 진화생물학과 손을 잡았다. 시장을 하나의 적응 현상으로 보는 진화경제학은 30여 년의 역사에도 불구하고 제대로 조명받지 못했던 행동경제학에 행동의 메커니즘을 밝혀줄 뇌과학을 접목하고 있다. 또한 세포와 생태계의 구조와 기능을 분석하는 시스템생물학으로부터 경제구조를 보는 새로운 렌즈를 얻고 있다. 바야흐로 기계론적인 '뉴턴표' 경제학이 물러가고 '다윈표' 경제학이 들어서고 있다. 학문의 통섭(統攝)이 경제학과 더불어 어떤 탐스러운 열매를 맺을지 자못 기대된다.

제2차 세계대전

공식적으로 제2차 세계대전이 시작된 것은 나치 독일의 전함들이 폴란드의 그단스크 항구를 공격한 1939년 9월 1일이지만, 그보다 이미 열흘 전부터 개전(開戰) 준비가 진행되고 있었다. 8월 23일 나치 정권의 외무부 장관인 리벤트로프는 히틀러의 전용기를 타고 모스크바로 날아가서 스탈린과 담판을 벌여 상호 불가침 조약을 맺었다. 조약 내용은 양국 간 서로 침략하지 않고 또 한편이 제3국과 전쟁을 할 때 상대편은 중립을 지키겠다는 것이었지만, 여기에는 북동부 유럽의 영토 분할에 대한 비밀 조약이 덧붙여져 있었다. 폴란드를 양국이 절반씩 차지하고, 핀란드, 발트 3국(에스토니아, 라트비아, 리투아니아), 루마니아 북부 지방을 소련이 지배하게 된 것이 모두 이때 합의된 내용에 따른 것이다.

그렇지만 히틀러와 스탈린 모두 조약을 체결할 때부터 이미 배신을 염두에 두고 있었다. 나치 독일은 서유럽을 침략하기 위해 일단 시간을 벌어두었다가 적절한 때 소련을 침공할 계획을 짜둔 상태였고, 소련은 그들 나름대로 독일이 서부전선에서 고전할 때 뒤에서 급습할 생각을 하고 비밀리에 전쟁 준비를 하고 있었다. 그런데 1941년 6월 22일, 미처 예상치 못했던 이른 시기에 나치 독일이 먼저 소련을 공격해 들어오자 소련은 초반에 고전을 면치 못했다. 히틀러는 소련이 먼저 침공하려 하기 때문에 자기들이 전쟁을 벌인 것이라고 궁색한 변명을 했지만, 그 주장이 사실이라는 것을 자신도 몰랐을 것이다.

소련이 그동안 줄곧 전쟁 준비를 해왔다는 것은 곧바로 드러났다. 시베리아로 이전시킨 군수물자 공장이 정상 가동되기 시작하자 갑자기 소련군의 화력이 엄청나게 증강되었다. 초반의 패전 상황을 수습한 후 공세로 돌아선 소련군은 엄청난 수의 탱크와 대포로 독일군을 궤멸시켰다.

악마 같은 두 세력 사이에 끼인 폴란드만 불쌍한 신세가 되었다. 유럽 각국 지도자들이 모여 제2차 세계대전 발발 70주년 기념 추모식을 할 때 폴란드의 카친스키 대통령은 나치 독일의 침공 이후 보름 뒤에 소련이 폴란드 동부를 침략한 것을 두고 "볼셰비키가 폴란드의 등에 칼을 꽂았다"고 직격탄을 날렸다. 그러나 당시 서방 국가들의 잘못된 대응만 비판하는 푸틴의 응답을 보면 러시아는 아직 과거사에 대해 진정한 사과를 할 의도가 없어 보인다.

'hate'와 'stupid'

미국 유학 시절 아내와 나는 부부싸움을 늘 영어로 했다. 부부싸움이야말로 미주알고주알 짚고 따져야 할 것이 많은 법인데 왜 꼭 그 서툰 영어로 했을까? 그건 아마 모국어로 하는 싸움보다 외국어로 하는 싸움이 감정을 분리하는 데 유리했기 때문이었던 것 같다. "I hate you" 또는 심지어 "I REALLY hate you"를 수없이 내뱉었지만, 그건 우리말로 "나 너 정말 싫어"라고 말하는 것과는 차원이 다른 것이었다. 부부가 서로 정말 싫다고 말할 정도면 그건 이혼 일보직전일 것이다.

그 후 미국 친구들의 행동을 관찰하며 나는 그들 역시 'hate'란 단어에 그렇게 대단하게 감정을 싣지 않는다는 걸 깨달았다. '어리석다'는 뜻의 'stupid'도 마찬가지다. 미국에서 태어나 유년 시절을 그곳에서 보낸 내 아들 녀석도 툭하면 "Dad, are you stupid?"라며 힐난하지만, 그건 결코 "아빠, 바보야?"와는 다른 것이다. 부시 미국 전 대통령은 재임 시절 아마 단 하루도 국민들로부터 'stupid'라는 소리를 듣지 않은 날이 없었을 것이다. 그렇다고 해서 미국 국민이 그를 탄핵하기 일보직전은 아니었다.

아이돌 그룹 2PM의 재범이 어린 소년 시절 친구와 나눈 지극히 개인적인 대화에서 이 두 단어를 사용했던 것이 인터넷이라는 고삐 풀린 괴물 그물에 걸려 급기야는 그룹을 탈퇴하고 미국으로 돌아간 일이 있었다. 세계화 시대에 살면서 이 정도의 문화 혹은 언어의 차이도 이해하지 못하는 소수의 'stupid' 네티즌들이 어쭙잖게 전 국민을 대변하는 양 그에게 우리말로 "우린 너 싫으니 꺼져라"를 외친 것이다. 그 말에 씻을 수 없는 상처를 입고 돌아서는 재범을 보며 나는 그가 지난 몇 년간 한국에 살면서 어느덧 한국인이 다 되었구나 하고 느꼈다. 만일 우리 네티즌들이 영어로 그를 비난했다면 어쩌면 그는 이렇게까지 가슴 아파하지 않았을지도 모른다.

귀와 가슴 사이에는 엄연한 간극이 존재한다. 아무리 험한 말이 귀로 들어와도 그걸 가슴이 받지 않으면 그 충격은 그리 크지 않다. 게다가 손가락은 더 멀다. 재범에게 자살까지 권유한 네티즌들이 과연 그를 마주 보고 말로 할 수 있었을까? 무책임한 손가락들이 사이버 공간에 던지는 돌들을 어찌할꼬?

10월 27일

나는 퍽 오래전부터 10월 27일 오늘을 나만의 특별한 날로 지키고 있다. 그렇다고 내 생일이거나 결혼기념일도 아니다. 세계사의 관점에서도 그리 대단한 날이 아니다. 1904년 미국 뉴욕 시의 지하철이 처음 개통된 날이며 1971년 아프리카 콩고민주공화국이 국명을 자이르로 바꾼 날일 정도일 뿐, 세상이 놀랄 만한 사건이 일어난 날도 아니다. 이날 태어난 유명인을 찾아봐도 영국의 탐험가 쿡 선장(1728), 이탈리아의 바이올린 연주자 파가니니(1782), 팝 아티스트 리히텐슈타인(1923) 등이 내가 아는 사람의 거의 전부이다.

내가 10월 27일을 기억하는 이유는 다른 데 있다. 4년마다 한 번씩 윤년이면 10월 26일로 대체해야 하지만, 오늘은 그레고리력으로 새해가 시작된 지 꼭 300번째 되는 날이다. 300이란 숫자 역시 그리 특별한 의미를 지닌 숫자도 아니다. 수학적으로

300은 어느 일정한 물체로 삼각형 모양을 만들 때 필요한 물체의 총수를 나타내는 파스칼 삼각수의 하나이며, 그 수가 각 자릿수의 합으로 나뉘는 '하샤드 수(Harshad number)'라는 점이 흥미롭긴 하다. 그런가 하면 13에서 47에 이르는 소수(素數) 열 개를 모두 합하면 300이 되기도 한다.

내가 10월 27일을 나름대로 특별하게 기억하는 이유는 이제 금년도 겨우 65일, 즉 두 달 남짓밖에 남지 않았다는 걸 나 자신에게 일깨워주기 위함이다. 정작 크리스마스가 오면 그때부터 그믐날까지 사실 아무 일도 할 수 없다는 걸 고려하면 이제 금년도 두 달이 채 남지 않았다. 여러 해 전 우연하게 10월 27일이 바로 새로운 해가 시작된 지 300일째 되는 날이라는 사실을 깨달은 다음부터 나는 이날을 기하여 늘 그해를 마무리하는 작업에 조용히 착수하곤 한다. 100일째인 4월 10일이나 200일째인 7월 19일보다는 오늘이 내겐 나름대로 의미가 있다.

"시간은 누구나 가지고 있는 유일한 자본이며 아무도 잃을 수 없는 유일한 것이다." 발명왕 에디슨이 남긴 말이다. 하지만 셰익스피어에 따르면 시간의 걸음걸이는 사람마다 다르단다. 시간을 어떻게 보내느냐에 따라 당신이 보낸 한 해의 의미가 달라질 것이다. 아는지 모르는지 철새들도 서서히 길채비를 시작한다.

태양광 돛단배

머지않아 태양광 돛단배(solar sail)를 타고 우주를 여행하게 될지도 모른단다. 『코스모스』라는 제목의 책과 TV 프로그램으로 너무도 유명한 천문학자 칼 세이건이 1980년에 설립한 민간 우주탐사 단체인 '행성학회(Planetary Society)'가 태양광의 힘으로 항해하는 우주선을 거의 다 만들었다. 물론 이번에 만드는 것은 민간단체에서 만들기 때문에 아주 작다. 무게도 5킬로그램 미만이고 크기도 사방, 높이 10센티미터 정사면체 3개가 붙어 있는 형태이다. 빛의 기본 단위인 광자(photon)가 에너지는 물론 운동량도 지니기 때문에 지극히 가벼운 우주선에 거대한 돛을 달면 태양으로부터 나오는 광자들이 이 돛을 밀어줘 엄청난 속도로 우주를 항해할 수 있다는 것이다.

2008년 5월 6~8일 SBS가 주최한 세계디지털포럼에 70여 명의 세계적인 지식 리더들이 한데 모여 생물학과 생태학에서 출발하여 디지털 세계를 거쳐 끝내 저 광활한 우주로 거대한 나래를 펴는 대서사시를 연출했다. 그 포럼에서 세이건 박사의 마지막 부인이자 『잊혀진 조상의 그림자』라는 책으로 우리 독자들에게도 친숙한 앤 드루얀은 이 꿈같은 계획에 대해 우리에게 귀띔한 바 있다.

그에 따르면 태양광 돛단배는 기껏해야 몇 분간의 폭발을 위해 무거운 연료를 싣고 다닐 필요가 없다. 돛의 크기만 충분하면 태양의 빛을 받으며 최고 시속 16만 킬로미터로 우주를 날 수 있단다. 이는 태양계를 5년 안에 횡단할 수 있는 어마어마한 속력이다.

그런가 하면 함께 그 포럼의 연사로 참여한 '은하계 스위트 우주호텔 프로젝트(Galactic Suite Space Resort Project)'의 대표 제이비어 클라라문트는 조만간 펼쳐질 우주관광 시대를 대비하여 우주에 호텔을 비롯한 최첨단 휴양도시를 설계하고 있다고 밝혔다. 머지않아 우주관광객들은 끝없이 펼쳐진 우주 공간에서 수많은 별들을 바라보며 다시 한 번 생명의 경외심은 물론, 우리 인간이 얼마나 특별한 존재인가를 가슴 뿌듯이 느끼게 될 것이다. 나는 2009년 드루얀, 클라라문트 등의 리더들이 포럼에서 꺼내놓은 꿈의 설계들을 모아 『상상 오디세이』라는 책으로 엮어낸 바 있다.

2009년은 유엔이 정한 '세계 천문의 해'였다. 1609년 11월 갈릴레이가 처음으로 망원경을 만들어 천체를 관찰하기 시작한

지 400여 년이 흐른 지금 인류는 아예 그곳에 가서 살 궁리를 하고 있다. 선진국들은 지금 우주의 강변에 호텔을 구상하며 돈을 투자하고 있다.

오름과 내림

세계 1등을 자랑했던 도요타가 막상 추락할 때는 예사롭지 않았다. 자동차 산업의 재기를 절치부심(切齒腐心)하던 미국이 마치 피 냄새를 맡은 하이에나처럼 연일 으르렁거렸다. 자동제동장치의 결함으로 시작된 리콜 사태가 잘나가던 하이브리드 자동차 프리우스로 번지며 도요타는 창사 이래 최악의 위기에 빠졌다.

도요타는 일등기업의 대명사였다. 2007년 우리말로 번역되어 나온 『도요타는 어떻게 세계 1등이 되었나』에는 도요타의 15가지 기본 원칙이 소개되어 있다. 그중에는 '도요타는 완벽을 추구한다', '권위적인 태도보다 겸손의 힘이 더 세다' 등 지금 읽으면 낯이 뜨거워질 원칙들이 줄줄이 담겨 있다. 특히 '문제를 드러내면 해결책이 보인다'라는 원칙의 세부사항에는 "문제를 발견하면 환영받는다"라는 말도 있고, '문제점은 최대한 빨리 드러낸다'에는 "도요타는 리콜을 망설이지 않는다"라는 말도 버

것이 적혀 있다.

세계 자동차업계에서 도요타는 오랫동안 2등이었다. 1등을 추격할 때에는 겸손하게 문제를 드러내고 리콜도 마다하지 않았는데, 어느 순간 1등이 되고 난 다음부터는 고백이 예전처럼 쉽지 않았나 보다. 1등으로서 지켜야 할 권위와 완벽 추구의 자박(自縛)이 도요타를 망설이게 한 것이다. "가장 높은 정상까지 올라갈 수는 있지만 거기 오래 머물 수는 없다"던 버나드 쇼의 혜안이 새롭다. 이런 위기를 넘어 다시 1등으로 올라선 도요타의 저력은 더욱 놀랍다.

세상사를 둘러보면 오름의 추세는 대체로 완만한데 내림은 너무나 급하기 짝이 없어 보인다. 따뜻한 공기는 상승기류를 타고 서서히 하늘로 올라 구름이 되었다가 비나 눈이 되어 땅으로 곤두박질한다. 주가도 오를 땐 야금야금 애를 태우다가 떨어질 땐 폭락한다. 얼마 전에는 평소 좋은 이미지를 쌓아가던 어느 개그맨이 야밤 폭행 사건 하나로 하루아침에 추락하고 말았다.

사전에서 '상승'의 반대말을 찾으면 '하강' 또는 '하락'이라 이르건만, 실제로는 '폭락' 아니면 '추락'이라고 느낀다면 나만의 관찰 오류일까? 하기야 물가는 종종 폭등하며 일단 오르면 좀처럼 내려오지 않지만. 오름과 내림의 이런 불균형에는 어떤 물리법칙이 존재하는 것일까? 공중으로 던진 공이 그리는 포물선에서 자연의 대칭성을 읽는 고전역학으로는 설명하기 어려울 듯싶다.

존 레넌과 비틀스

가족과 친구가 아닌 다른 사람의 죽음에 눈물을 쏟은 게 서너 번쯤 된다. 1963년 11월 어느 날 "케네디 대통령 암살"이라고 대문짝만 하게 적힌 신문을 들고 펵 서럽게 울었던 기억이 난다. 겨우 열 살배기 어린 소년에게도 케네디라는 사람은 이미 엄청난 매력을 쏟아부었던 모양이다.

2000년 3월 새 학기가 시작되기 무섭게 나는 다윈 이래 가장 위대한 생물학자로 추앙받던 윌리엄 해밀턴의 급작스러운 사망 소식을 접했다. 나는 일찍이 그가 미시간대학에 재직할 당시 그의 학생으로 입학 허가를 받았지만 그가 옥스퍼드대학으로 옮길지 모른다는 말에 꿈을 접어야 했다. 그래서 언젠가 안식년을 받아 옥스퍼드에서 그와 함께 연구할 날을 벼르던 참이었다. 1982년 겨울 그의 미시간 집에서 보낸 꿈같은 일주일을 회상하며 나는 연구실 창에 기대어 한참 동안 눈물을 훔쳤다.

미국에 유학한 지 1년 남짓 되던 1980년 12월 8일 늦은 밤 기숙사 TV룸에서 나는 방을 꽉 메운 다른 기숙생들의 등 뒤로 발돋움을 한 채 존 레넌의 죽음을 맞았다. 고등학교 시절 무역선을 타던 삼촌이 미국에서 사다 준 1969년 앨범 「애비 로드(Abbey Road)」를 나는 참으로 마르고 닳도록 들었다. 비틀스 멤버 넷이 맨발로 횡단보도를 건너는 사진이 표지를 장식한 그 유명한 앨범 말이다. 그 안에 들어 있던 「섬싱(Something)」과 「히어 컴스 더 선(Here Comes the Sun)」은 물론, 「앤드 아이 러브 허(And I Love Her)」와 「엘리노어 릭비(Eleanor Rigby)」를 들으며 나는 영원히 돌이킬 수 없는 비틀마니아(Beatlemania)가 되었다.

2002년 BBC 방송은 설문조사를 거쳐 '가장 위대한 영국인 100인'을 선정했다. 윈스턴 처칠이 1위, 다윈이 4위, 셰익스피어가 5위를 한 이 목록에 레넌은 당당히 8위로 이름을 올렸다. 폴 매카트니가 19위, 그리고 조지 해리슨이 62위로 선정된 걸 보면 영국의 비틀스 사랑은 정말 대단하다. 사실 별 상관도 없는 이 한국인도 이렇게 잊지 못하는데 영국 사람들은 오죽하랴. 그가 떠난 지 30년이 넘은 오늘도 나는 그의 「이매진(Imagine)」을 듣고 또 듣는다. 이 세상 모든 사람이 평화롭게 사는 그날을 상상하며.

배호

매혹적인 저음의 가수 배호가 29세의 젊은 나이에 홀연 우리 곁을 떠난 지 40여 년이 지났다. 그가 노래한 「파란 낙엽」처럼 서서히 고운 색으로 변하지 못하고 병마가 강제로 떨어뜨린 그의 삶이 지금도 못내 아쉽다. "그 시절 푸르던 잎 어느덧 낙엽 지고/달빛만 싸늘히 허전한 가지/바람도 살며시 비켜가건만/그 얼마나 참았던 사무친 상처길래/흐느끼며 떨어지는 마지막 잎새"라는 노랫말을 끝으로 그는 '마지막 잎새'가 되어 떠났다.

중학교 시절 같은 반 친구들 앞에서 음악 선생님으로부터 "최재천, 노 굿"이라는 혹평을 들은 이후 나는 절대 남 앞에서 노래를 하지 않는다. 그 흔한 노래방도 자의에 의해 가본 적이 없다. 하지만 나의 이런 허물까지도 사랑해줄 수 있는 이들이 한사코 부르라면 나는 마지못해 배호의 노래를 부른다. 「안녕」, 「안개 속에 가버린 사랑」, 「오늘은 고백한다」는, 말하자면 내

수줍은 십팔번이다. 가수 생활의 대부분을 병마에 시달린 나머지 늘 가쁜 숨을 몰아 쉬며 노래를 하느라 가사를 짧게 끊어 부르던 그의 스타일이 호흡을 조절할 줄 모르는 내게는 안성맞춤이다.

문인이나 예인들은 죽어서 시나 소설 또는 그림, 필름, 음악을 남긴다. 이중에서 음악이 가장 살갑다. 시와 소설도 물론 수시로 꺼내 읽을 수 있고 그림과 필름도 가끔 관람할 수 있지만 음악은 늘 틀어놓거나 항상 가지고 다니며 들을 수 있기 때문이다. 나도 차 안에 60~70년대 팝송 CD 석 장과 배호 CD 한 장을 갖고 다닌다.

내 휴대전화 '멋울림(color ring)' 음악은 1973년 불의의 비행기 사고로 나이 서른을 가까스로 채우고 요절한 미국 가수 짐 크로치의 「병 속의 시간(Time in a bottle)」이다. 전화가 걸려올 때마다 그는 여전히 내 곁에서 청아한 목소리로 이렇게 노래한다. "내가 만일 시간을 병 속에 넣어 간직할 수 있다면/제일 먼저 영원토록 매일 오로지 당신과 함께한 시간을 담고 싶소/내가 만일 하루하루를 영원히 존재하도록 만들 수 있다면/ […] /나는 매일매일을 보물처럼 간직하며 또다시 당신과 함께 보내고 싶소."

못다 핀 꽃이 아름답다. 오늘따라 제임스 딘의 영화가 보고 싶다.

소리 없는 살인 병기, 의자

나는 적어도 일 년에 강의를 100회 이상 하며 산다. 강의를 마치고 나면 사람들은 내게 수고했다며 고마움을 표시한다. 하지만 누가 더 수고한 것일까? 강의를 하는 나는 그나마 사람답게 살았다. 이리저리 걸어 다니고 떠들며 살았다. 하지만 강의를 듣는 사람들은 1시간 이상 의자에 묶여 꼼짝도 하지 못한다. 활과 창을 들고 산으로 들로 뛰어다니도록 진화한 동물로서는 참으로 못할 짓이다. 그래서 강의를 하는 사람은 재미있게 할 의무가 있다.

최근 미국 루이지애나 생명의학연구소와 하버드 의대 연구진은 하루 중 앉아 있는 시간이 길면 길수록 질병에 걸릴 위험도 높아지고 수명도 단축될 수 있다는 연구 결과를 내놓았다. 그들의 연구 결과를 정리하여 열거하면 다음과 같다. 하루의 대부분을 의자에 앉아 일하는 사람은 비만, 당뇨, 지방간 등의 질병을 얻을 위험이 훨씬 높은 것으로 드러났다. 매년 발병하는 암 중 적어도 17만 케이스가 오랜 의자 생활과 연관되어 있는 것으로 추정된다. 유방암과 대장암이 특별히 관련이 깊다고 한다. 하루의 대부분을 앉아서 생활하면 심장마비로 죽을 확률이 54퍼센트나 높아진다. 하루에 6시간 이상 앉아 있었던 여성들은 3시간 미만 앉아 있었던 여성들에 비해 13년 동안 조사한 사망률이 40퍼센트나 높게 나타났다.

이 연구 결과는 어디까지나 개체군 수준에서 분석된 것들이다. 따라서 개인 차원의 인과관계가 성립하는 것은 아니지만, 그들은 조심스레 다음과 같은 결론을 내렸다. 하루에 앉아 있는 시간을 3시간 줄이면 2년을 더 살 수 있고, 텔레비전을 2시간 덜 보면 1.38년을 더 살 수 있다고. 그렇다면 더 편안한 의자를 만들려고 애쓰는 디자이너들은 실상 소리 없이 우리를 죽이는 살인 병기를 만들고 있는 셈이다.

어느덧 우리 대부분은 늘 서서 일하다 잠시 앉아서 쉬는 게 아니라 늘 앉아서 일하다 가끔 일어나서 일부러 걸어야 하는 삶을 살고 있다. 한 연구에 따르면 1시간 앉아 있는 데 따라 기대수명이 무려 22분이나 줄어든다는데 이 글을 쓰느라 애쓰는 동안 내 수명은 또 얼마나 줄어든 것인가? 매주 나는 이 칼럼에 원고를 보내기까지 거짓말 조금 보태 거의 50번을 고쳐 쓴다. 글과 수명을 맞바꾸는 거래를 언제까지 해야 하는 것일까?

자연의 색

2012년 이화여대 자연사박물관은 '자연의 색'이라는 주제의 특별전을 열었다. 식물, 동물, 그리고 미생물에 이르기까지 자연계의 많은 생물들은 제가끔 다양한 색을 지닌다. 현화식물의 꽃은 말할 나위도 없지만 상당수의 동물들도 꽃 부럽지 않은 색을 뽐낸다. 동물이 색을 띠는 메커니즘 중 가장 흔한 것은 몸의 조직에 멜라닌이나 카로틴 같은 색소를 지니는 방법이다. 그러나 내가 연구하는 까치를 비롯한 까마귀류의 새들과 일부 나비 또는 딱정벌레가 보이는 금속성 색깔은 색소에 의한 게 아니라 깃털 표면의 미세구조가 빛을 반사하여 만들어내는 색이다.

과학저널 『사이언스』 최신호에는 1억2000만 년 전 두 쌍의 날개를 펄럭이며 백악기 숲 속을 날아다니던 비둘기만 한 공룡 미크로랍토르(*Microraptor*)의 깃털이 금속성 색깔을 띠고 있었다는 논문이 실렸다. 중국에서 발견된 날개 자국 화석을 환형의 입자가속기 싱크로트론(synchrotron)으로 분석해보니 미크로랍토르의 깃털에는 현존하는 까마귀나 까치의 깃털처럼 가늘고 긴 멜라닌소체가 촘촘히 박혀 있더라는 것이다. 멜라닌소체는 머리카락 굵기의 공간에 수백 개가 차곡차곡 쌓일 수 있는데, 그렇게 쌓이면 언제나 특정한 금속성 색을 나타낸다는 관찰 결과로부터 공룡 깃털의 색을 유추해낸 것이다.

드물지만 반딧불이나 빗해파리처럼 루시페린(luciferin)이라는 색소의 촉매작용을 이용해 자체발광을 하는 동물도 있다. 그런가 하면 오징어나 카멜레온처럼 기분 상태에 따라 자기 몸의 색깔을 바꿀 줄 아는 동물도 있다. 색소세포의 수축과 이완을 통해 수시로 변색하며 포식자로부터 몸을 숨기기도 하고 암컷 앞에서 화려함을 과시하기도 한다. 이 전시에는 거의 360도 회전이 가능한 눈을 희번덕이며 몸 색깔을 바꾸는 카멜레온도 참여했다.

색에 대한 글을 쓰다 보니 불현듯 미국 유학 시절 잠시 나의 지도교수였던 테드 윌리엄스 선생님이 떠올라 가슴이 뭉클해진다. 내게는 더할 수 없이 따뜻했지만 눈이 늘 슬퍼 보였던 그는 이른 나이에 요절하고 말았다. 나는 뒤늦게야 그가 완전색맹이었다는 사실을 알게 되었다. 열심히 '자연의 색' 특별전을 마련해놓고는 색맹인 분들에게 자꾸 미안해진다.

과학의 조건

1982년 미국 아칸소 주에서는 진화학을 학교에서 강의해서는 안 된다는 근본주의 기독교인들의 주장 때문에 법정 논쟁이 벌어졌다. 당시 아칸소 주 법원의 윌리엄 오버턴 판사는 이 문제에 대한 판결을 위해 각계의 전문가에게 자연과학의 본질에 대한 폭넓은 자문을 했고 일부 과학자들은 법정에서 증언을 하기도 했다. 그런 신중한 과정을 거치며 작성한 판결문에서 그는 자연과학의 특성을 다섯 가지로 설명했다. 그가 내린 자연과학에 대한 정의는 그 어느 자연과학자의 정의보다 훨씬 간결하고 정곡을 찌른다.

그는 자연과학은 우선 "자연법칙에 따라야 한다"고 말한다. 자연과학은 우리 인간이 만들어낸 법규나 종교적인 강령이 아니라 자연에 존재하는 자연의 원리를 따라야 한다는 뜻이다. 둘째, "모든 것을 자연법칙에 따라 설명할 수 있어야 한다." 그리고 "실제 세계에서 검증할 수 있어야 한다." 예를 들어 모든 것을 하느님이 창조했다는 주장은 검증이 불가능하다. 하느님이 세상을 창조했다는 사실은 다시 실험해볼 수 없기 때문이다. 하느님께 실험을 하려고 하니 언제 오셔서 다시 한 번 모든 걸 창조해주십사 부탁할 수 있는가? 넷째로 그는 자연과학의 "연구 결과는 언제나 잠정적일 수밖에 없다"고 했다. 새로운 이론이 등장하고 더 탁월한 실험 방법이 나오면 언제나 바뀔 수 있는 가능성을 갖고 있어야 자연과학으로서 힘을 얻는다는 말이다. 마지막으로 "반박할 수 있어야 한다." 기존의 학설이나 믿음을 반증을 통해 뒤집을 수 있어야 자연과학이다. 이를 정리하면 자연법칙에 따라 실험적으로 검증할 수 있어야 하고 실험 결과에 따라 반박할 수 있어야 자연과학이라는 것이다.

과학은 가장 민주적인 인간 활동이다. 과학자라면 누구든 새로운 증거를 찾아내고 그를 바탕으로 기존의 질서에 도전할 수 있다. 과학계의 권위는 오로지 증거와 이론의 탄탄함으로 확립된다. 과학의 권위에 도전하는 일은 전혀 불경스러운 일이 아니다. 과학자들에게는 논쟁이 지극히 자연스러운 일인데 밖에서 보기에는 논쟁이 일고 있다는 사실 자체가 마치 오류를 인정하는 것으로 보이는 모양이다. 과학에서 침묵은 결코 금이 아니다. 억압된 침묵은 더더욱 그렇다.

통찰
자연, 인간, 사회를 관통하는 최재천의 생각

처음 펴낸 날 2012년 10월 22일
5쇄 펴낸 날 2013년 8월 30일

지은이 최재천
펴낸이 주일우
편집 김현주·홍원기
제작·마케팅 김용운
디자인 김형재

펴낸곳 이음
등록번호 제313-2005-000137호
등록일자 2005년 6월 27일
주소 서울시 마포구 와우산로 180
호평빌딩 2층
전화 (02) 3141-6126~7
팩스 (02) 3141-6128
전자우편 editor@eumbooks.com
홈페이지 www.eumbooks.com

인쇄 삼성인쇄(주)

ISBN 978-89-93166-56-9 03300
값 15,000원

이 도서의 국립중앙도서관 출판시도서목록(CIP)은
e-CIP홈페이지(http://www.nl.go.kr/ecip)와
국가자료공동목록시스템(http://www.nl.go.kr/kolisnet)에서
이용하실 수 있습니다.(CIP제어번호: CIP2012004583)